情誼涓滴訴不盡

張 煥 卿 著

文 學 叢 刊

文史哲出版社印行

國家圖書館出版品預行編目資料

情誼涓滴訴不盡 /張煥卿著.-- 初版 -- 臺北
市：文史哲,民 100.06
　　頁；　公分（文學叢刊；253）
　　ISBN 978-957-549-972-3（平裝）

855   100011618

文　學　叢　刊　<small>253</small>

情誼涓滴訴不盡

著　　者：張　　　煥　　　卿
出 版 者：文 史 哲 出 版 社
　　　　　http://www.lapen.com.tw
　　　　　e-mail:lapen@ms74.hinet.net
登記證字號：行政院新聞局版臺業字五三三七號
發 行 人：彭　　　正　　　雄
發 行 所：文 史 哲 出 版 社
印 刷 者：文 史 哲 出 版 社
　　　　　臺北市羅斯福路一段七十二巷四號
　　　　　郵政劃撥帳號：一六一八〇一七五
　　　　　電話886-2-23511028・傳真886-2-23965656

定價新臺幣四二〇元

中 華 民 國 一 百 年 （2011）六 月 初 版
中 華 民 國 一〇三 年 （2014）一 月 修 訂 版 再 刷

情誼涓滴訴不盡

目　　次

謝　序 ……………………………………………………… 5

自　序 ……………………………………………………… 9

壹、為文篇 ……………………………………………… 13

師生之間 —— 念恩師仲舒公 ……………………………… 14

海天悼慈母 …………………………………………………… 23

舞陽張庚辰先生傳 ………………………………………… 28

師生之間 —— 敬悼單一之老師 …………………………… 36

以民眾的利益為為優先 —— 敬悼蔣故總統經國先生 … 43

德立華反左記 ……………………………………………… 46

革新・團結・建設 —— 對國民黨十二屆

　　三中全會的期盼 ……………………………………… 60

不信國魂喚不回 …………………………………………… 69

楊伯伯探親記 ……………………………………………… 75

倪老之死 …………………………………………………… 82

君子愛人以德 —— 憶葉教授伯棠先生 ………………… 90

實中生活點滴 ……………………………………………… 94

演出脫序　別污辱小丑 ………………………………… 109

我們的電視媒體 ………………………………………… 111

敬悼趙來龍教授 ·························· 117

謝秀文教授著「何處覓桃園散文集」讀後感 ········· 127

我的忘年之友韓士杰先生 ·················· 130

同鄉忘年交戴清源先生 ··················· 143

親愛精誠的故事 ······················ 154

由摯友變恩師的張以淳教授 ················· 163

懷念政大東亞研究所的父母 —— 吳俊才老師 ········ 194

有深交的實中群賢錄 ···················· 205

貳、非詩篇 ·························· 247

張金鑑恩師輓辭 ······················ 248

鄉兄韓清溪先生 ······················ 253

禮讚吾妻何華 ······················· 257

舞陽小同鄉陳仙芝女士 ··················· 260

店之歌 ·························· 261

林恩顯兄尊萱輓辭 ····················· 262

禮讚張慶雲夫婦 ······················ 263

禮敬李永壁夫婦 ······················ 264

禮敬呂劍青夫婦 ······················ 267

禮敬李正清小姐 ······················ 268

奉勸林玉珠女士節哀 ···················· 269

惡疾感傷 ·························· 271

讚頌郭媽媽 ························· 272

李教授緒武兄頌詞 ····················· 274

讚頌徐載華教授 ······················ 277

政大後山行 ························· 278

張岳軒將軍頌 …………………………………… 279

農曆除夕有感 …………………………………… 280

禮讚孝芳賢妹 …………………………………… 281

讚頌豫劇皇后王海玲女士 ……………………… 283

賢妹張慧枝讚語 ………………………………… 284

禮敬陳亦仁大夫 ………………………………… 285

禮敬陳復銓大夫 ………………………………… 287

讚頌同窗孫廣德 ………………………………… 291

懷念廖風德教授 ………………………………… 292

黃彩珠女士聯詞 ………………………………… 295

禮讚許大夫 ……………………………………… 296

為楊秀華女士聯句 ……………………………… 297

李芳菲大夫頌 …………………………………… 298

韓府頌 …………………………………………… 299

孝女願 …………………………………………… 300

悼羅曼菲教授 …………………………………… 301

廣安樓粵菜館祝語 ……………………………… 302

禮讚娟妹 ………………………………………… 303

禮敬王立強將軍 ………………………………… 304

讚頌孫景鎮學長 ………………………………… 305

寶姐頌 …………………………………………… 307

弔古寧頭戰場 …………………………………… 310

太武山祝願 ……………………………………… 311

登山樂 ── 慶祝台北市登山會成立六十周年 ……… 312

田園悠閒樂無邊 ………………………………… 314

江南遊記略 ……………………………………… 315

紅衫軍倒扁記 …………………………………………… 317

雪蘭詠 ……………………………………………………… 319

謝　序

　　該書恰如其名，正是一本充滿人間大愛，篇篇情誼涓滴訴流不盡的散文集。

　　煥卿兄是我中學時代的患難好友。高三時我倆不但同班，而且坐位前後相連，因而交往頻繁情誼非淺，彼此相知也深。他給我的感受，一則是他本性善良、事親至孝。誠如張伯母所言：「這孩子生性善良，在他的心目中，我這個後母從來就是他的親母。」二則是他敬師、好學、樂觀，待人接物敦厚誠懇。尤其是當年在高三功課極其忙碌，升學壓力極大的情況下，每次我所看到的煥卿，總是面帶微笑，從無憂悽或遷怒之色，令我印象深刻，更因此而深知煥卿兄日後必成大材。所以對於他後來考入國立政大、修碩士、任教授、出國進修、並適時發表【革新、團結、建設】（對中國國民黨第十二屆三中全會一些期盼）或【不信國魂喚不回】等等那些擲地有聲，且一一發表於海內外著名報刊的政治讜論，實皆意料中事。但看完本書，會令你感到意外，甚至於令你感到震撼的有以下幾點：

　　一是詩文寫作素養超群：煥卿兄讀政治專業政論，發表時政興革大作誠屬自然，然而【為文篇】中，無論是寫國是政論，或是寫親子、師生、夫婦、同學、朋友之情，總是文筆犀利、條理井然、內容豐碩而中肯，篇篇有大將風，不能

不令人刮目相看！尤其甚者，在【非詩篇】中，煥卿兄雖然覺得所作詩篇不能完全與【近體詩】中的平仄音韻格律吻合而謙稱【非詩】，這也只是他的謙虛而已。其實唐宋之前的【古體詩】、近代的散文詩，均無嚴格的平仄格律限制。至於「韻」，由於語音流變，各代有各代的韻書，現代人說國語，寫詩理當押現代的【中華新韻】，有何不可？恩師屈萬里先生乃一代大儒，也曾在他的詩作小序中說：「韻腳不叶者，則曰用【中華新韻】」。總之，本書的【非詩篇】不但是詩，而且是好詩，因爲該篇中很多讚頌人物的詩，煥卿兄往往將此人姓名分別嵌入詩內句首，俗稱之爲藏頭詩，而詩意仍能妥貼自然，實在高明，秀文雖忝任國學教席，亦自覺無此敏銳文思，讓每人每首都能妥貼自然之能耐，能不令人感到震撼？！

　　二是民國六十七年二月，煥卿兄赴美進修，不料年底美國與大陸建交，他於痛苦憤怒之餘，乃決定完成碩士之後，放棄繼續攻讀博士學位，束裝回台，如果中共趁勢攻台，他並決心回到預官時之陸戰隊，與其他戰友並肩殺敵，誓將共軍殲滅於海峽之中。煥卿兄有此決定後，果於次年六月完成碩士學位之後，放棄繼續攻讀博士學位，不久束裝回國。這雖然是三十多年前的往事，如今雖然早已時過境遷，且海峽兩岸亦已開展新局，但煥卿兄當年那種爲國家、爲同胞，毅然自我犧牲的豪情壯志，當與天地永存！韓清溪先生對煥卿兄此一義舉，也曾有詩贊之曰：「聞警星夜赴國難，義行比美文天祥」。壯哉！煥卿！

　　三是煥卿兄當年赴美國愛立華大學進修碩、博士時已升任正教授，而他入校後「從不以教授自居，總像個乖學生。」展現了他謙謙君子之風。再者出國前他早爲經國先生召見

過，要他到救國團去上班，顯然有意借重，可是連催多次他都沒去，更展現了他做大事而不一定要做大官的高尚情操。尤其誇張的是他退休後偶然經人推薦，請他去幹大樓管理員，他居然真的去幹了四百多天，如果不是人家嫌他看書太多而辭退他，可能會幹得更久。為什麼會這樣？我想他之所以如此，除了他心中早有職位無高下、工作無貴賤的大丈夫思想之外，應該還受陶淵明思想的影響。淵明先生歸隱田園後，無官一身輕，「採菊東籬下，悠然見南山」固然是他的快樂，而「帶月荷鋤歸」的田園操作，雖然辛苦，但他仍然視為至樂。而煥卿兄退休後既已放下人生重擔，又無田園可歸可守，正巧有個大樓管理工作可幹，既可上班下班看書寫字打發閒散時光，又可鍛鍊身體減少方城之戲，雖然有時辛苦一些，煥卿兄心中也必然充滿淵明先生那種「帶月荷鋤歸」的至樂。大哉！煥卿！

　　總之，從這本散文集裡我們不但可以看到煥卿兄對國政的中肯讜論、文學寫作的高度素養，更可以看到他胸中對長官、老師、親人、同學、朋友的那種無私、無我，訴流不盡的大愛真情！尤其可以看到煥卿兄人如其文，文如其人的高境界人生。相信這本散文集，將來對打造人類的溫馨和諧社會，必有極大的貢獻！

謝秀文寫于鳳山 2011/5/8

8　情誼涓滴訴不盡

自　序

　　天主是情誼的化身，人類是天主的子女。天主創造了適合人類生存的地球，地球有空氣，供人類呼吸，有液水供人類食用解渴；有果蔬糧食，供人類充饑；有飛禽走獸，供人類營養，並相伴為娛；有花草樹木和金銀銅鐵，供人類享精神之樂、造器械之用。人類享盡天主情誼之愛，他們彼此之間的互動，亟應基於手足之情，來滿足彼此之間的需求。否則，他們不僅辜負了天主的恩典，甚切不如禽獸！蓋因禽獸彼此之間，也有情誼呢，所謂「虎毒不食子」、「鴉有反哺之義、羊有跪乳之思」，不是嗎？

　　古今中外的歷史，無異是一部有情誼，戰勝無情誼的歷史，歷史人物之無情者，或許得意於一時，但終必嘗失敗之苦果。不是立受天譴，便是遺臭萬年。夏桀、商紂、周幽、秦始、漢莽、秦檜、隋煬等等，都逃不出失敗的歷史規律；反之，文王遭囚、蔺君就戮、岳武受刑、天祥赴死、睢陽剜齒、可法割舌、黃岡英烈等等，皆本於愛國愛民之情誼而犧牲，但均蒙千秋萬世之謳歌！就我們近代所知者，反情誼之兇徒：希特勒、莫索里尼、日本軍閥、史達林、毛澤東……之流，皆屬殺人之魔王，是戕害天主善意的罪魁禍首，他們多數已生前死後遭到報應，少數亦難倖免。反之，羅斯福、丘吉爾、蔣介石等，基於天土賦於人類捍衛情誼的使命，撥

亂反正，擊敗了那些殺人的屠夫。羅、邱早已為當代人類所崇敬，蔣介石雖然過去遭受反對者的惡意誹謗，惟他愛民族、愛國家、愛人民、肇民主的偉業，和他簡樸清廉的道德形象，也越來越受海峽兩岸的中國人、甚至全世界人民之尊崇呢！

蒙天主的隆恩，受國家的栽培，我由一個鄉下放牛牧羊的孩子，變成一個終生從事教育的老師。比起許多值得我學習和景仰的人來，我感覺自己微不足道，但却被天主賦予最佳的情誼本性。在課堂上，我從不單單講授專業課目，一走了事，總是用點兒時間，教學生如何對父母盡孝、對國家盡忠，兄弟姊妹友愛、朋友誠信互助等等，雖然都是老生常談，但却和天天饑食渴飲，同樣重要，只是精神與物質的不同層面而已。那怕是寫信時，信封如何寫，內容的開端、結尾、對尊卑長幼的稱呼等那些小事，我也從不放過。我教初中是如此，教大學部和碩博士班，也是如此。這不過是將天主賦予我情誼的本性，散蘊給學生而已。

教學尚且如此，為文益發為甚。我非文學系出身，也談不上文學的天份。只是我終生受父母、國家、恩師和朋友的照撫，不自禁的形諸文字。人老了，容易緬懷過去，因此而把多年來的這些文字，搜羅起來，篇篇予以重讀，竟有許多情節，還令自己感動得落淚呢。

要不要出版，令我掙扎很久。出版吧，絕對是一文不值，而且還必須浪費些天天被某些人罵的那點退休金；不出版倒是省事又省錢。但是，不出版絕對是浪費天主賦予我的那份情誼！至於說人生不留點兒什麼，形如與草木同朽的價值觀，尚在其次。

採取什麼書名呢？反覆閱讀，似乎篇篇都直接或間接，

敘說著有關情誼的故事，而且都有言猶未盡的感覺。既然如此，那就乾脆取名為「情誼涓滴訴流不盡」吧。又因為全書內容，分為兩大部分，一部分為文章，前面所說的情誼故事，大體上都包含在這些文章裡。而且這些文章，絕大多數都在不同報刊發表，既然均受各報刊編輯先生的認同，所以它們配稱為「文章」，不在話下。因此，著者稱這部分為「為文篇」；另一部分，是著者在既不諳音韻格律，又不擅典雅的情況下，竟然窮極無聊，班門弄斧的寫起詩來！當然，這些詩在專家眼中是不入流的作品，不配稱之謂「詩」。是故，著者稱這部分為「非詩篇」。

尤有進者，拙著各篇文章，係寫於不同時間，在某一時間點上，自有其特殊的政治環境和兩岸關係。在毛死之前，兩案不是拔劍弩張，就是針鋒相對，彼此稱呼都不中聽。明乎此，拙文中有若「反共」之字眼兒，也就不足為奇而值原諒了。

本書荷蒙同窗好友和文壇聖手謝秀文教授的賜序，深表感戴。學弟徐嘉林先生協助打印，備極辛勞，亦表謝忱。荷蒙文史哲出版社發行人彭正雄先生不棄，惠賜協助出版，在此謹表最誠摯的謝意，惟所有刊誤之處，概由著者自負。

12　情誼涓滴訴不盡

壹、為文篇

師生之間 —— 念恩師仲舒公

　　去年春，因慈母不幸賓天。心神歷久不寧，有很長一段時間，沒能去拜望莊老師。正想趁春節趨拜的機會，與他老人家絮話家常的時候，那知他竟於臘月廿三日，與龜君並轡升天了。因莊老師的兩位公子，均身陷大陸，而紉瑀師姊又不免悲慟逾恆，料理老人家的後事，委實諸多不便，我不能不暫時收起悲悽的眼淚，與三五同窗好友，負起實際而從未經驗過的治喪事宜。直到二月十七日，他老人家的靈體，已在成千的家屬親友及生徒晚輩的輓歌聲中，長眠於六張犁的碧山翠峰了，我才枯坐斗室，讓廿年來發生在我們師生之間的歷歷往事，一幕幕的映現於腦際。當想到：在這冷暖無常的人間，再也看不到像莊老師這樣亦父亦母般的恩師了，不由得使我淚如泉湧；又憶及：那校裏校外堂上堂下，許許多多韻味無窮的趣事時，心湖又泛起一縷縷莞爾以喜的漣漪。但是，趣事終難再，所膽的却還是無邊的哀傷。想到這裏，我又按不住心頭的悽愴而泣不成聲了。那悲歡交集的心景，真個是：

　　　　師生永隔兩茫茫，哀思綿綿無限長；
　　　　昔日弦歌饒有味，今朝琴斷淚沾裳！

　　四十二年春天，實中這一所由山東流亡來臺的子弟學校，從風沙飛舞的澎湖，播遷到風光明媚的員林鎮。這時候，校園裏突然出現一位矮矮胖胖的陌生老人家，他經常是一襲粗布藍短褂、一條青灰寬腰府綢褲、一雙白色棉線襪、和一雙淺口黑布鞋；左手持書本，右手掄羽扇；走起路來脚跟似有千鈞之重；大而無髮的頭，總像成熟的麥穗，垂得低低的；眼睛從不旁顧，總像是在想什麼似的。據說他就是早年奔走革命，也曾遊學日本，而國學根底極深，號稱魯省才子的莊老師仲舒公！我雖然心存神秘而備感嚮往，但還只是高一學生，尚沒有資格向這位經綸滿腹的老夫子聆教呢。

　　四十三年，我隨其他三十三位同學，升入高三第三班，而教我們國文的，正是我們心儀已久的莊老師！課堂上，他給我們的第一印象，是醇厚木訥，平易近人，而聲若洪鐘。一手蒼勁有力，中規中矩的黑板字，令我們肅然起敬；濃重的莒城腔調，不斷的「這個」、「可是」的口語，既令我們竊竊私笑，又使我們備感親切。如果你從他不算流利的口才中，細細的聽，慢慢的想，你會發現他的國學根底，確是很深很深的。一首艱澀的詩詞，一篇冷峭的古文，他都從作者的背景、體裁的選擇、整篇的結構，乃至辭彙的妙用，予以條分縷析，務使你在未讀本文前，即能心領神會其大半的內容了。遇到不易口傳的詞句，他會習慣的搔搔後腦，而後不厭其煩的將其語體形式，寫在黑板上。從前，我們不懂得古文翻譯與名詞解釋之間的區別，往往能用十個字表達原文的翻譯，反而弄成上百字的名詞解釋。從莊老師的潛移默化中，我們獲得了其間的訣竅。在以後的考試中，再也不會吃虧上當，出力不討好了。

　　莊老師改作文的細膩認真，迹近於苛求的程度。如果你的語體文中，夾雜一些不相稱的文言字眼（就像作者這樣），他一定會不客氣的給你刪去，然後用工整的蠅頭小楷，為你換上朗朗上口的白話字詞。他的評語，絕不用「尚可」、「通順」、「潦草」一類的虛應字眼，總是針對文章的瑕瑜，寫上一小段耐人尋味的散文，或三、五條文章的寫作規律。發作文時，也很少讓大家前後傳遞，務必把你叫到講臺前，謹慎而適可的褒貶一番。遇到馬虎得不成話的同學，他也會作嚴厲的責備與訓斥。

　　莊老師對字的讀音，往往與眾不同，譬如「虛與委蛇」的蛇，一般人都讀作「ㄕㄜ」。他却讀作「一」，諸如此類。起初，積非成是的我們，還以為他是標新立異呢，但細查字典，我們都錯了，只有他是對的。後來他曾就全六冊高中國文課本的錯誤，撰成一本厚厚的「高中國文正誤」，我曾勸他出版，他却堅執不肯，以為學海無涯，編者先生偶而犯點錯誤是難免的。其虛懷若谷，寬以待人的雅量若此！

　　莊老師之所以被人尊為才子，不只因他工夫深，涉獵廣，主要是因他能針對任何題目，都能創作出一篇典雅的作品來。我們真不懂，一個學法律的人，對於古典文學竟有這樣高的造詣！論者所以將陶淵明列為中國文學史上第一流大家，是因陶氏的作品，每能以通俗雅緻的辭彙，寫出主觀的恬淡心境和客觀的時代背景，但莊老師除了這些之外，還能注意到文以載道和勸世風俗的功用。不信，請看莊老師在四十三年，針對國家和母校的特殊環境，所作的一首校歌歌詞吧！凡瞭解母校性質的，無不歎為神來之筆！

　　駭浪驚濤，寶島屹立無恙，蒼煙暮靄，祖國依稀在望。

四海俊彥集一堂，朝夕弦誦從無爽。

憂勞乃興邦，逸豫非吾黨，珍重少年身，良時莫空放。

寒來暑往，日就月將。

負起艱鉅的責任，達成遠大的理想。

實中！實中！

不枉！不枉！

在暴風雨中誕生，在大時代中成長！

　　莊老師雖沒有與同學們過過甘苦與共的流亡生活，但由於他深切瞭解這些自幼離父別母的孤雛，最需要的不是錦衣玉食而是關懷與溫暖，加上他秉性的醇厚與愛人以德的修養，所以他所放射於我們身上的熱力，比任何人都要強烈些。他對我們的愛，不只是慈愛，簡直是溺愛。有些調皮的同學，就摸清了他這一點，往往對他扮鬼臉，逗他玩。有一次，一位頗具藝術天才的同學，明知他沒有頭髮，也沒有鬍子，却偏在黑板上畫他一付漫畫肖像；那副頭大如斗，長髮曳地，並作怒髮衝冠狀的模樣，真令人啼笑皆非。但莊老師上得堂來，却一點也不生氣，只是連連指著我們說：「你們這些孩子，真太淘氣了，這怎麼能算尊師重道呢？」說完反身自己擦掉了事。又有一次，一個更搗蛋的同學，趁我們都不注意的時候，偷偷的躲在講桌的空檔裏。莊老師進了教室，把粉筆往桌上一放，準備翻開書本講課的當兒，只見那講桌微微的掀動，粉筆紛紛落地，大家都感希奇，莊老師也覺得有「鬼」，彎腰往桌底下一看，乖乖！那「鬼」哇的一聲從桌裏鑽出來了，把老師嚇得好久好久才定下神來。同學們一片指責之聲，有的喊打，有的聲言要報請學校處理。那同學自知眾怒難犯，

只得向莊老師跪下求饒。莊老師這回可生氣了，可是只連蒼蠅也撢不走似的給他了一巴掌，再訓斥一頓了事，並命令任何人不准向學校報告這件事。想想看，要是碰到別人，那還得了？可是莊老師就是莊老師，在他看來，學生在他面前的搗蛋行為，不過是嬌兒愛女在父母跟前的撒嬌舉動罷了。後來，這兩位搗蛋的同學居然洗心革面，變成最乖最乖的好學生，足見莊老師對學生的管教方式，才真正配稱為「教育」呢。

　　由於他的平易，他的慈愛，他的宿舍自然而然的吸引了不少女同學，當然他對女同學接近的機會更多，所給予的照顧也就多於男同學了。為此，有的男同學說他偏心，也有的對他發生誤解。可是他並不介意，還是依然故我。一次閒聊中，他告訴我：「你們男孩子家，下了課玩的是另一套，有吃有穿有玩有書讀，問題比較少，也不大會想家，女孩家就不同了，她們大多患有嚴重的思鄉病，必須多加瞭解與開導，才能化除她們心裏想不開的結，我特別關懷她們，原因就在這裏。」當他說這話的時候，我還沒有結婚生子，所以對他的話只是似懂非懂，現在我自己有了女兒，才知道作為一個父親，才知道對兒子和女兒應有不同的態度！莊老師的想法與作法太有道理了，何況，許多男女同學，都在他這位月下老人的眷顧下，成了恩愛夫婦呢？俗語說，前人種樹，後人乘涼，不是他老人家特別關懷女孩子，在那種男女授授不親的守舊環境裏，昔日的女同學怎麼會搖身一變，成為我們的嫂夫人呢！

　　莊老師一生除了讀書教書，只有三個嗜好，一是偶而看場電影，二是玩玩算命的小骨牌，第三件就是為人作「月下

老人」。我曾問過他，一生中為人說合成功究竟有多少？他又是摸摸後腦說：「大概總有三十五對以上吧！」有意思的是：第一對男的竟是他幼時家庭教師，女方則是他一位堂姐呢。

　　莊家在莒縣，是有名的望族。莊老師又是早年遊學東瀛的同盟會員，才高學又深，憑他的條件，躋身於官宦顯貴之林，真是易如反掌啊；可是他一生不穿皮鞋，不著西裝，永遠是北方農村小康之家式的打扮；以教書為恆業，從來沒有懷才不遇的感覺。兩所知名大學曾請他去當教授，他都婉辭而不就；例如他曾和程天放先生共過事，但天放先生是否知道他在臺灣，還大成問題呢。這種閒雲野鶴、不知不慍、不伎不求、視名利如浮雲的胸襟，非有極高的修養，斷不至此！所以他能享壽八十二歲，臨終時了無病痛的悄然長逝，能說不是他修來的嗎？有道是：

　　　　襟懷抱霽月，胸中佈陽春；
　　　　姜公堪與垺，陶氏可相倫。
　　　　巧繪鴛鴦譜，善結鸞鳳姻。
　　　　歷盡聖賢路，羽化登仙雲！

　　在菁英薈萃的高三三班，我的功課並不出眾，數學理化尤其差勁兒。比較惹人注意的，一是我非山東人，同學多稱我為「河南棒子」；二是我舉止幼稚，大家卻暱稱我「小孩兒」。可是這些對莊老師來說，並不重要，重要的是我有寫長文章的惡習，抓到題目總是又臭又長，欲罷而不能。莊老師對此，起初極不以為然，屢誡而不能改，久而久之，他老人家也就「忍氣吞聲」的習慣了，然而，就因為我數理太差，升學無望，因而下學期開始，頓感萬念俱灰，意志消沉，做什麼都

提不起精神，連一向較爲喜歡的作文也都是「滿紙荒唐言，一把辛酸淚」也似的，敷衍了事。莊老師看在眼裏，自然不忍使我就此墮落下去，於是一天下了國文課，把我叫到他的宿舍，先激勵後勸勉的說：「男子漢大丈夫，要拿得起放得下，才能有一番成就。數理是要靠工夫的，決不是憑天才的，像你這樣學不好，就乾脆撒手不管的作風，一輩子也學不好！回去好好的努力，萬一來不及，最好考慮降班（留級）！」我就抓住這「降班」的話尾，含著眼淚的大做「文章」了。「老師！我想降班，不知道學校肯不肯？」「有什麼不肯的？我給你說去！但是降班不是白降的，要把握一年多的時間，把數理徹底弄好才行！」我心裏握著拳頭的說：「好，老師！」於是老人家一把拉住我，去見教務主任蘇郁文老師。他倆研究的結果，認爲我數理雖不好，但還沒有平均不及格的記錄（可能是我抄的工夫不錯），乃又決定叫我一面隨其他同學一起去報考，考取了便罷，考不取再降班。後來聯招會寄來的成績單上，別的都還可以，就是數學只有十三分（理化乙組不考）。總分可以錄取到私校，可是私校是不對我們這些窮孩子開門的，根本就都沒填志願。不用說，降班的命運已定。

在莊老師的鞭策下，趁著溽暑，就開始對著數學痛下苦工了。幾何、三角、大代數，依次下手，苦啃了一年，居然「卓然有成」！這期間，除莊老師外，有兩個人是我所不能忘懷的，一是梁迺遜學長，一是單一之老師，由於他們的幫助與教誨，使我第二度聯考考中，數學分數竟然是自己各科成績中最高的呢。此恩此情，在這裏不遑多說，來日當另文敘述吧。莊老師呢？他把自己「動員」得更爲徹底！一至六冊國文中每一個可能考到的翻譯、問答、解釋名詞等等，都

挑了出來，印成講義，找些自修的時間，爲我們補習講解。並另選一些短篇論文，加以分析，務使我們在聯考時，不致栽跟斗。由於他身體肥胖，天氣又熱，雖然不斷的搖著他那永不離手的羽毛扇，但仍不免汗流浹背。果然！聯考時，除作文外，別的一題也沒逃過莊老師的補充教材！在此必須強調的是：我們的老師，流血、流汗，爲我們補習，從來就不知道「補習費」是什麼東西！純粹是出於天地間一片純潔的愛！那愛，比父母所給我們的更偉大，更純潔！因爲父母還有些「養兒防老」、「光宗耀祖」的期望哪，老師期望什麼？不過只期望我們成爲一個「人」，一個仰不愧於天，俯不怍於地的「人」而已！

　　放榜了，我果然沒有辜負莊老師的一片苦心，沒有讓他老人家白流汗！以相當好的成績，錄取於某國立大學。

　　大學期間，我生活極爲貧困，一切餬口之資，都需我自己張羅。因此，我很少能有機會回去拜望莊老師，但却經常修書奉安，春節也一定去拜年，每次拜望他老人家，都留我吃飯聊天。安慰、鼓勵，無微不至。畢業後，又曾一度回母校任教，跟隨在他老人家之後，做了人師。我讀的不是中國文學，但所教的竟也是國文！自己不懂時，難免隨時求教於莊老師，老人家除了教我不懂的部分以外，並把與課文有關的趣味故事，都和盤托出。我上堂只要照說一遍，居然使同學們聽得津津有味。事隔十年了，這些學生中，還有一些和我保持聯繫的。如果這種事有值得稱道之處，一切都應歸於我敬愛的莊老師。

　　莊老師除了給我傳道、授業、解惑以外，還爲我物色了一位女友！婚後，我們距莊老師像有半里之遙，我們經常去

拜望他老人家，而他也經常是我們最親蜜的座上客。餃子、麵條吃完之後，一聊就是半天，臨走時，他總不讓我送他，佇望著他那滿佈慈暉的背影，有時會產生太多喜悅，有時也激起無比的辛酸……。但如吃了酒，我就非送他不可，有一次，我攙扶著他，經過水溝邊與稻田之間的田埂上，一條大蛇盤臥在埂邊，翹首吐舌，大有向我們師徒倆挑戰之勢。莊老師沒有注意到它，我更不敢驚動他老人家，只默默的禱念著：「蛇呀！為了我的老師，我不犯你，希望你也別犯我們！求求你！」，說也奇怪，它竟縮回了頭，臥著不動，讓我們平安的走過去。想起這件事至今還心有餘悸呢……。

　　我常說：沒有莊老師，我不是個「人」，只是個兩腳會走路的禽獸！有了他老人家的灌漑與培育，我才成為一個「人」，一個頂天立地的人！因此，他老人家離開了這個世界，是我前半生中，與失去慈母同樣是我最感哀慟的事！我心拙筆鈍，沒有能力表達我此刻的心境，只以上述兩首不成規律的小詩，和以下一幅輓聯，來表達我對恩師的悼念與仰慕之情！祝福他老人家在靈泉之下，也像在人間一樣的快樂與飄灑！

　　　絳帳受心傳，久坐春風沾化雨。

　　　杏壇感寂靜，常思步趨見羹牆！

民國六十三年二月十八日於台北指南山下

（本文原載中央日報副刊，時間約在六十三年五月間，後為「新知雜誌」、「中原立獻」及民國七十年十二月二十五日台灣省立員林崇實高工校友聯誼會所出版之「慶祝母校建校三十週年紀念特刊」所轉載）

海天悼慈母

　　如果說我們國家是在驚濤駭浪中成長、在暴風雨中壯大，那麼我家的滄桑史也正是國家歷史發展的一個縮影，而先母則是我家中興與壯大的中流砥柱！

　　先母袁太夫人生長在北方農村之家，她和一般農民婦女一樣沒有受過學校教育，但是在外祖父的嚴格庭訓之下，除了具備一切中國舊式婦女的美德之外，並賦有一付聰穎剛介與堅忍不拔的個性，算得上是一個女中丈夫！

　　先祖父時代，我家原是農村中的大家族，擁有兩頃以上的田產，也爲別的地主耕種一頃以上的土地，是地主也是大佃農，家大業大，騾馬成羣。先祖去世之後，家庭大權自然由大伯父掌理。起初家庭聲勢仍不少減，後來大伯父的長子不肖，遊手好閒，不務正業，整天與一羣不良少年鬼混。有一次他的同夥殺了人而畏罪潛逃，他被牽連而抓進官府抵罪。大伯爲挽救他兒子的生命，幾乎蕩盡家產，最後只賸下五六十畝薄田，二伯和三伯知事不可爲，於是提議分家。先父包公排行最幼，又生性樂天安命，分多分少似乎都無所謂，因而只分得薄田七、八畝，草屋兩三間，和一處沒有通路的打麥場。

　　家庭分割之後，先父自立更生，農忙之暇看看梆子戲，聽聽河南墜子，倒也消遙自在。可是自先母來歸之後，一連

生下我們兄弟姐妹五人（姐一，兄弟二，妹二），可謂「食之者眾，生之者寡」，於是家庭負擔日感沉重，然而父主外母主內，全家克儉，倒也過得去。詎料我十三歲那年，先父突患重病而溘然長逝！於是這裏裏外外的千鈞重擔就落在先母一個人身上了！

這樣沉重的擔子，要是落在一般婦女的身上，我們這個家不知道會變成什麼樣子！可是堅韌的母親，不僅毫無畏怯的挑起這付擔子，而且還能高視闊步昂首前進！她教姐妹們紡紗織布縫衣燒飯，自己率領我們兄弟二人下田耕作。春耕夏耘秋收冬藏，總是披星帶月，沒有半點休息，也未見她有過倦容。每逢莊稼成熟時節，先母為防宵小的破壞與偷竊，經常三更半夜到各處去巡視，遇到陰雨，她老人家手持枴杖，穿戴簑衣斗笠，涉水去看顧，那辛苦是可以想見的。

然而，禍不單行，就在先父去世第三年六月，家鄉突遭土匪崔二蛋的洗劫，鄉人無不扶老攜幼遠走避難，但賊去還鄉之後，不僅發現我家的糧食牲畜被掠一空，即連那兩三間草屋也都化為灰燼！一家六口，生活頓陷絕境。有的「好心人」要借我們高利貸，也有的「善行者」要買我們的田產。可是我那高瞻遠矚的母親，却都一概婉拒。她對我們這羣餓得面有菜色的孩子們說：借高利貸固然能使你們不挨餓，可是來年的收成還不夠歸還本息呢；賣田產固然也能使你們吃得飽，但一來田產是祖宗所遺留下來的，我們變賣田產不是愧對祖宗嗎？二來賣了田產，不僅來年收成化為烏有，恐怕會永遠使你們變為赤貧而餓死！為今之計，我們只有搭草蓬以蔽身，吃野菜以果腹，熬過這半年的苦日子，我們既有了收成，也保住了田產！我們聽了先母這番教訓，無不感動得

涕泗橫流！事後證明，先母的決定是正確的！

　　由於先母偉大的精神感召，我們兄弟姐妹不但工作克苦努力，而且手足感情的融洽，也異於常人。尤其我與二弟之間，真稱得上是兄友弟恭，在鄉里是有名的模範兄弟。民國廿六年抗戰軍興，本該由二弟應徵服役，但他新婚未久，我實在於心不忍，乃於獲得先母及姐姐同意之後，毅然代弟從軍，就這樣決定了我一生的軍人生涯。

　　我從軍之後，家中不僅未因缺少一份勞動力而受影響，反而先母的正確領導，及二弟幹練卓絕的經營之下，家道日益興隆。提起二弟，實令我佩服，他很像先母，有頭腦有魄力又有見解。他沒有讀過書，但在農閒時，常到村中唯一私塾的窗外，站著聽私塾先生講課，所以也能寫一封相當流利的信，當長子入學讀三年級以前，家中的一切情況，都由二弟與我保持密切的連繫。據長子說，他在小學四五年級時的數學四則題，二弟却能在不會列式的情形下，算出正確的答案來，其聰明可知！

　　我們家是怎麼興隆的呢？先母的領導自然最爲重要，此外在農閒時節，二弟經常到山東江蘇一帶販賣食鹽，那時候交通不方便，二弟以肩挑，或用「土牛車」推，總之賺了不少錢，有時我本人在軍中也省吃儉用，把薪餉的大部分都寄回去，就這樣我經常接到二弟購置田產的消息，這消息真和國軍抗日節節勝利的消息一樣令人興奮！等到我於勝利後返鄉省親時，我們家田居然累積到六七十畝之多，短短七八年之間，增加了十倍！房子也煥然一新。但是據我觀察，家中的生活儉樸，仍與往昔毫無改變。若非共黨叛亂，我們家真有恢復往日聲威的可能！

　　民國三十三年，部隊駐紮在洛陽，這時我已由二等兵累升至上尉軍官，想到我那終身勞苦的母親，也應卸下家庭的擔子享享清福了，於是在我幾度催促請駕之下，把他老人家接到洛陽來，誰想他老人家只住了十天，就捨不得她一手所締造的家園而堅持回去了。

　　三十六年徐蚌會戰，國軍失利之後，我帶傷歸隊於武漢，曾託友人帶信，請先母來武漢奉養，但她老人家因外祖母年邁體衰（外祖母這時已八十餘歲），堅決不出來，只把長子送了出來，這不僅說明先母的孝順，也證明她老人家的高瞻遠矚，要不然，我的長子非被共黨赤化不可！可是先母未接受我的奉養，倒留給我終生的遺憾！

　　廿八年了，雖然每逢佳節倍思親，但總還有一線希望。盼望有一天我還能隨王師凱旋歸去，好好讓慈母享受一段人間的福份。但近由美國輾轉而來的消息，說慈母已於民國卅九年仙逝了。乍聞之下，真如晴天霹靂，淚如泉湧！憶先母身體素稱健壯，若非我為「反革命軍官」而累及先母，使她老人家備受共黨的凌辱與虐待，她斷不會死得那麼早！這消息固然使我肝腸寸斷，但也倍增我復仇雪恨之心！

　　所可告慰先母的是我秉承了她那份克苦實幹的精神，使我在未受過任何軍事教育的情形下，竟也累升至上校軍官。同時長子也在政府的栽培之下，受完高等教育而成家立業，目前任教於某國立大學。二子三子也都能努力向學，將來必能有貢獻於社會。古語說：「樹欲靜而風不止，子欲養而親不在」，先母受盡了劬育之勞，但她老人家竟未受我一日的奉養，怎能不令我痛哭扼腕呢？但願她老人家能在九泉之下快樂安息吧！

著者按：先父庚辰公民國六十四年春，輾轉得悉先祖母袁氏過世的消息，終日垂淚不思進食者達一週之久。而後振筆直書，寫了一篇哀祭慈母的文章。惟先父為私塾出身，文章雖極感人，但盡皆之乎者也，欲在報刊發表，恐有不宜，於是我建議，就我在老家對先祖母的深刻認識，以先父的口氣，撰成白話文一篇，經先父同意並修改後，送「青年報」發表。該報於民國六十四年五月某日刊載「中原文獻」七卷五期（六十四年五月）轉載。在此一併致謝。

舞陽張庚辰先生傳

── 「先夫」一個具體而微的賢人形象

　　國父將一分爲聖賢、才智、平庸、愚劣四種類型，其中聖賢似爲同人等級，但依個人愚見，其間究有差別。聖人在德行方面無所缺失，在才智方面無所不能，在知識方面無所不曉。這種人在中國，大約只有老子、孔子、孟子和孫中山先生；在西方也只有蘇格拉底、柏拉圖和亞里士多德諸人了。其餘古往今來芸芸眾生，能當聖人之名者爲數幾希。賢人在德行、才智和知識諸領域，與聖人相比，只能是具體而微，殊難蓋其全面也。

　　先夫張庚辰先生，河南省舞陽縣人，民國四年五月十三日生，六十九年十月十二日，因病去世，享年六十六歲。他無論德行、才智及知識各方面，不足以爲聖人，亦不足以爲全面的賢人，但我可以很驕傲的說，他之作一個具體而微的賢人，則是識者所共許，諒非我私人之謬詡也。

　　先夫具體而微的賢人形象，表現在他的孝順、友愛、忠恕及嚴於庭訓諸方面。據鄉里鄰人相傳，先夫對父母的孝順，是半得自於先天的溫馴個性，半得自於儒家教育的後天薰陶。相傳他在老家的二十四年生活中，非但從無惹父母生氣的紀錄，而且總是爲父母所誇耀的好孩子，和老師所讚賞的

好學生。他在私塾讀書期間，從不需父母的催促，也從不需老師的鞭策和叮嚀，總是自動自發地把諸子百家和四書五經，讀得倒背如流。在窮鄉僻壤的農村，線裝書是很貴的，非農家家長所能購買；學費也是可觀的，非貧農之家所能負擔，然而私塾先生嘉先夫之勤勉，非但免其束脩，而且慨贈全套線裝書籍。此種師生之間情誼，和先夫的好學以專，當時曾廣為傳頌，譽滿鄉里，至今尚為張氏一門之親友所津津樂道者也。

　　先夫和他的胞弟庚山，是一對聲傳遐邇的模範兄弟，相傳兩人之間不僅從無嫌隙，而且兩人的親暱友愛異於常人。民國二十六年抗戰軍興，依例應由弟弟庚山從軍入伍，但先夫卻憐於胞弟新婚不久，不忍其棄妻別親，乃毅然代弟從軍報國，此乃決定了先夫一生的軍旅生涯。抗戰戡亂期間，軍人待遇微薄，照說先夫不可能有剩餘以助家計，但他總是省吃儉用，將薪資積存下來，攢夠一定的數目，整批寄回老家，讓弟弟庚山努力務農之餘，尚能行有餘力，悄悄地治了數十畝良田。說來有趣，因若這幾十畝良田買在老家附近，加上原有的二十幾畝祖產，必會成為富戶而引起鄰人的注意，所幸庚山聰明，與婆婆袁氏密商之後，把這幾十畝良田買在嫁於二十餘里外的二姐那裡，由二姐婆家代耕。這件事是發生抗戰勝利之後，大約二姐公婆家人有欠厚道，似乎從未給過我家任何租穀，而我家也從不索取，所以家鄉赤化以後，在大搞農村階級鬥爭的漩渦裡，我家仍以二十餘畝土地為標準，被劃分為「貧農」，而未遭遇掃地出門的鬥爭。所謂：「好心有好報」，此之謂也。

　　先夫一生忠於中國民黨，忠於中華民國，忠於他的長官

之外，最足以稱道的是忠於職守。眾所週知，軍人是居無定
所東調西遷的，一年之中難得在家待上幾天，可是一回到家
裡，總是吵著腰酸背痛，睏睏不堪，這都是在軍營中辦公累
成這個樣子。民國五十五年，他以上校的官階退伍後，轉業
到某縣政府任總動員小組執行秘書，組裡同樣轉業的上中校
同仁不下六、七人，可是這些同仁不是文筆不行，就是欠缺
敬業精神，是以全部業務就由先夫一人挑起，名為退休，實
際仍然是天天累得腰酸背痛。由於無論在軍中或做公務員，
都是那麼認真，那麼努力，所以到處為長官所嘉許，為同仁
所敬服，除獲許多忠勤勳獎章之外，在他逝世之後，仍有不
少長官同仁到家裡看望我這個未亡人。最值得懷念的是，在
他出殯的那天，他的縣長竟率大批縣府同仁，遠從中部趕到
台北靈堂致祭。

　　我必須補充地說，先夫的孝順是出於天性。公公早年過
世，由婆婆袁氏領導維持家計。家裡人口不少，有兩男四女，
外加長媳（那時先夫已與姐姐王氏成親），共八口之家。有一
年家鄉遭土匪搶劫，婆婆率家人逃到遠處躲避匪患，匪過回
家鄉之後，不僅糧食洗劫一空，房屋數間亦皆化為灰燼，一
家老幼頓時陷入困境。這時大約是晚秋時分，距離來年農田
收成尚早，一家八口嗷嗷待哺，大有枵腹待斃之危機。鄰人
皆勸婆婆賣田地以度難關，然而婆婆十分堅強，召集全體家
人訓話說：「若把田地賣掉，固然可讓你們現在吃飽肚子，可
是來年收成時，我們既沒有了田地，也沒有了收成，我們不
僅永遠要餓肚子，也對不起祖先對我們的庇蔭！」先夫最能
體察母親的意思，於是率先發言道：「那就請娘領導我們挖野
菜剝榆皮，來度過這段難關吧！」婆婆說：「我就是這個意思

啊！」於是全家老幼，萬眾一心，挖野菜剝榆皮以果腹，伐樹木搭草棚以棲身。如此這般，居然度過了一段艱苦的歲月，保住了寶貴的祖產。為此後永久的溫飽，奠下了良好的基礎。這個故事，先夫常常拿來作為教育孩子的家訓，是以孩子個個成器，良有以也。民國六十一年，由家鄉輾轉得悉婆婆過世，先夫在很長一段時日裡，都寢食難安，痛哭不已。他曾噙著眼淚，撰寫了一篇紀念文章，來頌揚母親的偉大。由於文情並茂，感人至深，除由「青年戰士報」首先刊載外，當時的「中原文獻」及「新知雜誌」皆有轉載。從那時起，先夫在家立了「張氏宗親」牌位，逢年過節，總是親率在台家人祭拜不輟，先夫過世之後，他自己也列入牌位之中，依例由長子領銜祭拜，所謂賢孝傳家，此之謂也。

　　先夫待人的忠厚，是很有名的。我夫婦和長子隨軍來台時，身上只有三塊現大洋，不期而遇上他的一位劉姓小同鄉。劉兄弟自然也很拮据，先夫於是囑我送他一塊現大洋之外，還囑我時常給他衲襪子做布鞋。此後認識的同鄉同事多了，部隊裡缺乏麵食，先夫常常請他們到家吃麵食，那時麵粉很貴，微薄薪水不夠用，所餘的兩塊現大洋和我僅有一點金手飾，也全部貼了上去。為了丈夫的做人，我作為一個年輕的女人，可說在五十歲之前，永遠是一襲藍布大褂兒，從沒有戴過一件首飾。猶憶民國四十二年之前，部隊在澎湖的時候，日子艱苦極了，長子只有十三歲，正是發育的階段，由於缺乏營養，身體瘦弱得可憐，在校成績樣樣很好，唯獨體育一科，總是經補考才能勉強過關，以致影響他的總成績。有一次，先夫對長子說：「你能考上前五名，爸就賞你五斤香蕉！」，此後孩子更加努力，果然得了班上第五名，可是先夫

卻買不起五斤香蕉獎勵孩子。後來長子常對他爸開玩笑說：
「爸，您還欠我五斤香蕉呢！」那時候，真是終年不知肉味
兒。過年了，好不容易買了幾斤豬肉，先夫總是分批請他的
同仁弟兄到家吃飯，至到吃光為止，我作為妻子，做飯受累
理所當然，可是瘦弱的長子連一塊肉都吃不到，這可惹我火
了，於是與先夫吵了起來，你來我往各不讓，雙方幾乎動了
手腳，最後還是孩子充當和事佬了事。這可說是我夫妻一生
僅有的一次嚴重勃谿

　　先夫對人忠厚一如上述，然而他對人的寬恕，對我個人
來說，印象至為深刻。民國四十二年，長子隨他就讀的山東
流亡學校遷到彰化員林，我也辭去內壢中興紡織公司的工
作，前來與孩子團聚。不久，我患了乳腺瘤，經台中省立醫
院醫師診斷需要開刀，那時尚無健保和眷保這類政策，住院
醫療費用可觀，絕非先夫一個上尉的薪餉所能負擔。在萬般
無奈的情況下，乃囑長子攜先夫的書信一封，前去南投，去
拜望前述那位劉姓小同鄉求援，其時這劉先生在一所軍營主
持福利社工作，照說三兩百塊錢在他是不會有問題的，然而
萬萬想不到的是，他竟讓孩子空手而回。這件事，真讓我們
夫婦一生嚐到了人間的冷暖。這位先夫半生視為手足的劉先
生，大概是問心有愧吧，從此再也不見蹤影了。可是先夫總
唸著他們之間之情誼，至到先夫病危彌留期間，還想見他一
面呢。

　　由於先夫的忠勤賢孝治家，孩子們也都秉承他忠勤賢孝
的遺風處世為人。

　　長子煥卿，雖非我所生，但我從來都把他當我的親生兒
子。除了生活上撫育他之外，在學業上我也盡我所能予以指

導，特別在數學英語方面為然。在他讀初中之前，我預先教給他二十六個英文字母，以致他一進初中就對英文發生興趣，此後他在英文方面可說一帆風順，至今他還常常誇耀我是他的外文啟蒙老師呢。民國四十年，我應徵到中興紡織公司工作，待遇只有新台幣一百五十元，我除房租生活費用之外，每月給他寄三十元到學校，孩子說他比起其他沒爹沒娘的同學，闊氣多了。這孩子生性善良，為了這些小事，常常感動得落淚。在他的心目中，我這個後母從來就是他的親母，他對我的孝順和敬愛，和我後來所生的兩個兒子相比，可謂有過之而無不及。記得初到澎湖的時候，有一次我生病了；沒有錢買營養補品，這孩子竟拿他僅有的五毛錢積蓄，給我買了兩隻香蕉，作為給我的營養品。走筆至此，我也禁不住要淚如雨下呀。最值得稱道的是，這孩子讀書向來不要人操心，總是自動自發努力向上，中學畢業，順利考上國立大學，大學畢業，做了一年事，又考取當時國內僅有的一所政治研究所，獲得碩士學位後，由講師、副教授，民國六十六年晉升為國立政治大學正教授，就在這年，他申請到美國一所大學的全額獎學金，赴美深造，決心要拿回博士學位。不意就在他獲得另一個碩士學位的時候，竟碰上「美國與中共建交」，孩子激於愛國的義憤，毅然束裝返國，準備一旦共軍犯台，與國人並肩禦敵呢。他雖為國家的生存，放棄了博士學位的追求，可是他那份對國家的熱愛，足可為青年人的楷模。

　　民國四十四年，我生下次子焻卿。這孩子與他哥哥煥卿一樣命苦，那時家境仍然很苦，不可能供奶粉給他吃，而我也只有在本身營養不良的情況下，只有一個稀薄的奶水撫育他，他的瘦弱可想而知。可是，這孩子也是個天生的好孩子，

學業方面，一向以哥哥為榜樣，用功努力，向來不要我操心，初中畢業，順利考上彰化高中；高中畢業，考取一所大學和一所軍校。要是一般孩子，他一定會讀一般大學，可是他顧慮到家境不好，去毅然選擇空軍通信電子學校就讀，為的是減輕家庭的負擔。然而空通不比空官，以致這孩子在軍中遇到升遷，總是遭遇種種困難，這時候我們夫婦和他哥哥總有無限的愧疚，後悔沒有堅持讓他讀一般大學啊！可是這孩子卻沒有追悔與怨言，用堅強與努力彌補他學業的不足。經過一番奮鬥，他居然考上成功大學電機系，畢業後又獲得公費赴美深造，順利取得雪城大學電機系碩士學位。數年前，他在軍中的升遷又遇瓶頸，乾脆以少校的官階退役下來，到一家外商電子公司任工程師，目前在加拿大擔任分公司主管。

　　民國四十九年，我生下三子要燷卿。小三子（燷卿小名）初生時，家境就好多了，可是人的性向不同，他從小不喜歡讀書，然而他一本張家的賢孝傳統，不做壞事，也不交壞朋友，和他兩位兄長一樣，仍然是個好孩子。有兩個特長是他兩個哥哥所沒有的，一是他很會做人，無論在什麼場所或什麼崗位上，他都能為長官和同事所喜愛與欣賞。他在國立藝專畢業後，經他大嫂的引介，進入一家電影公司當場記，由於他吃苦耐勞，工作十分努力，不久升任為副導演，老闆和導演都把他當孩子來看待。然而畢竟生不逢時，當他進入這家公司時，電影事業已經是百般蕭條了。其二是小三子腦筋動得快，善於把握機會掌握契機。電影工作幹不下去了，他當機立斷，考入中華航空公司，做了四年的空服員工作，這時他已二十九歲，差半歲即將進入三十大關，適逢華航招考飛行員（以往華航駕駛皆由空軍退伍飛官擔任），他又當機立

斷，申請長休假，花了一個月的時間和數十萬元的代價，到美國取得一張小型飛機的駕駛執照，當他報考華航駕駛工作時，這張證書就讓他優先被錄取，經過二年半在美國的嚴格訓練之後，回國擔任華航副駕駛。八年之後，以第一名的成績，晉升爲該公司正駕駛。這孩子因爲當初不肯讀書，不只別的功課不好，英文更是不行，記得他報考空服員時，他的英文自傳還是他大哥大嫂幫忙代筆的，可是經過他若干年的努力和磨練，今天他的英文造詣卻爲公司長官所稱許，目前已經擔任教官，教導那些比他年長的空軍轉業駕駛及其他新進駕駛民航知識，這些年長駕駛有的已經是公司的老飛行教官了，所以小三子被人尊稱爲「教官中的教官」了。

　　我生爲一個安陽人，我以生於這個中國文化發源地而自豪。作爲一個平凡的女人，我又爲擁有一位賢人的丈夫和三個孩子而驕傲。我今天以一個老祖母的身份，盼望所有的天下男兒們，都要進德修業，向忠恕賢孝的境界邁進，那我們的國家社會，何愁不是安康和樂的天國？特別是今天的社會亂象，有多少是由於所謂單親家庭所造成，爲後母者比比皆是，倘若所有的後母們，都能拿妳前夫的子女們，當作妳的親生子來對待，那不僅都能享受美滿的家庭生活，而且很可能根本上就讓不幸的單親家庭絕跡於世呢！

著者按：媽媽盧秀女士，應「安陽文獻」編輯之請，賜撰家父行誼一文，俾充「安陽文獻」之篇幅。惟媽媽善書法而不善屬文，因命余代筆恭撰此文，奉寄該刊編輯斟酌。後該編輯爰將拙文送「中原文獻」第三十六卷第三期（民國九十三年七月一日）發表。在此謹向「中原文獻」致謝。

師生之間 ── 敬悼單一之老師

　　民國三十九年，我在省立馬公中學初一的時候，單一之老師就享有澎湖學界家喻戶曉的盛名，因為那時的澎湖，原本是個風沙漫天的偏遠荒島，學校師資奇缺，馬中畢業生考取大專院校的，可謂鳳毛麟角。所幸三十八年山東流亡學校的蒞臨，大大提升了澎湖的文化水平。單老師原是這個流亡學校的年輕老師之一，馬中校長張開嶽師，不知用了什麼錦囊妙計，竟把精通數學的單老師，從澎湖防衛司令部子弟學校（由流亡學校改組而成）給挖到馬中來。自單老師進了馬中，不僅把大批畢業生送進了大專，而且還分配到不少保送名額，使得沒沒無聞的馬中，頓然成為一所「明星」學校，單一之老師也成為我們這些小學生聞其名未見其人的偶像了。

　　前年夏天，單老師因病住進了三總，我常去探望他老人家，在閒話中問他老人家，當年是如何提升馬中的升學率的，他老人家謙虛的不願提起當年往事，還是師母告訴我說，自從單老師到了馬中，包辦了整個高中部的數學課程，把原具數學細胞的本地學生，幾乎變成了「數學人」，是以大專入學考試，數學一科所向無敵。

　　我對數學這門課，可說是先天不足後天失調。頭腦既笨又不感興趣。小學一年級時，那「先乘除而後加減」的簡單

道理，硬是弄不清楚，為了數學不知挨過多少板子。從抗戰後期到大陸撤守，我斷斷續續完成了小學四年上學期，三十八年到了澎湖，我已經十三歲了，父親說人家十二歲都已小學畢業，我還唸小學四年級下學期，未免太難為情了，於是便把我送進漁翁島的內垵國小六年級下學期班。當時的老師全不會說國語，一律用閩南語教學。對於數學一科，可說是「不懂加不懂等於不懂」，課堂上呆若木雞的我，只聽得老師滿口「爬詳多」，好奇的回家問媽媽，媽媽抗戰時曾經受過日本教育的洗禮，說那是日語的百分號「％」，後來我學了英文，才知道那是英文中的 Percent。我在內垵國小不滿一學期就畢業了，因為沒有故鄉學校的轉學證明，所以學校不發畢業證書，及至我以數學近於零分，而其他科目還不錯的情形下，考取了馬中初中部時，入學便成了父親的頭痛問題，所幸校長張開嶽師和教務主任張明倫師，對我極為同情，乃囑咐父親向他的部隊長官要兩張推薦函，代替畢業證書便可通融入學，父親很快得到防衛司令官李振清將軍和三十九師師長韓鳳儀將軍的推薦函，令我「順利」入學。我在馬中只讀了二年，四十年經過簡單的轉學測驗，便轉到澎防部子弟學校就讀，與其他同學一樣享受公費待遇。

　　母校在四十二年初內遷彰化員林，初稱「教育部特設員林實驗中學」，繼改稱「台灣省立員林實驗中學」。這六年的中學時代，是我一生最值得回味的美好時光。我是這個學校第一個「外省人」，正因為如此，我不僅未受過清一色山東師生的歧視與排斥，還受到加倍的呵護與寵愛，至今我已年過半百，同學們見了面還叫我「小孩兒」呢。話說從初一到我第一個高三，數學始終是我「放棄」了的科目，大凡弄不懂

時，總是把它丟在一邊，索性去背國文英文或是去讀史地。對於數學作業，平時「抄」得整齊清潔，到了考試關頭，但憑老師高抬貴手了。

不知何時，單老師又被母校從馬中請了回來。但不幸我們這班始終沒有受教於單老師的福份。母校性質特殊，同學們百分之九十九都是沒爹沒娘的孩子，大陸淪陷時，由忠黨愛國的老師們在政府的協助下，把他們帶到澎湖來的。為了安排不同性向同學的前程，學校設有小學部、初中部、高中部、師範部、特師部、土木工程部。老師們的子女進小學部；初中畢業生數理文史好的進高中部；文史好而英數稍差的入師範部；數理特優而文史稍差的進土木工程部；高中畢業未順利升上大專的進特師部，一年後或就此教小學或繼續升大專。總之，在老師們的指導下，這些不同的選擇，乃成為不成文的慣例，無論如何，總使幾千個可憐的孩子，有一個安身立命的所在。如果說愛護下一代是一個國家興盛的根本，那麼今天國家的壯大與繁榮，毋寧是理之當然！

我的數理，在班上是有名的差勁兒，然而天生一副「不服輸」卻又楞頭楞腦的我，初中畢業既不肯聽老師的勸告入師範部；高中畢業升學失敗又不肯唸特師部，於是在國文老師莊公仲舒的安排下，特准我「降班」（留級）。降班，在母校雖不算光彩，但也不是太丟人的事，因為例子不少，見怪不怪，可說是上述選擇之外的另一選擇吧。

那年暑假，眼見不少同學都考上了大專而整裝待發的時候，自己卻觸景傷情的哭了，那不是自怨自艾的哭，而是用淚水沖去對數學的恐懼感。從那一刻起，我決心向它挑戰。先從最感神秘的三角入手，像蝸牛般的往前爬，像啃石頭般

的拼，日以繼夜，不眠不休！遇到啃不動時，就請教於梁迺遜學長。梁學長數理特佳，已考取台北工專，為人極富耐心，像幼教老師般的教我，從不嫌我囉嗦與笨拙。一個暑假下來，我對三角居然產生了興趣，連帶的對於幾何大代數也具備了信心。走筆至此，我不禁又憶起一樁心酸往事來。梁學長在民國四十七年就已畢業於工專，未幾即與現在的嫂夫人結婚。我是軍人子弟，深知父親經濟拮据，從不向家裡要錢，在大學全以工讀維生，梁學長的大禮，我本該親往祝賀並送一份像樣的賀儀，可是這兩樣都非能力所及，就連那區區三十元的賀儀，還是我大一暑假參加橫貫公路建設的工資，所買的一件西裝外套，送進當舖支應的。

　　四十四年夏，我的「第二個高三」開始了，好幸運噢！教我們數學的，竟是我們仰慕已久的單老師！他老人家的教法確實與眾不同。頭堂課他就對我們說：「你們最要緊的是升學，考上了大專，一切問題都解決了，否則什麼都是枉然，所以我決定少教理論，多教你們解題的方法，只要懂得一個題目各種解析的方法，在大專聯考中才能取勝，至於對理論有興趣的同學，可以在課外找我研究。」

　　單老師的方針是絕對正確的，因為過去教我們的數學老師，數學理論確屬一流，每堂課總要寫上好幾大黑板，這對數學根底好的同學固然有益，可是對我這類底子差的同學來說，倒是如坐九里雲霧，不知所云了。單老師根據他的方針，除將三角幾何大代數中的例題詳加解析之外，並將習題中較難的挑出來加以剖解，務使我們碰到題目知道從何入手。他並要求我們作業必需要繳，不能偷懶馬虎。凡有不會而空起來的，他會在課堂上詳加分解。

　　除了把課本上的例題和習題，統統确确實實的做過一遍之外，單老師還從課外選一些三角、幾何和大代數中不難不易的題目，利用課外的時間，給同學們加以補習，單老師所用的方法是先叫某一同學在黑板上解析某一題目，解對的由老師講解一遍對的原因；解不對的由老師親自一步一步的解析，從不對學生說過半點責備的言語。他在解析題目的時候，慣用一種口頭語，例如：「X 加 Y 等於什麼等於？等於什麼等於？等於什麼等於？」他說這話時，對著同學們瞪大了眼睛，伸長了脖子，語氣濃重又認真，問過兩三遍同學中有回答得對的，例如說：「X 加 Y 等於 Z」，他就再重複一遍說：「等於 Z 呀！」如果沒人回答，他也會說出正確答案：「等於 Z 呀！」如果同學說的不正確，他會仔細的說明不對的原因，同樣不帶一絲責備的口吻。他這種口頭語和特殊的表情，可說是加強我們印象的最佳方式。單老師叫同學們爬黑板，用意是叫同學在自己解析的過程中，加強同學們的印象，決不是為難同學或叫同學出糗的意思。可是有些同學，特別是前三排的女同學，或者怕解不出來難為情，或者對數學不感興趣乾脆放棄了，所以到後來上補習課的同學還不到一半，老師也從不在意這件事，反正他不收學生分文補習費，也從不拿學校分文鐘點費，完全像日月的光暉一樣，無怨無悔的對學生發出光和熱。

　　有一段時間，教我們物理的孫金棻老師，因為身體不適而請假，物理也由單老師代教。因為物理是大專聯考中文法組不考的科目，所以孫老師上課我們從未用心聽過，然而單老師上物理課，用他特殊的教學方法和他傑出解題能力，居然也使我們對物理產生興趣。

　　我剛才說過，單老師對我們爬黑板或寫作業的會與不會，從不加些微的責備，可是有一天他走進教室，就很生氣的說：「你們這些孩子真不知好歹，我從課外選些題目要你們做，做不會我來做給你們看，還不都是為你們好嗎？你們為什麼不樂意呢？班長派人寫講義也沒人願意幹，真令我太失望了……。」一番讓人無法辯駁的話，叫我們丈二金剛摸不著頭腦。下了課我們問老師，到底是怎麼回事兒，我們感激老師都來不及，那有不樂意寫講義的道理。老師說：「班長對我說的，還會有錯嗎？」我們瞭解真相之後，就把我們這位班長的性格告訴了老師，老師這才釋懷。原來我們這位班長功課本來很好，自忖補不補習，自己都能考上大專，至於別人嘛，最好是都考不取，才能顯出自己的傑出。他為了怕自己麻煩，在私下對老師說出一套謊言，說全班的壞話，害大家挨罵尤在其次，主要惹我們敬愛的單老師生氣，是我們所不能原諒的，於是同學們不約而同的喊「打！」之聲四起，弄得這位綽號「小毛」（意謂他有毛澤東的奸詐）的班長，半學期不敢來教室上課！

　　課本作業、補習習題的改正，賣力的正課和補習，加上認真的物理代課，終於使原本身體不十分健壯的單老師病倒了，最嚴重的時候還有吐血的現象。這使我們全班同學焦急萬分，不是擔心我們數學課程，而是擔心我們老師的健康！當我們第一次集體去醫院看老師時，他聲音微弱的告訴我們：「你們不要為我擔心，我一定會好的，要好好注意你們的功課，聯考你們都成功了，我這點兒病不算什麼……。」賴蒼天保佑，兩星期不到，我們敬愛的單老師，又回到教室帶領我們，向大專之門昂然前進了！後來我們考取大專的，興

奮也無過與此！

　　一年下來，在單老師的愛心灌溉之下，民國四十五年的聯考，綻開了燦爛的花朵！班裏近半數的同學都考取了大專。說實在的，我們這個班是兩個班中程度較差的一班，大多數都是降班生，壓根兒就調皮搗蛋的也大有人在，如今能有這樣的成績，可說是一種奇蹟。我無法統計單老師給了大家多少幫助，但就我個人來說，那幫助實在太大了！經過單老師的調教，原本數學極差的我，對解題幾乎到了得心應手的地步，那年的聯考，我以數學七十八分的成績考取國立政治大學，今天我能以「資深教授」的身分在母校任教，不能不說是單老師他老人家的恩賜！

　　俗語說，每一位偉人的背後，必有一位賢內助。師母楊春芳老師，是一位最標準的賢妻良母，也是我們慈祥的好老師。每當我們拜望老師時，師母總是自然流露出對單老師的一片敬愛與崇拜之情。有一次我到三總探望單老師，臨行，師母送我到電梯口，哭著說，她是世界上最幸福的女性，享盡了單老師對她的愛，可恨他得的竟是不易治癒的淋巴癌，望蒼天能讓他多活幾年，好使她再事奉他幾年。

　　敬愛的單老師，與病纏鬥了兩年之後，終於在九月十四日乘鶴而去，願上帝永遠垂愛他。

（作者按：本文原載民國七十七年十月二十八日「青年日報」副刊，「除了把課本上的例題……，後來我們考取大專的興奮也無過於此，」這一段，是原文原本所有的，但主編先生為版面問題，當時曾打電話取得我的諒解後略去，我覺得這一段很重要，現在根據原意增加進去。其餘皆無任何更動。特此聲明。）

以民眾的利益為為優先
— 敬悼蔣故總統經國先生

　　驚聞　蔣總統經國先生崩殂，舉國悲痛！這是繼退出聯合國、先總統蔣公逝世、美中（共）建交之後，國家所遭逢的另一危難，相信只要全國同胞奮勵自強，一本處變不驚的精神，必能安度這一次的變局。

　　中山先生是三民主義理論的締造者，先總統　蔣公是三民主義理論的宏揚者與奠基者，而　蔣總統經國先生則是三民主義理論的實踐者。三民主義不只在哲學上以民生為中心，實際上也是以民生為體現民族、民權兩主義的手段。因為只有人民的食衣住行育樂無虞匱乏，人民對國家對民族才有真正的認同感；也唯有人民的豐衣足食，人民才有餘暇和充分的物質條件，來關心政治權利，開發民主憲政。

　　經國先生畢生奉行不渝的一個哲學概念，就是「以民眾的利益為優先」，這一概念不僅是他用來惕勵所有的公務人員，也是他一生從事民生建設的推動力量。猶憶民國十六年至民國二十三間，中共盤踞贛南一帶，在「打土豪、分田地」的口號下，使得百姓民不聊生，家破人亡，一時成為人間地獄，民國二十四年，國軍五次圍剿成功，中共撤離「蘇區」，向西逃竄，經國先生奉命任贛南行政督察專員，便銳意從事民生建設，短短兩年時間，便使得該地區充滿一片欣欣向榮

的景象，經國先生也被當地百姓奉爲「蔣青天」！

　　民國六十一年，經國先生奉命出任行政院長，上任伊始，即提出「十大建設計畫」。爲此，他曾說：「我們今天不做，明天就會後悔」。這不僅表現了他的理智與感性，也表現了他實踐民生建設的決心。在這種堅決的情況下，即使十大建設推動不久，遭逢世界性的經濟蕭條，也未稍加停頓。五年之後，十大建設次第完成，奠定了穩固的經濟基礎，接著「十二項建設」、「十四項建設」賡續進行，除繼續物質建設之外，更兼及精神文化建設，不僅富裕了國民的物質生活，也提升了國民的生活品質。使得一向在外國人面前自慚形穢、對自己國家民族充滿疏離感的國人，毅然抬頭挺胸而又熱愛國家民族了。這是經國先生建設偉大的成就之一！

　　實施民主憲政的條件之一，厥爲國民富裕的經濟生活，管子說：「倉廩實而知禮節」，這說明唯有國民享有富裕的生活，才能養成理性的習性，也唯有富於理性的國民，才能恪遵民主憲政的規範。經國先生從事的民生建設成就，其對民主憲政順利運作的影響，遠超過經濟本身的意義。經國先生主政以前，我們的國民所享有的自由尙屬有限，地方自治運作的過程中，不允許有越規的行動，選舉平靜似乎理所當然。但是自經國先生主政以後，自由尺度大爲放寬，在歷次選舉中，容或有少數非理性的現象，惟就大致而言，仍然是世界上少有的平靜選舉，從未有流血事件的發生；即此而言，連最先進的美國也望塵莫及，原因是，我們絕大多數的國民都是理性的，少數非理性的言行，早爲強大的理性力量所約制。追本溯源，這不能不說是經國先生民生建設的另一成就。

　　法哲普魯東曾說，貧窮是戰爭和國家滅亡的根源。過去

三十餘年來，我們一直處於一種「特殊」的非常狀態—我們有遭遇攻擊的可能，但又不致立即遭遇攻擊，在此情況下，我們以絕大部分的精力，用在積極的建設上面，只有用極小部分的消極手段（戒嚴令），來維護國家的安全。在絕大部分的國人來說，戒嚴似乎對我們的生活沒有任何負面的影響，可是對少數國人，特別是對西方民主人士而言，這微不足道的戒嚴措施，却幾乎抵消了我們所有經濟建設的努力，美國有位政治學者，甚至在世界一百一十個被稱為民主的國家中，把我們排在第九十三位，這對我們的國際形象的影響不可謂不大。經國先生覺得，戒嚴、黨禁、報禁等等，不過是政府靠一己的消極手段，來保護國家的安全，既有損國家形象，產生力量又極有限，不如乾脆厚植民力，培養壯大的民力，讓壯大的民力來負起國家安全的責任，既積極有效而又能一新世人之耳目，於是乃有去年戒嚴之終止，黨禁之解除，使我們從一個經濟大國，一躍而成為一個民主大國，我們的國際形象，也提升到空前的境界！這是經國先生民生建設第三個偉大成就。

　　經國先生凝聚了國人的的民族情感，實踐了民族主義；提升了國人的物質與精神生活品質，實踐了民生主義；塑造了民主憲政的典型，實踐了民權主義。中山先生及先總統　蔣公三民主義的理想，在經國先生雙手中圓滿達成。他老人家的唯一未竟之志，就是如何以三民主義統一中國。如今，他老人家離我們而去，我們在哀悼悲痛之餘，應該立刻拭乾眼淚，秉承他老人家的遺志，為這個重責大任而努力奮鬥！

（本文原載「中華日報」副刊，民國七十七年元月十七日。）

德立華反左記

　　那該是兩年半以前的事了，原不欲形諸文字大事張揚者，一來是我不善屬文，生怕貽笑大方；二來也怕貽人以邀功之嫌。現又改變初衷者，一來這件事涉及許多愛國人士，我無權埋沒他們「愛鄉更愛國」的奮鬥事蹟；二來這件事對於愛國青年或有些微的啓示作用；才敢在幾乎褪色的回憶中，利用現成的真實材料，寫出一個反左鬥爭的故事。

　　民國六十七年二月，我以不惑之年赴美進修，指導我學業的，是我過去的同事張以淳博士。在他的調教之下，我的學業進行得很順利，原可在一年半之內取得碩士，繼續攻讀博士學位，不料年底美（中）共建交，我痛苦憤怒之餘，決定完成碩士學位之後束裝回國，盡一份捍衛疆土的責任。張老師雖爲我進修計劃的改變，備感惋惜，但也嘉許我的愚忠，於是督促我在六十八年六月底完成碩士論文，七月底以前啓程回國，但最後我卻於九月底返抵國門，那三個月的延遲原因，就是爲下面這個故事所付出的代價。

　　六月二十二日下午，正當我爲論文的事忙得不可開交之時，張老師來電話說，晚上七點半，在物理系的一個教室裏，由該系傅振民教授和另一位左派教授吳仙標，共同舉行援助越南難胞座談會，出席的都是德立華州的中國學人和社會人士。張老師說，根據他以往保釣運動的經驗，傅教授發起這

個座談會，當然是基於同胞愛的心理，為援救那些漂流在海洋上的華人同胞，盡一份心力；至於吳某發起這個座談會，動機必不單純。因為當保釣運動的初期，吳某即曾戴著民族主義的假面具，率先發起保釣運動，熱心的與其他愛國人士共同工作，及至成了組織，募集了基金，吳某卻背著少數愛國人士，私自宴請左中兩派華人，這些人在酒酣耳熱之際，任憑吳某擺佈，把不利於我中華民國的事，都做成了決議，及至下次大會召開，槍口兒對的不是侵佔我釣魚台的日本，而是我國政府。張老師、傅教授等少數愛國人士欲扭轉逆局，已是力不從心，最後被逼紛紛退席，不消說這個保釣大會，便成為加罪我政府的鬥爭大會了。

　　張老師認為，美共雖已建交，但目前華人左派勢力並不景氣，原因是中共的貧窮與落後，使他們挺不起胸膛，再者毛澤東的偶像地位被中共復辟派所粉碎，也令他們氣結。左派華人的戰略目標，就是利用民族主義情緒，把在美各派華人團結在他們的旗下，對越共霸權主義施加壓力，藉以恢復他們過去的聲威，並趁機分化愛國華人的團結。在這種情形下，所謂「救濟越南難胞」，不過是一種策略運用而已。張老師說，援救越南難胞，我們固然義不容辭，但是左派分化我們的企圖，我們不能不預為防止。

　　美國的民主生活方式，似乎只表現在政治領域，在社會生活方面，階級觀念似較我們濃厚得多，像這樣由教授和社會人士參加的會議，依例是不請留學生參加的，不過張老師說，我在國內也是位老師，有資格參加會議，極力勸我隨同前往，我只好暫時丟下論文撰寫工作，恭逢盛會了。

　　會議由吳某主持，他首先說明會議的「主旨」，並一再強

調絕不談國共雙方的政治問題。惟關於越共何以不惜冒著很大犧牲，而驅逐對越南有莫大貢獻的優秀華人時，有人說是由於經濟問題，因為華人掌握了越南的經濟命脈，影響了越南人的經濟利益；有人說是文化教育原因，因為近年來，越南土著的文化教育水平業已提高，他們不需要華人，也能建設他們的國家了；也有人說是出於狹隘的民族排外心理……。我則基於政治觀點，說抗戰前的中華民國，並不是世界的強權，然而我國政府却一秉敦親睦鄰的傳統古訓，與鄰國建立平等互惠的關係，並鼓勵華人與僑居地政府合作，獻身當地的各項建設。然而中共政權却一反往昔，為建立其在亞洲的霸權地位，乃以俄為師，派遣第五縱隊或訓練當地的左派人士，加速對鄰國的滲透與顛覆，於今泰國、馬來西亞、印尼、菲律賓……，那個不受中共「人民革命」之害？前天新加坡總理李光耀還在譴責中共呢……，越共政權與中共一樣的奸詐，它對中共自有同樣的顧慮，怕中共利用華人顛覆其國家，控制其社會，它之驅逐華人，毋寧是理所當然……。此語一出，反應複雜，有的默不作聲，有的點頭稱是，坐在吳某兩邊的兩個左仔嘍囉同時舉手，意欲反駁我言，吳某不愧是個統戰能手，為達成他的最後目標，使用了共黨的「暫時退却」戰術，立刻左右開弓，把那兩個嘍囉的兩隻手同時壓了下去，隨即把話題轉到救難方面。事經反覆討論，最後成立「德立華援救越南難胞行動委員會」（以下簡稱行委會），推張老師、傅教授、吳先生及吳某為委員，負責蒐集越共迫害華人的資料，以供下次會議參考。吳某自告奮勇，聲言要把全美華人團體統統「串連」起來，「共襄盛舉」，並邀請美國國務院主管人權事務的克拉克協助指導云云。於此，

張老師預估吳某的動機，可說是獨具慧眼了。

　　「行委會」第二次座談會，於六月廿七日在同一時間地點召開，由傅教授主持。會中除各委員提出其所蒐集越共迫害華人資料之外，張老師還報告我政府業已安置一萬一千餘名海上漂流難民，並透過國際機構，對印尼、馬來西亞、及菲律賓政府，提供數十萬噸食米和數百萬美金元的救濟金；傅教授報告香港政府的救難情形；吳某不甘示弱，說中共除了收容十萬難民之外，還為此與越共打了一場「懲罰性戰爭」呢。愛國聯盟負責人之一的彭教授帶著譏諷口吻說，中共所收容的是經由中越邊境逃往大陸的難民，未曾收容過一個海上漂流的難民；不僅此也，它還是世界上大規模製造難民的廠商，於今它已生產了四百餘萬的難民；至於中共對越共的「懲罰戰爭」，是否為難民而發動，還大有問題呢！這一攻擊性的言詞，同樣令與會者反應不一，吳某沉不住氣了，惟仍努力的壓低語調說：「請大家以後不要再談政治問題好吧！」素以右派聞名的張老師說：「這個問題本就是政治問題，彭教授的話並沒有錯，再說，某些人口口聲聲不談政治，他卻把當年的保釣運動，弄成十足的政治問題，他應該不會忘記吧！」未待吳某開口，主席傅教授卻轉換了話題，要求大家確定今後的行動方針。張老師說，德立華是個小洲，華人人數有限，力量單薄，建議俟全美性華人救難組織成立後，本會可加入為分會，共同奮鬥。這個建議經過討論後通過。

　　我們師徒倆察知吳某的動機以後，張老師立刻叫我與大使館（已改北美事務協調會，即今駐美代表處）李慶平先生連絡，共商對策。李先生說，他們非常重視這個問題，答應次日上班即報告上級處理。大概是因為他們正就台獨在美國

國會有關中美關係法辯論的聽證會上詆毀我政府的事，展開另一場戰爭（關於此事，張老師也曾在德立華糾合愛國人士加以聲援）的關係，所以反應慢了一些。可是紐約的左派分份子，就在我們這次座談會的次日，成立了全美性的所謂「制止越南迫害人華人行動委員會」（以下簡稱「制委會」），並積極展開七月十五日的示威活動，這一捷足先登的行動，頗使我們憂心如焚，因為我方如無妥善對策，必在這邊下次會議中討論加入全美性救難組織的時候，慘遭滑鐵盧。所幸我們再度交涉的結果，我方卒在紐約成立了「援救越南華人難胞行動委員會（以下簡稱『援委會』）」，並擬具週密的工作計劃。有關方面囑我們與「援委會」直接保持聯繫，見機行事。

　　大家都知道，在美華人中，以學理工的居多，他們的政治意識一般較弱，對左派的統戰認識不足，容易為其謊言所騙。在他們以為，像救援越共迫害華人同胞這類運動，無論由誰發動，都應熱烈響應。因為紐約左派的「制委會」成立在先，而且如火如荼的展開活動，多數華人均為他們羅織旗下，故在七月十五日聯合國哈瑪紹廣場（Hammarskjold Square）的「制止越南迫害華人」的示威大會上，居然有六千人（左派宣傳為萬人）參加，而我方「援委會」雖把同類示威大會訂在七月十四日，但已失捷足先登的誘因。同時，左派在宣傳上絕不提派系問題，而我方則未注意及此，不只標明了讓中立人士覺得頗為刺眼的鮮明旗幟，而且準備邀請當時正在美國籌備世盟大會的谷正綱先生，蒞會發表演說（谷先生覺得不妥，卒未蒞會），結果我方的示威大會只有千餘人參加。這些教訓，都應為在美的愛國人士所記取。

　　現再轉述德立華的情形。由張老師、彭教授在第二次座

談會中對吳某頗有撻伐，使他頗爲不安。會後次日中午，我突接吳某電話，除對我假意恭維之外，力言他在保釣運動中的功績，我便抓住機會，勸他不必以理性與大學教授之尊爲代價，與那個慘絕人寰的中共政權爲伍，應與它趕快劃清界限，返回祖國的懷抱。我知道，這位「仁兄」是位極具野心的政客，不只是全美左派華人中的知名人士，且被美國政界視爲德立華華人的代表，使他利令智昏之餘，頗有競選該州參議員之志，爲此他曾爲其夫人活動了個該州參議員白頓助理的職位。他不可能爲我長達兩小時的「訓話」所動，我不過是知其不可而爲之罷了，不過他始終不慍不火，靜聽「教言」，最後並聲言要和我做個朋友云云。

當天晚上證實，吳某已同樣與張老師、傅教授及彭教授分別通了電話，邀我們四人於次日中午到他辦公室接受「洗腦」，屆時他把保釣運動中有利於洗涮他罪過的資料，包括三大本報刊剪貼、幻灯片及與美國政府官員學者的座談會記錄，統統搬了出來。他特別指出，在各個座談會中也列有右派人士的名單，證明他未有加害我政府的意思。適巧張老師、彭教授對中美兩國人士的派系情況，都瞭如指掌，指出這些名單中，無論美國人或華人，左派都佔絕對優勢，右派人士只是聊備一格。尤其張老師義正詞嚴，簡直把吳某攻擊得體無完膚，我與彭教授也幫腔助威，傅教授與吳某是同系同事的關係，不便過於使他難堪，居於調解地位。吳某實在招架不住，只好收起他的資料，悻悻走下樓而去。

七月六日，德立華「行委會」召開第三次大會，因發起人吳某赴各地「串連」未歸，會議仍由傅教授主持。我與張老師預估，這次會中關於「行委會」加入那個紐約全美救難

組織爲分會的事，關係異常重大，如果表決結果加入我方的
「援委會」，那就是我們粉碎了左派的統戰陰謀，萬一通過加
入敵方的「制委會」，那就是我們重蹈保釣運動的覆轍。因此，
張老師、彭教授與我三人，很爲此事躊躇，因爲出席人士中，
左、右兩派均居少數，多數標榜中立，如讓大家單純的進行
表決，我們沒有任何勝利的把握，但對這些中立人士，又絕
不能進行私下的連繫，否則不只無效，反而會弄巧成拙。最
後我建議由我以學生身份，動員我們的在校同學，如果對方
提出資格問題，我也負責擬具對抗策略。經他們兩位同意之
後，由我積極進行。屆時我們在校二十三位同學中，除少數
兩位未出席外，其餘十九位全部出席，我們右派在人數上構
成了絕對優勢。同時爲避免遭人以「人多勢眾」的印象，我
提前一小時到達會場，把數月來中央日報所載有關我政府救
濟難胞的資料摘要，寫在一塊黑板上，把紐約我方「援委會」
的九項工作計劃，寫在另一塊黑板上。前者大家都很清楚，
不必細說。至於援委的九項工作計劃是這樣的：

「援救越南華人難胞行動委員會（Committee to Rescue the
Indochina Refugees）」工作計劃：

一、投書各報刊，聲討越共迫害華人之罪行；

二、舉辦越共迫害人權之資料展覽；

三、刊登廣告，連絡全美華人，共襄盛舉；

四、舉行抗議示威大會；

五、發動捐款，救濟越南來美難胞；

六、連絡中南半島難民，商討實際待援工作；

七、籲請聯合國招開特別會議，就商下列問題：

　　①派遣特別調查團，調查越共迫害華人實況。

②撥出太平洋若干託管島嶼，安置難民。

八、組織代表團，分訪有關駐聯合國大使館，或各該國駐紐約總領事館，提出下列要求：

①增加難民收容量。

②提供捐款，救濟難民。

③要求加派船艦，撈救海上難民。

九、組織代表團，分訪各種國際難民組織，提出下列要求：

①改善難民營設備，以利收容。

②增加難民醫療保健設施，以利難民健康。

果然不出所料，除吳某以外，大小左仔以「老中青三結合」的姿態出現。所謂老也者，朱養民是也，這位年過六旬的老翁，過去曾在我外交部任職，中共篡得聯合國席位以後，爲保其飯碗，乃恬顏事仇，投靠中共。此人善爲文，經常在香港及美國的左傾報刊上，發表一些「假批評真擁護」文章，以僞裝其統戰的面孔。所謂中也者，保延昭及其他幾個左仔是也，保某由吳大左派護航，謀得德立華首府威明頓華人子弟學校校長的差事，和德立華華人協會會長的頭銜，平時便以此爲張本，幫吳某招搖撞騙；所謂青也者，甫由上海來美的陳姓青年是也，這小子年不過二十，學不過小學畢業，但在大陸鬥爭漩渦裏打滾慣了，政治水平頗高。因其學業太差，且家人均在大陸，名爲來美求學，實即兄弟倆投靠在美做生意的舅父打雜而已。他是我們所接觸到大陸來美的第一個年青人，平時與我們混在一起，無話不談，但逢到左右兩派針鋒相對的時刻，他仍然站在左派一邊，且表現了十足的紅衛兵嘴臉。

會議開始，氣氛十分緊張，左派見苗頭不對，乃由保某

提出所謂程序問題，認為學生參加會議，不合以往慣例，要求學生退席。此語一出，立刻遭到徐元煌學長的反擊，他說：「既稱德立華救援難胞行動委員會，我們是德立華的華人，為什麼不能參加會議？」保某及其他左仔均為之語塞。隨後主席要我說明黑板上所寫各點，我以教授講課的姿態，逐條說明完畢，張老師、彭教授、羅濟民（前任同學會長）等，紛紛加以補充支持，其他中立人士也都表示贊同，獨五個左仔表示反對，主席說：「你們也可以把你們的計劃寫在黑板上，讓大家公決！」保某乃掏出顯然不夠充分的資料，寫了兩三條就寫不下去了；朱某也掏出一張紙來，唸了一些不相干的東西，頗令溫文爾雅的傅教授不耐，喝令：「你所說的與本會宗旨無關，請你不要再唸了！」保某氣急敗壞，乃以退席相要脅，主席說：「參加是自由，退席也悉聽尊便！」其實他們沒有一個捨得退席的。於是主席就本會參加那個全美救難組織付諸表決，結果只有五、六人主張參加左派的「制委會」，我方參加「援委會」的主張，以四十餘票通過。陳姓青年狗急跳牆，大吵大鬧，經大家齊聲喝止乃罷。

　　第二項實質問題，是選舉「分會」幹事，結果由傅振民、張以淳、彭曉明、徐大本、張進昌（現任同學會長）等五人當選（我以完成論文孔急為由，阻止同學提名）。這五人全是右派，連發起人之一的吳大左派也落了選。彭教授為緩和緊張氣氛，建議把吳某及另兩位落選的中立人士，也列入當選名單。我則建議由幹事會聘他們為「顧問」，表決結果，彭教授的建議獲得通過，於是原先提議的「五人幹事會」變成了「八人幹事會」。

　　第三項實質問題，即是討論「分會」的實際工作計劃。

大家均認為德立華為小州，華人不多，「總會」九項工作計劃中，我們所能做的，只有募集救濟基金及安置來本州定居的難民兩項。這個意見經無異議通過。惟表示安撫中立人士起見，決議所募基金由「分會」支配，不向總會繳納。

幹事會召集人傅教授為尊重吳某，決定於其「串連」歸來之後，再召集幹事會議。一週之後，吳某回來了，一聽彼等落敗的消息，真是羞憤交加，乃在第一次幹事會中，收起平日的笑面，帶著鐵青的長臉，大鬧幹事會。嚴厲遣責大會不合法，但又說不出理由來。於是決心破壞大會的決議，提出撤銷大會參加任何「總會」的決議，要求恢復「行委會」的名稱，其他兩位中立人士表示贊成。至此，幹事會頗有面臨瓦解的危機，幸賴左仔保某的一篇文章，才挖了他們自己的牆角，保住了幹事會的合法性。原來保某於羞憤之餘，乃在紐約「北美日報」（左傾日報）上，以「辦事、敗事與民族敗類」為題，發表一篇讀者投書，大罵我方「援委會」不服從「制委會」的領導，是「缺乏民族自尊」、「甘願賣主求榮」，是「分化民族的敗類」等等。文經傳閱之後，兩位中立人士大為光火，認為這類不分青紅皂白的漫罵，簡直非知識份子所應為，於是他們一反私下與吳某的「協議」，贊成傅教授「原則上分會不改名稱，要改也要經下次大會公決」的結論。吳某勢單力孤，只好憤而退席。

會後，張老師、彭教授、徐大本等，認為左派不會就此罷休，一定會另起爐灶，與幹事會對抗。為了先發制人，決定當晚連夜工作，準備各項文件，向本州全體華人發出「告德立華華人同胞書」、「募捐救難基金通知書」、「捐款信箱」等，決定後電話徵求傅教授意見，傅也認為有此需要，於是

我們五人就在我的住處展開工作。「告同胞書」由大本起草，其他分由他們三人設計，我則負責工筆抄寫工作。他們四人工作到午夜兩點告一段落，我則一直工作到天亮。

文件發出不久，果然不出我們所料，左仔們便對我們掀起進攻的狂焰，文字上、口頭上，在德立華的華人社會裏，到處散播辱罵我們的蜚言流語，說我們壟斷會議啦，霸佔幹事會席位啦，本是基於同胞愛而救難的會議被我們弄成政治鬥爭大會啦！不一而足。左仔們為縮小打擊面，把一切罪過都推在張老師和我的頭上。這陣狂風不僅吹倒了多數的中立人士，竟也動搖了我們若干同學和少數右派人士，我們師徒倆在那幾天，簡直成了眾矢之的，精神壓力之大，實有不堪消受之感。不久，我收到一份左仔們恢復「德立華行委會」組織的通知，委員名單中，赫然出現平日和我相當要好的社會人士李先生的大名，經我追問之下，他雖否認是自願參加，但從他們夫婦對捐款持保留態度研判，知他們確已「變節」。

我為堅定同學們的立場，分別以電話向他們解釋，要他們知道共黨的鬥爭策略，說明對敵人仁慈就是對自己殘忍的經驗，話尚未解釋清楚，又惹起同住陳姓同學的反感，認為：「人不光為政治而活」，請我以後不要再使用電話和別人談政治問題了，使我第一次覺得學政治、愛國家的孤單和寂寞。

張老師的精神痛苦十倍於我，因為我已是行將返國的人，不久即可脫離苦海，他卻可能永遠被包圍在出力愛國反招怨懟的深淵。他為平息大家的誤解，要我通知全體同學和右派教授到他府上便餐，藉機向他們解釋清楚。我以為花錢請吃飯是小事，但到時大家吵吵鬧鬧，可能更僵，倒不如立刻行動起來，以辦正事爭成績，藉以堅定大家的信心為佳。

張老師仍頗躊躇，我說：「老師，這樣吧！我們明天就行動起來，我騎單車向居住比較集中的同學捐款，您開車向較為熟稔的社會人士捐錢，別再指望他們根據通知反應了，那是要打很大折扣的。我們有了好成績，大家自無話說，萬一不靈，再請大家吃飯不遲！」張老師勉強應允。

　　次日，我們即分頭進行，兩天之內我即收到五百餘元，張老師的成績更佳，總共募集到千餘元，十天之後，根據傅教授所發表的第一次捐款通知，我們的基金已累積到兩千七百餘美元。必須說明的是，華人們受了左派的蠱惑，對我們在大會中的表現，容或有所誤解，但當我們冒著溽暑向他們捐款的時候，令他們深受感動，無不慷慨解囊。單以我們的同學而論，就有許多令人感動的場面，值得一述。平日經常儉省的尤文卿學長（女同學），個人就捐了五十元；黃安哲、陳純純夫婦，只有安哲是得有獎學金的學生身份，純純只是家眷而已，一份每月五百元的獎學金，維持生活已屬不易，但卻捐了四十元；高聯仲、柴倩萍夫婦合捐了三十元，探視女兒的柴伯伯嫌女兒捐的少，自己竟拿出百元大鈔，要共襄盛舉，他老人家是位退役軍人，這個數字遠超過他的負擔，我不忍心收他這麼多，乃私下商議由倩萍再捐一些，而把柴伯伯的百元秘密的退回去。

　　更有趣的是，新當選的同學會長徐大本、余靜儀夫婦，花樣特別多，他們與羅濟民、閻凱等設計，在八月初的一個德立華大學遊園會上，由女同學做些春捲、紅豆湯、炒米粉之類的食品，由男同學用毛筆替美國同學書寫中文名字的方式，擺幾個救難基金義賣攤位，居然賺得近千元的基金。因此，截止我返國之前的捐款通告，我們總共擁有三千五百的

救難基金。

　　反觀左派，經過我們以實際行動及其他方式的攻擊，他們的組織不僅顯得軟弱無力，也沒有捐得什麼基金。後來吳某從西部弄來一家數口的難民，擬安置在本州就業，所需廉價機票千元竟無所出，爰厚著臉皮向傅教授要錢，我們以為既是為難胞用錢，乃以大人不計小人過的胸襟處理。同時吳某出此，無異是向我們投降，我們自然慨允。可是吳某於難胞一家來到東部之後，卻在記者招待會上，臭表自己的功蹟，而對我們冷嘲熱諷，這可使我們火了，同學要我起草反擊文件，加以筆伐。我乃由救難大會的原委，左派破壞大會的決議、分裂幹事會的經過、民主政治的精義等等，逐點揭發左派的陰謀，並就民族主義的理論與實際，對保延昭的漫罵加以反擊。這洋洋五千言的「告德立華華人同胞書」，經傅教授過目之後，予以「留中不發」，他以為得饒人處且饒人，於是乃以他個人一份簡短而溫和聲明代替，吳某等的醜惡嘴臉，不用我的刀槍劍戟，單用傅教授的照妖鏡，就使他們原形畢露了，因此八月初的同學會改選大會上，一向有會必到的左仔們，一個也未出席，他捫的窘境可想而知矣。

　　從這一次的反左經過，我們得到以下幾個啟示：第一、團結就是力量，不團結不只難以成事，而且易於為敵人所乘而失敗。我們因大會中的團結獲得勝利，因會後的分裂而一度危機重重，後在實際行動中又表現了團結，終而獲得最後勝利；第二、對左派的鬥爭，必須堅定信心，不能稍事動搖，否則個人失敗事小，為此而影響國家利益，那就罪孽深重了；第三、對敵鬥爭，必須掌握機先，不能稍作遊移，並須運用智慧，縝密計劃，依計而行，及須在千變萬化的時機，發揮

應變的能力，始能立於不失敗之地；最後，必須認清左派的一舉一動，無不有一個目標—統戰，如果你沒有這種警覺，那就非中其圈套不可。另須說明的一點，我們在海外的留學生，比生活在國內安逸的同胞們辛苦多了，他們除了讀書生活壓力之外，還站在對敵鬥爭的第一線上，「浴血奮鬥」，國內的同胞們雖不必在物質上支援他們，但必須在精神上鼓舞他們。特別是政府官吏的效率和廉潔，更是他們最大的精神支柱。

（著者按：本文原載救國團團刊「自由青年」，民國七十年春季某期。）

革新・團結・建設
― 對國民黨十二屆三中全會的期盼

一、前　言

中國國民黨即將召開的第十二屆三中全會，表面上似乎是一次例行性的會議，但實際上，由於過去兩年來社會上發生了若干缺失，引起不少的震撼，需要做澈底的檢討並提出改革之道；尤其是少數陰謀分裂分子的囂張氣燄，已經到了無法無天公然侮辱國家元首的地步，如何團結大多數而孤立少數破壞分子，也必須作縝密的計議；經濟上我們已到了開發中與已開發的轉型期，特別是中共經濟開放與改革的結果，已成為我們的強大競爭對手。我們如何奮力前進，加快步伐因應這個可怕的對手，都是刻不容緩的課題。因此，海內外同胞無不寄以殷切的期望，甚少以例行性會議視之者。

我們以為，不論國內政治、社會、經濟情勢如何發展，也不論大陸中共如何翻雲覆雨，只要國民黨能依據民主政黨不怕艱難險阻，不畏自我革新的性質，掌握社會團結和經濟不斷建設的大方向，我們就無懼於任何外來的衝擊和少數陰謀集團的挑戰。

二、政治以革新為本

　　政治學家一個共同的看法是，一個團體或一個國家能否生存發展，端看它是否能夠不斷的自我革新或調適，以應付外在環境的挑戰以為斷。方當十九世紀馬克思之徒，有見於資本主義社會勞資之間的衝突日益尖銳對立的時候，乃發表共產主義宣言並組織國際共產黨，聲言非聯合世界各國的無產階級，用階級鬥爭的暴力革命方法推翻各國的資產階級統治，就不足以解決勞資之間的衝突。但是，資本主義却不斷自我調適自我革新，至今它不僅未被共產主義所埋葬，而且它的生存日益強固，它的發展也遠遠超過共產主義。就執政黨及其所締造的中華民國而言，百年來曾歷經過無數驚濤駭浪，但終能屹立不搖並能破浪前進者，也是因為它能不斷自我革新、自我改造的結果。蔣總統經國先生曾在七十三年行憲紀念大會上昭示我們：「國家的進步，有賴於不斷的創造，不斷的革新，決不能以既有的成就為滿足。而革新求進，不僅要在做法上超越，更要在想法上突破，否則終將落伍。」

　　但是，創造革新的過程中，必須堅守既定的原則，方不致在大風大浪中迷失自我。資本主義國家永遠沒有放棄過自由民主的原則，執政黨和中華民國也從未偏離過三民主義的理想，所以蔣總統早在七十二年行憲紀念日大會告訴我們：「非常時期之認知不可無，現行憲政之體制不可變。」這就說明我們在非常時期，政治的某一層面在憲政體制本身與維護憲政體制所作的因應措施，絕不能改變。

　　當我政府遷臺之初，外有中共血洗臺灣的威脅，內有匪

謀及其同路人的聲應，國家安危勢如累卵，如不作必要的因應，臺澎金馬早爲中共所吞噬。爲了力挽狂瀾，乃有動員戡亂臨時條款的制定，在不影響憲政常規的情況下，在憲政運作技術的層次上做了若干的調整與補救，例如加強總統的應變權力和解除總統連任次數的限制，以及延長中央民意代表的任期，並以增補選的辦法加以補救等等。這些因應措施，與英美國家戰時國會對行政首長的授權，同國會延期改選的應變精神，是完全一致的。或謂我們的危機狀態早已過去，亟應廢止臨時條款恢復常規。但是危機與變局是操在敵人之手，而不是由我們主觀的意志所左右。質言之，中共謀我犯我的企圖不滅，我們光復大陸的事業未竟，敵我對立的形勢未變，我們的危機與變局就不能解除，否則就是解除我們的武裝。身爲一個知識分子，這一種簡單的認知是不應該沒有的。

因此，某些人所謂革新必須從體制上著手，否則就是沒有革新誠意的說法，實難令人苟同。因爲臨時條款形式上是制憲修憲機關的國民大會依法所通過，說它是制憲也好，說它是修憲也好，總之它是憲法的一部分，如不經國民大會依法更改之，任何人都無權去改變更動它。因此，今天我們要談革新，除了憲法本身和臨時條款以外，大凡政治領域中的缺失，都是我們可以檢討與改革的範圍，正如蔣總統所說：「在一個多元化的開放社會中，各種活動與現象的發展，錯綜複雜，大家對於國家社會的事務各別利害不同，往往見仁見智；同樣對於政府施政，可能亦因各別觀點互異，而有不同的主張。這些都是現代民主自由社會的常態，也都可以辯論……。」

若就體制以外的政治層面之革新而言，作者認爲下列各

種缺失，應在未來的三中全會中作成改革的決定，並透過政府有關部門作澈底的改革。

第一、政府政策的執行，往往缺乏應有的連續性。某一部門主管在位時所決定的政策，未推行而去職時，繼任者繼續執行的可能性固然不多，即該政策執行到中途而發生主管變更的問題，其被腰斬的情況也是常有的事。這與古代「人存政舉，人亡政息」的情況如出一轍，實不為一個現代化國家所應有。豐田汽車投資案便是一例。

第二、政策的形成資訊資料不夠。政府政策的形成，多數出自官僚體系內部人員之手，透過學術研究機構的設計者尚屬少見，經過聽證程序作成者更是不多。因此，這種近似閉門造車式的政策，往往在執行時才發生其缺失，或在執行的結果上見到弊端。彰濱工業區的開發，及國民住宅的嚴重滯銷，均是其例。

第三、政府的施政本以便民為依歸，但有些政府部門往往基於本位主義，不在便民利民方面著眼，只在便官方面打算盤。石油漲價，公營事業立刻漲價；石油下跌了，公營事業却找出各種說詞，不予降價或拖延降價。目前的石油公司及電力公司的行徑，便是最好的說明。

第四、政府用人的氣魄與胸襟，仍顯保守。特別在起用決策人員時，部分仍囿於門第觀念；或限於系統舊規，未必能一視同仁，這與蔣總統所說：「只要是人才，沒有不可用」的訓示，頗有很大的距離。因此，如何使人盡其才，並真正發揮效能，是當務之急。

以各端，只舉犖犖大者，其他方面的缺失仍多，均須在三中全會中加以檢討與改進。

三、社會以團結為本

團結不是口號，必須認清團結的對象及其先後次序，並落實到具體的政策上。國民黨是一個代表全民利益的政黨，在團結的對象上，自不能有階級的差別，惟不能沒有輕重緩急之分，只要恪守　先總統蔣公「不是敵人便是朋友」的遺訓，便不失團結的真義。

中產階層應屬於國民黨團結首要對象。依據中外歷史的規律，中產階層是社會的主導勢力，也是國家建設人才的泉源。一個穩定的政府，不只要團結這個階層，還要設法壯大這個階層。國民黨的創立及其革命的過程中，固以這個階層為骨幹，而在以往的黨史中，也做過不少的團結工作。在中產階級中，尤以軍公警教人員對國家建設的貢獻最大，惟因過去政府為了厚植國力，國家資源多用在基本建設的投資方面，而把軍公警教人員的生活待遇的改善，往往列為次要地位。以致我們的軍公警教待遇，固然比不上近鄰的日本，而與發展中的香港、韓國、新加坡相較，也有相當大的距離。以致我們的軍、警兩界，比較不易吸收到第一流的人才，至於其他公教單位，也只能在經濟不景氣時，才能留住較佳的人才，經濟一經復甦，馬上便有大批人才流向工商企業單位。這不只浪費政府培養人才的資源，也使得工商企業界養成培養人才的惰性。

須知，國家基本建設的目的，在於利潤的回收。而政府改善軍公警教人員的待遇所作的利潤回收，其效益當在基建之上。它不只增進他們對政府的向心力，提升行政效率，且

能樹立政府的廉能形象，新加坡政府的廉能有口皆碑，軍公警教生活的安定，恐怕是最大的因素。因此，在我們十四項建設完成之後，政府應把軍公警教人員待遇大幅的調整列為優先地位，俾使社會第一流人才，願意從軍、當警察、做教師，方不失為團結中產階層的成功表現。

　　一般知識分子，應為國民黨團結的另一對象。國民黨過去在普及教育與低學費政策的推行下，培養了大批知識分子，固然是正確的路線，然而當前我們的人力市場狹小，公私機構所能容納的知識分子有限，過剩的人才不是出國不歸，便是投入野心集團的陣營。前者構成人才外流，後者造成社會不安的暗流。國民黨在今後的政策設計上，應將重質不重量、質量並重或重量不重質等三個面向，作較為彈性的取捨。此外，為增加大專文法科畢業生的就業機會，應提升內政部職訓局的地位，將之升格為行政院職訓委員會，並將政府其他部門的職訓單位予以合併，以收事權統一之效。在職訓的內容上，除了訓練低階層技工之外，也應訓練高層次的管理人才，俾吸收大學生或研究所的畢業生。在訓練的數目上，也宜加以擴大，俾解決較多知識分子的就業技能問題。在這項工作方面，要胸襟開闊，眼光放大。如所訓練的人才過剩，大可以拓展「外銷」，目前發展中國家無不需才孔急，不怕沒有「市場」，有市場即有外匯，投資仍是值得的。知識分子有較好的出路，愛鄉更愛國之心，便油然而生，留美學生愛國的表現，是有目共睹的。

　　農漁工礦等勞動階層，是國民黨團結的第三對象。事實上這一階層的福祉向為國民黨及政府所關注，舉凡最低工資率的訂定、居住環境的改善、生產資金的融通及技術的輔導，

以及勞動基準法的頒布等，無不照顧周全，使其生活水準大
爲提高，先總統　蔣公民生主義育樂兩篇中所說的「鄉村都
市化」的理想，已經有了相當的落實。今後除了進一步改善
其物質生活之外，更應提升其生活品質，增進其文化水準，
建立其法治觀念。特別是基層黨務人員，應與他們的生活打
成一片，給他們更多的服務與輔導，使其免受野心分子的分
化與蠱惑。

　　工商企業界，是國民黨應予團結的第四對象。以往政府
曾以大部分的精力與資源，來強化這一階層的陣容，我們舉
世聞名的經濟奇蹟，便是在這種情況下創造出來的，這當然
是正確的策略。然而若干年來，由於經濟倫理觀念未經確立，
法令規章不夠周全，以及有關主管人員的因循苟且，以致經
濟紀律蕩然無存，經濟犯罪事件層出不窮，使得守法守分的
同業人士和社會大眾，蒙受重大損失。因此，政府應責成經
濟研究機構或委託大學財經學系，將經濟犯罪的背景及其防
制的辦法，作深入的研究分析，供政府參考改進的依據。

　　最後，國民黨對於少數政治分歧分子，應本於先總統　蔣
公「不是敵人便是朋友」的遺訓，給予適當的各別對待或個
案的處理。對於觀念上可以溝通，而態度上較爲理性，惟反
對目的旨在獲取政治權力者，則不妨適度的滿足其政治慾
望，或協助其當選公職人員，或延攬其進入政府。對於觀念
上不易溝通，而態度上尙稱理性，反對的目的不在政治權力，
而旨在鞭策政府者，則以有容乃大的雅量，不妨視其爲「忠
實的反對者」（a loyal opposition），加以優容與接納。對於觀
念上完全不能溝通，態度上完全喪失理性，目的上只在以犯
法手段奪取政權者，則只有依法取締之。國家元首的政策可

以批評，國家元首的人格却不得有任何損傷，尤其是國家元首的個人隱私不得有任何揭發，此爲中外古今的通例。而今居然却有少數陰謀野心分子，喪心病狂到刻意醜化國家元首的程度，司法機關居然視若無賭，實難令人心服。須知，常人的名節，尚須受到法律的維護，何況元首代表國家，國家元首遭受侮辱，應視爲國家的蒙難，始作俑者何能逍遙法外？

四、經濟以建設爲務

此處所謂的經濟建設，不單指基本建設的投資，其目標亦不單指利潤的回收與單純的經濟成長，而是指經濟建設要與社會各種因素作平衡的發展。

第一、經濟發展的瓶頸急待突破：我們的工商企業，大體上仍處於原料加工出口的階段，關鍵性的工業設備尚多仰賴進口，企業管理尤處於傳統與現代化的轉型期，尤其國防武器尚需依賴友邦。然而這些方面的突破條件已經具備，亟應奮力衝刺。在政策上應動用豐厚的外匯存底，作大力的支援。在態度上應抱著「今天不做，明天就會後悔」的心情，快馬加鞭，急速超越中共的發展進度。

第二、建立現代化的經濟倫理：工商企業界應以利潤的一定比例，用於新產品的開發，不可再有抄襲仿冒的行爲；應抱持勤儉建國的道德觀念，不宜在吃喝玩樂上浪費辛苦所得；應忠實的納稅，不應再有逃稅漏報的投機行爲；應以法定程序發展事業，不應設立違法的地下工廠等等，都是現代化工商企業應有的倫理觀念。

第三、公私營企業公害的防治：已設立的工廠未有公害

防治設施者，由政府有關單位督促協助其改善；新工廠，應
依政府所頒布之設置標準設廠，違者重罰。

　　第四、銀行體系的現代化：許多經濟犯罪事件，如倒會、
地下錢莊、人頭冒貸等等，無不與銀行體系的落伍有關。銀
行不以企業化的態度爭取客戶，專以官僚化的心理等待客
戶，手續極盡繁複，放款抵押惟恐不周，工作人員遲到而早
退等，深為一般大眾所詬病。此等弊端，如係經營問題，應
設法改進之；如係政策問題，則不妨壯士斷腕，允其民營化，
免使其繼續阻礙我們的經濟發展。

五、結　語

　　上述種種，也許失之瑣細，也許失之粗疏。但無論如何，
中國國民黨三中全會應予討論的大原則大方向，要不外革
新、團結與建設。至於其中所述的細節，只不過是筆者一得
之愚，更周詳的內涵，尚需與會的先進同志，作集思廣益的
討論與設想。甚盼會議能夠順利而成功，為國民黨與國家開
拓更美好的明天，以不負海內外及大陸同胞的殷切期望。

（本文原載「國魂」485 期，民國七十五年四月）

不信國魂喚不回

國魂的意義和重要

　　國魂是一個國家的中心思想，是國民心目中共同含蘊的一種秘思。秘思（Myth）的形成，是國民在漫長的歲月中，將他們人同此心、心同此理的想法，經過相互溝通、激蕩、凝聚而成。一旦由秘思轉變成國魂，就像水門汀一般，把個別國民的心，緊緊的凝固起來，從而產生莫大的力量。因而一個有國魂的國家，必是一個朝氣蓬勃和諧進步的國家；反之，一個喪失了國魂的國家，亦必是一個萎靡頹廢渙散貧窮的國家。周公制禮作樂，禮樂變成了西周的國魂，西周乃成為一個安定繁榮的統一國家；及至西周末年禮壞樂崩，國魂逐漸喪失，乃有春秋戰國那種分崩離析的局面。揆諸我國歷史的軌跡，大體各朝代盛衰的分野，似皆以國魂的有無為標準。

　　自十三世紀，英國人上承希臘之餘緒，下啓十八世紀美法相繼建立民主政體以來，民主生活方式（Democratic Way of Life）已成為西方國家的共同國魂，凡能堅信而捍衛此一國魂者，雖歷經顛仆躓頓，終能復興而強大，法國可為例證；凡蔑視而揚棄此一國魂者，雖一時雄霸四方，亦終必招致浩

劫，德國即是如此。

國魂的品質與威力

　　國魂的有無，是一個「量」的問題，此一問題固屬國家盛衰存亡的關鍵；惟國魂也有品質上的優劣良窳之別。優良的魂，是國人人同此心心同此理的共識，藏之於國民心底深處，是一秘思；行之行為表現，則是一種善良的風俗，總之，它含有濃郁的道德理性成份。反之，窳劣的「國魂」，不是國人人同此心心同此理的共識，它只是少數野心家的狂妄意識而已，根本不具理性道德的內涵。

　　美國及其他西方的民主生活方式，是屬一種優良的國魂，故不僅能獨善其國，且能兼善天下，因理性道德具有人類之普遍性和巨大之滲透性故也。反之，共產國家所秉持的馬列主義，是一種窳劣的「國魂」，因為它不是各該國人民人同此心心同此理的共識，只是具有野心的職業革命家，強加於其國民的的教條而已，雖然它也是一種秘思，但它僅是少數人心中的秘思，藏之少數人心底深處，乃是一種邪惡的念頭和動機，行之於外，則就成為殘害人類的策略計謀了。因為它不具理性道德的成份，一國秉持之，則該國必生離心離德的異化現象，強加之於他國，則必致世界不寧天下大亂。同時，窳劣的國魂，看似威力十足，其實極為內荏。今天蘇聯及東歐諸國，業已在民主生活方式的洪流中，土崩而瓦解，中共無論如不將其馬列毛式的「國魂」加以改變，也難挽狂瀾於既倒！

我國的國魂

　　世界各國之中，以我國的國魂旗幟最爲鮮明，所包涵的理性道德成份最爲濃郁，與西方民主生活方式也最能聲息相通。它，就是　國父手創的三民主義。

　　說它的旗幟最爲鮮明，是因爲它是形諸文字的具體創作，它的哲學原理、政治理想與制度、經濟的理念與措施、種族的觀念與安排，都在其中由翔實的建構與鋪陳，與無固定統一內容的「民主生活分式」相比較，要明確易見得多。說它含蘊的理性道德成分最爲濃郁，是它上承堯舜文武周公，下繼孔孟諸先賢，可以說把中國道統中最優秀的理性道德素質，毫無遺漏的熔爲一爐。說它與西方民主生活方式最能聲息相通，是因爲它把西方的民主政治、自由經濟、種族平等的框架，全盤加以接受，而關於其內容則是取其菁華而去其糟粕。如果說黑格爾的理論是哲學中的絕響，則國父的三民主義是經世之學中的絕響！

我國國魂喪失的危機

　　四十年前，由於國人不瞭解不實踐三民主義，以致在沒有國魂的情況下，人心渙散，國事蜩螗；終使六億人口淹沒在赤焰紅禍之中；四十年來，由於我們在復興基地尊崇和實踐了三民主義，樹立並強化了我們的國魂，才締造了中華民族空前的輝煌奇蹟，爲中國的未來開拓一條最光明的大道。不幸，在海內外十二億中華兒女正期望方殷之際，我們却在

這裡忘其所以，汲水斷源的拋棄我們作為國魂的三民主義了。

　　老實不客氣的說，高普考及大專聯考那種三民主義「選擇題」的辦法，是轉彎抹角的拋棄三民主義，因為清末科舉的八股文是先有框框再填文字，而今三民主義的「是非」、「選擇」題，則是先有文字然後去叫學生去畫框框。科學有弊端，故乾脆廢除八股取士的辦法，而今高普考、大專聯考有此弊端，故三民主義也在「不廢自棄」之中，於是各名牌大學開風氣之先，研究所入學考試免考三民主義，而以某種專門科目取而代之；另外一些公立大學也追隨於後，把原本列為必修的三民主義改為選修；更有一些大學及研究機構，本以三民主義為名，現均在改換名稱之中。好像三民主義犯了什麼刑事案件，使得身家清白之士，避之猶恐不及似的。人們之嫌棄三民主義，原因不外下列諸端：

　　其一，有些人把三民主義視為六十年前的過時理論，我人何能受過時教條的束縛？持此說者多為半調子的知識分子。個人堅信：三民主義絕無任何教條的成分！君不見，民生主義的精神是用科學的方法創造均富的社會；民權主義的精神是建立民主化和自由化的政治規模；民族主義建立種族平等國家獨立的人類關係。這種科學、民主、平等、自由及國家獨立，那一樣不是「五四」運動以來，知識分子追求的目標？實踐了三民主義，不僅是達成了這些目標，而且也展現了人類普遍的理性與道德，「束縛」之事，從何說起？

　　其二，有些人說，三民主義是先總統　蔣公和蔣故總統經國先生那些政治強人，用以壟斷政治權力的「護身符」。現在這些強人先後謝世，為了重新分配政治權力，絕不允許強人再度出現，為達此目的，應先將強人賴以護身的三民主義

予以丟棄。說這話的人，多是民進黨徒及其外圍人士。我人必須說：蔣氏父子確為強人，然而他們之所以成為強人，絕不是拿三民主義護身的結果，而是他們捍衛三民主義和實踐三民主義，獲得輝煌的成就而贏得國人崇拜的結果，正如林肯、威爾遜、羅斯福、雷根因捍衛民主生活方式贏得美國人民的崇拜一樣。

其三，三民主義的精神一如上述，若用一句話概括之，那就是　國父「天下為公」的真精神，也是我人急需踐履而發揚光大之立國精神。可惜在當前振衰起敝聲中，政治人物却多以「政治民主化、經濟自由化、社會多元化」的繁瑣口號取而代之，殊令人浩歎。

喚回我們的國魂

上述對三民主義的誤解、輕視與拋棄，皆是近兩年來的怪現象，這現象引發了政治的紛擾、社會的混亂和經濟的失調，與在此之前的政治清明、社會和諧與經濟繁榮的景象，成為強烈的對比。顯見我國的國魂正在喪失之中，如不及時挽救，我們的國家真有先中共而傾覆的危險！挽救之道，不外是：

知識分子努力反省，確認三民主義為四十年來創造臺灣奇蹟的有力憑藉，並確認其為未來再造中華的唯一康莊大道；

反對黨應遵循民主生活方式的常規，儘管在政策的號召上爭取政治資源，但在意識型態上必須認同三民主義為立國立民的根本；

政治領袖必須拋棄一己之私，勿以爭逐權力為目的，要

以捍衛三民主義的守護神自居，要以實踐三民主義的精神自任，再以三民主義的發揚來締造另一個歷史的奇蹟！

　　若有人說，三民主義為國際人士所不理解，不如以其他繁瑣的口號代之，殊不知這是變相的捨棄三民主義，是在喪失我們的國魂！三民主義之不為世人所理解，是我們實踐之不力，宣傳之不夠。解決之道，端在努力實踐之，大力宣傳之。前者應效法先總統　蔣公和經國先生之所為；後者可以仿效日本之所為，以龐大之資金設立國際性之「三民主義基金會」，鼓勵全世界的學者，爭相研究三民主義，讓三民主義與西方的民主生活方式，日月爭輝！

　　做到上述各點，不信我們的國魂喚不回！

（本文原亦發表於「國魂」雜誌，惟因原本遺失，日期已不可考。）

楊伯伯探親記

　　楊伯伯，山東人，二十歲便辭別雙親和愛妻，隻身隨軍來台，現在不過六十來歲，在許多老兵中，算是比較年輕的一個。他寬厚老實的北方個性中，還帶有幾分幹練。雖因讀書不多，沒能熬到個尉官，却升到士官長，享有一份不錯的待遇。加以限齡退役時不過五十來歲，身強力壯，很快便找到一份大廈管理員的差事。因爲他生活嚴謹，不沾酒色財氣，在台又無家室，每月收入加上終身俸的存款本利，日積月累，終於成爲一個百萬富翁。

　　去年前政府開放探親，對楊伯伯來說，像對其他千千萬萬的孤臣孽子一樣，是一項令人感激涕零的恩典。雖然據他的唯一遺腹子來信說，楊伯伯的父母親和愛妻都早被共產黨的清算鬥爭害死，可是他這個遺腹子畢竟是他的唯一親生骨肉，值得他返鄉探望，何況還有一位早見在上海經商的親叔叔，更使他歸心似箭，於是便毅然搭上第一班擁擠的「探親列車」，步上歸程。

　　楊伯伯這次返鄉的第一站，是拜望上海的親叔叔，了結一樁孝親的心願。但由香港搭上「五星旗」的飛機時，便有一股強烈的搭上賊船之感，因爲他心目中的國家，永遠是中華民國；他心目中的領袖，永遠是先總統蔣公和蔣經國先生。他心目中的大陸，永遠是充滿著豺狼虎豹的共區，這裡的統

治者，都是害死他父母，並令他流離失所四十年的罪魁禍首！當他下了飛機，踏上上海的土地，他竟沒有重歸故園的溫馨感覺，更沒有近鄉情怯的興奮滋味，反倒是滿懷陌生與躊躇，要不是為著愛子和叔叔，他才不願按下內心的反共怒火，去和那些萬惡不赦的敵人打交道呢。所幸，他遇到一位年輕的計程車司機，使他這種思緒獲得不少舒解。

　　當楊伯伯走出機場大廳，提著笨重的行李，東張西望不知所措時，便有一位三十來歲的年輕人，親切的招呼說：「先生！請坐我的車吧，你們台灣來的都喜歡坐新車，我的車子是新的，上來吧！」楊伯伯愕然的說：「噫！你怎麼知俺是台灣來的？」司機很篤定的說：「你們台灣回來的，我們一看就知道，你們和香港人及海外華僑都不同，和這裏的人更不一樣。香港人多少有點銅臭味，這裏的人十分土氣，海外華僑又有點驕氣和洋氣，只有台灣回來的不土、不洋、不臭、又不驕，不卑又不亢，我們看得多了，都有同感。好啦！快上車吧！」

　　楊伯伯頗有點洋洋自得的上了車。一路上這位司機問長問短，楊伯伯大多避重就輕，不敢據實應答，生怕招惹是非。其中一個最敏感的問題，是問楊伯伯對共產黨的觀感如何，楊伯伯機警的推說，他在台灣只是個小商人，從不關心政治，因而對共產黨的所作所為不太清楚云云。不料這位司機義憤填膺的罵道：「他媽的，龜孫子共產黨真不是人，害慘了我家三代！」

　　楊伯伯一時真給楞住了，心想這樣一位吃共黨奶水長大的年輕人，竟對共黨如此痛恨，是萬萬想不到的。看他的神情和口吻，絕不是在「引蛇出洞」，於是仍然小心翼翼答說：

「局勢的改變，大家都難免有不同的遭遇，你說的三代被害慘，這話怎麼說呢？」

司機說：「媽的，我家原本是個小地主，父親一代被鬥爭得七零八落，死的死，下放的下放！我這一代原可以受很好的教育的，卻因為出身地主封建家庭，剝奪了受教育的機會，如今落得窮工人的下場，以至於沒有能力教育下一代。以前這裏的教育是免費的，現在不行了，孩子讀書要自力更生，沒錢那來的書讀？能讀書的都是幹部子弟，像我們這些工人的子弟，只有永遠當被剝削的工人，你說不是害慘我們三代是什麼？」

楊伯伯自知接不下去了，只好顧左右而言他的問道：「你一個月能賺多少錢？」「一百五十塊左右」。司機悻悻的說。

「聽說這裏物價很便宜，五十塊就可以養活四口人家了。你賺那麼多該很不錯了。」楊伯伯有點慶幸的說。

「不錯個鬼！除了車子貸款、油料、稅金之外，剩下不到五十塊錢！」

「你們台灣載客司機一個月賺多少？」

「大概三、四百美金吧！」楊伯伯據實回答的說。

「好傢伙！合人民幣一兩千塊！是我們四五年的收入嘛！」司機一邊數指頭算，一邊嘖嘖的讚嘆不止。

「…………」說著說著，車子到楊伯伯叔父的舊址，不料老人家早已搬了家，左右鄰居也不確知他的詳細新址，只說可能住在某處，如此這般，就按照這許多輾轉相告的模糊線索，轉了大半個上海，花了四、五個鐘頭，也沒有找到望眼欲穿的叔叔。司機建議說：

「咱們還是到你叔叔原來地址的警察單位問問吧！」

　　楊伯伯一聽到警察局，心裡便有點發毛，但為了達到目的，也只有這條路可走，於是便跟著去了。到了派出所，警察人員一聽說是台灣回來的，又是讓座、點菸、倒茶，又是親切的慰問辛苦，一時倒使楊伯伯忘記身在何處，心想過去人們所說的共幹，該不是這個樣子，現在竟然叫人賓至如歸，恐怕是誤會了吧？

　　楊伯伯想著想著……警察「同志」終於找到苗頭，不過找到的不是楊伯伯的叔叔，而是叔父的兒子----堂弟的地址，警察還特別強調，這地址絕對可靠，因為他不久之前，還曾到堂弟那裡去查訪云云。

　　楊伯伯以一包三五牌香菸相贈，表示謝意。然後又央請司機驅車前往。路上楊伯伯問說：

　　「平常警察同志對你們也是這麼客氣嗎？」

　　「鬼！我們那有這個福氣！別說我們沒有，香港人、華僑都沒有，只有你們台灣回來的才有，這是『中央』的命令，這叫做統戰！你們可不要心軟，更不要上當！」

　　楊伯伯心想，可不是，就是我們心軟、上當，才會流落到異鄉！想著想著，車已到了堂弟住處。楊伯伯無限感激的問司機多少錢，司機說：「二十塊。」楊伯伯一算，太便宜了，二十塊合新台幣不過一百六十塊（一塊人民幣合新台幣八塊）。折騰了五、六個鐘頭，按台灣計程車的跑錶，起碼要兩千元以上，於是便拿出五十元（人民幣）給他，他嚇得不敢要，經楊伯伯一再懇求、解釋，只收下三十元，還千謝萬謝的說：「你們台灣來的真大方，這又是和其他地方人不同的地方！」

　　楊伯伯拜望過年近八旬的叔叔之後，便直驅山東老家。

在他返鄉之前，已陸續給兒子匯了不少錢，不僅使兒子成為鄉里稱羨的萬元戶，也被他們的縣衙門列為「模範僑眷」，處處享受特權和優待。這次楊伯伯回來，可真是衣錦還鄉，風光異常，方圓數里之內，稍為沾親帶故的，不分親疏遠近，無不扶老攜幼，聞風而至，爭睹這位「財神爺」的風采。一時之間，楊家的牆裏牆外，簡直變成野台戲場。楊伯伯為表現台灣歸僑的風範，小孩一律賞給口香糖、大人則以酒席相待。這時，楊伯伯又發現一件奇事，孩子們把口香糖咀嚼之後，統統嚥了下去，楊伯伯自然加以糾正。經過連續一週的流水席式的宴客，楊伯伯發現新台幣升值的好處。原來楊伯伯隨身帶來了新台幣二十幾萬元，兌換美金一萬元左右，一塊美金又可兌換人民幣三塊七毛錢，於是等於說楊伯伯腰纏三萬七千人民幣，好傢伙！這在大陸是個天文數字！楊伯伯說，一桌普通的酒席不過三十多塊人民幣，一週下來，充其量不過百桌。所費不過三千多人民幣，合新台幣頂多兩三萬元，真是小意思，「台灣人」被大陸視為大方闊氣，這是主要原因。因為，大凡返鄉探親者，皆有一種共識，即大陸家人很窮，回去看看，精神方面是敘敘親情，物質方面是賙濟賙濟他們。親情的激發，是以物質為觸媒。因此，不返鄉探親則已，要回去，就得腰纏萬貫。可是，台灣客只要平日稍微儉省一點，誰沒有幾十萬呢？

　　話說「縣長」聽說楊伯伯回來的消息，立刻率同縣統戰部長與縣內務部長一行，紆尊降貴的踵門拜訪，以示歡迎。楊伯伯對這些共幹雖感十分厭惡，但礙於兒子的情面，不得不虛應故事，先饗以好茶、三五香菸、口香糖，中午並治上好宴席，以示款待。

　　席間，縣太爺一再強調，「新政府」十分重視地方建設，決定派縣統戰部長陪同，開專車帶楊伯伯到處參觀。楊伯伯心想，這分明是鬼扯淡的統戰把戲嗎！於是委婉的說，這次回來，一來是替祖宗掃掃墓，略盡孝思；二來是看看自己的親生骨肉，敘敘親情而已，同時台灣還有很多事情急待處理，所以沒有時間遊覽。縣太爺說，既然如此，就在返台之前，設宴餞行如何？楊伯伯生怕再加拒絕，恐怕他們面子上掛不住，也就勉為其難的答應下來。臨返國前一天，縣統戰部長一早便驅車前來迎迓，一進門便說：

　　「三五牌香菸是那國造的，怎麼這樣好抽？要多少錢一包？」

　　「是英國貨，大約四塊五人民幣一包。」楊伯伯說。

　　「噢！那只有高幹才抽得起吧？」縣統戰部長很篤定的問。

　　「不，在台灣工人、學生都抽這種菸！」

　　楊伯伯的回答雖無誇張，却是一種最有力的反統戰，真令這位吃統戰飯的老手，無言以對。

　　原來楊伯伯回到家鄉之時，正值十多臘月，天氣嚴寒不在話下。但是，那裡的電力，每天只夠一兩小時鬼火似的電燈，其餘時間都不來電，甭說沒有暖氣，連電熱氣一類的設備也沒聽說過。楊伯伯的兒子生怕父親受到風寒，特地花了不少錢，在屋子裡建了一條「火龍」。所謂火龍者，就是用土壤作材料，沿著屋內四週牆壁，砌成一條中空的管道，並在屋外一角，建一個火爐，連接屋內的火龍，在爐裡燃煤或柴火取暖。楊家這樣的取暖設備，在那樣落後的鄉下，不僅顯得十分闊氣，也說明楊家少爺的精明幹練。但是，因為湊熱

鬧打秋風的人絡繹不絕，喧嚷、抽菸加上那火龍的熱氣，使得楊伯伯悶得發慌，沒等到過年，楊伯伯便打道回府了。

從這次探親的經驗中，楊伯伯得到以下兩點結論：

第一，共幹對返鄉探親的人士，盡量給予方便和禮遇，絕口不提海峽兩案的政治問題，在不著痕跡的情況下，施展他們的統戰伎倆。但是，不論他們如何高竿，對我們都沒有用處，因為只有最笨的鳥，才會放棄自由的天空，自願待在開著口的籠子裏！

第二，老一輩的大陸同胞，甚至在私下場合，也絕口不提過去悲慘的往事，倒是年輕一代，對共黨的倒行逆施，滿懷怨恨，這說明中共不能經濟自由化、政治民主化，大陸的青年一代，終將成為它的掘墓人的。

這個結論，恐怕不是楊伯伯所獨有的，而是大多數探親人士所共有的吧！

（本文原載「中華日報」副刊，民國七十七年三月十三日。）

倪老之死

　　倪老，江蘇淮陰人。幼年家道殷實，父親在縣城經營一間頗具規模的雜貨店，叔伯輩則在鄉下老家耕種百餘畝肥田，收入皆甚豐裕。倪老啓蒙於私塾，洋學堂也唸到高中畢業，在校學行俱佳；繼續升學原是不成問題，惟因抗戰勝利後，政府推行地方自治，幹部人才頗感不足，素爲父老所器重的倪老，立被鄉紳賢達「黃袍加身」，擁上鄉長的寶座。上任後，積極推行各項自治事業，並和當地駐守國軍部隊協議，由地方供應部隊廉價蔬果，而由部隊協助各項地方建設。一時之間，倪老的政績斐然，號稱淮陰各鄉鎮的模範。

　　三十七年秋，徐蚌剿匪失利，赤禍隨即向南蔓延，淪陷後的淮陰，不僅大地變色，社會倫理也都走了樣兒，一批平時惡名昭彰的地痞流氓，和名不見經傳的販夫走卒，便都紛紛搖身一變，取代原有的自治幹部，成爲紅朝的政治新貴。中共管這種偷天換日的把戲，美其名曰「民主改革」。不過在中共尚未取得全大陸政權前，利用這批狐假虎威的人渣，誘騙窮人參軍、搜括富戶錢糧、散播不利國軍謠言、誇大共軍勝利戰果，以遂行中共政策者容或有之；至於那翻天覆地的階級鬥爭，則還要等整個大陸淪陷之後，方始展開，以免重蹈江西時期急躁盲動的階級鬥爭，嚇跑地主富農官僚資產階級的覆轍。

　　中共這套「緩兵之計」，連多數為中共張目的高級分子，都還不明就裏，沒有反共經驗的倪老，自亦不克洞察其奸，最初，他還天真的自忖著，鄉長幹不幹，都無所謂，反正「一朝天子一朝臣」，不當官兒做個「順民」，總該不成問題，幫助父親料理料理生意，閒來沒事兒，溫習溫習功課，一旦將來大學畢業，還怕不能飛黃騰達？正想得帶勁兒的時候，突然一天晚上，一位原駐該地的國軍弟兄來造訪，說共產黨的清算鬥爭可怕得很呢！現在所以沒有展開，是因為政權尚未鞏固，黑材料還沒有蒐集齊全，不便打草驚蛇而已，一俟萬事俱備，「像你這樣鄉紳、地主、官僚、資產階級」一應俱全的「階級敵人」，便會一網打盡，到時候不只財產不保，性命也難逃呢！所以應該趁早遠走高飛，一天都遲疑不得，並說他是奉命來此接倪老出去的云云。為了生怕走漏風聲，未同爹娘妻子商議，當夜便隨這位弟兄偷渡出境，投効於上海的國軍部隊，上海失守又隨軍來臺。

　　倪老秉性耿直，處事幹練，學識程度不錯，又具行政經驗，不只習於「受命」，更是嫻於「出令」，誠屬不可多得的軍事幹部。他曾服務的單位，無不蒙長官的器重與部屬的愛戴，在沒有受過軍事養成教育與深造教育的情況下，還能憑著實幹苦幹升至中校營長，誠屬難得。直至民國六十四年，方始屆齡退伍。此間，他只知堅守崗位，爭取榮譽，從不曾想過再成家的事。

　　退伍後的倪老，經輔導會推薦，轉業到某國立大學的公企中心任職。到任不久，他的工作精神和長者風範，便受到上下一致的推崇與敬重，是以「倪老」雅號，不逕而走。

　　民國七十四年，倪老又在公企中心退休。雖然生活不成

問題，但他身強體壯，「打拼」慣了，不願閒著沒事兒幹，便頂下了附近菜市場的攤位做起生意來，因爲他誠實不欺和吃苦耐勞的精神，兩三年下來，也真賺了不少錢。

　　遠在政府開放探親之前，不少避秦來臺的孤臣孽子，都與大陸親人取得了連繫，倪老也不例外。一天，他興冲冲的回到辦公室，告訴同事說，他兒子先後來了兩封信，頭封信說，他的父母妻子健在，孫兒孫女都已十多歲，物質生活雖不富裕，精神生活却十分美滿；第二封信說，只要他願意回去，「政府」考慮再發他一份養老金，所帶金錢還可以投資於公私企業，即存在銀行也有很高利息，所以他決定回去云云。

　　倪老的話，頗引起同事們的質疑，張主任是教政治的教授，他認爲從政治的角度看，多半是引人入彀的統戰花招，勸倪老千萬小心不可造次，但倪老却說：

　　「報告主任，我和您們不同，我在這兒舉目無親，孑然一身四十年，午夜夢迴常常哭濕了枕頭，雖然目前經濟環境不錯，但却一無嗜好，既然家裏父母妻子健在，兒孫滿堂，我也老了，爲什麼不……，人嘛，就是這個樣子……。」說著，眼睛就有些兒濕潤，張主任雖極表同情，惟仍力加勸阻：「既然這樣，通通信寄些錢也就夠了，千萬別貿然回去，不然，一旦誤搭賊船，後悔可就來不及了。」

　　倪老對這些話似乎聽不進去，只顧從口袋掏出一張照片指著說：

　　「喏，中間坐著的是爹娘，左邊站著的是老伴兒，後邊站著的是兒子和媳婦，前面蹲著的是孫子孫女……。」

　　倪老愈說愈得意，大家也都替他高興，唯獨張主任力排眾議，頗有點兒激動的說：

　　「你們不要高興得太早，要知道，共產黨徒是群『職業革命家』，搞鬥爭、講清算個個都是專家能手，搞建設做好事，就一籌莫展了。君不見，中共曾僞造過先總統　蔣公和日本軍閥握手的照片，俄共也僞造過許多陷害自由世界領袖的文件和信函嗎？您這張『全家福』，我不敢說是僞造的，不過還是小心謹慎點兒好！必要時不妨先請令尊令堂在香港會個面，以後再作打算不遲。」

　　張主任的話，到底屬於「共黨問題」的學術層次，非倪老所能理解，反而覺得僞造照片不可思議，心想天下那有這等荒唐事！何況我倪某又不是達官貴人，幹嘛會僞造到我頭上來？再說，爹娘已經年近九旬，風燭殘年行動不便，那有精神來香港會我呢？分明是一派餿主義嘛！於是好一陣子悶不作聲。張主任見苗頭不對，乃委婉的說：

　　「倪老！您是大家尊敬的長者，任誰都不願意您老人家吃虧上當，所以才勸您多加小心呀！」

　　「主任，那兒的話，我何嘗不知道大家對我好？只是，我離家倉促，爲保密也免得他們難過，連父母妻子都沒告別，如今飄泊四十年，人已老了，未曾對父母盡過菽水之歡，對妻子兒女也未盡到養育之責，不孝不仁不慈，何以爲人呢？所以，即使那邊是龍潭虎穴，也得闖它一闖！能住則住下去，不能住再回來，萬一政府不准回來，乾脆周遊大陸名勝古蹟，然後，買瓶毒藥吃下去，死在最美好的風景區算了！」倪老最初頗爲釋然，但愈說愈激動，最後不禁熱淚盈眶了。

　　「倪老！您想得太遠啦！那有那麼嚴重？政府又不是共產黨，那有不准回來的道理？您放心好啦！」一位女同事安慰他說。「是呀！」人家異口同聲的附和著。

　　張主任見倪老意志堅定，勸阻無益，乃建議中午會餐爲倪老餞別。席間，歡笑聲、猜拳聲、祝福聲不絕於耳，令倪老備感溫馨。

　　前天早上，經常來探望倪老的魏先生，面帶憂慽、步伐蹣跚的走進中心的大辦公室。大家都知道他是倪老的軍中袍澤和小同鄉。首先看到他的戴小姐，熱情一如往昔的招呼說：

　　「啊！魏先生！好久不見啦！好吧？請坐！」說著，便將魏先生請到靠窗戶的沙發上，隨即遞過一杯熱茶，並略帶詫異的說：「魏先生！您找倪老？他退休好久啦！您不知道？」

　　還沒等到魏先生答話，平易近人的張主任不待客人「拜碼頭」，便從裏間走了出來，向魏先生伸手寒喧，其他同仁也都趨前問候。魏先生起立，向張主任和大家敬了個禮，然後憮然的說：

　　「主任好！大家好！倪哥的事我都知道，我還知道他已經死啦……。」

　　此語一出，大家不約而同的「啊！」了一聲，個個在面面相覷的愕然表情中，似乎又透露著微微的心領神會。尤其那位感情豐富的山東大妞戴小姐，白皙姣好的面頰上，滾動著顆顆的淚珠兒！其他女同事也都開始啜泣起來。張主任冷靜的向魏先生說：「魏先生，您是怎麼知道的呢？」

　　「報告主任，事情是這樣的：倪哥多少年來想家簡直想瘋啦！不久前和家人連絡上後，就下定決心非回去不可，誰勸他都不聽，於是前年秋天便假藉觀光名義，從菲律賓回去了；臨去時把所有積蓄都帶了回去，當初我們勸他留個後路，

他也聽不進去，總相信他兒子的話，說兒子怎麼會騙老子呢？說現在大陸很開放了，已發回部分私有財產啦！還說既然允許萬元戶生存，我們的錢自然也可得到保障等等，所以一到淮陰縣城，就把三十萬多人民幣存在那邊的銀行裏，等到進了家門兒，才知道爹娘早已去世，老婆早已改嫁……。」

「咦！難道他那張『全家福』果然是假的？」一位男同事詫異的說，其實其他同事也有同樣的疑問。

「假倒不假。」魏先生繼續說：「不過，那是他爹娘死以前共幹叫他們拍的，為此，中共還特地命他改嫁的老婆也拍進去，說凡是在臺灣的大陸軍民，只要是有名有姓的，他們的『對臺辦公』單位，都有檔案，舉凡生活、事業、經濟狀況，都調查一清二楚。倪哥有錢，他們當然也很清楚，因此叫他兒子預先拍下這張照片，說一旦倪哥有了家信，就想盡辦法叫倪哥把錢帶回去，這樣不只對他兒子個人有好處，就是對『人民』的經濟建設，也會作出很大的貢獻……。」

「那他兒子就忍心騙他父親嗎？」另一位同事問。

「忍心！哼！您不知道現在大陸有些青年有多壞！媽的，中共統治大陸四十年，好事沒幹過，倒是教會年輕人騙人的本領不說，還教他們好吃懶做，光想不勞而獲。我回去時，帶了三部『大同牌』彩視機，分送給幾位兄弟，您猜怎麼著？他們居然嫌『大同』不好，說要是『新力』就好了……。」魏先生說到了這裡，大家不約而同的搖頭歎息。關於倪老的死，魏先生繼續說：

「說到倪哥的事，他兒子聽說老子有錢，巴不得馬上成為萬元戶，不僅風光於鄉里，對他升官也有幫助，因為他也是芝麻大的幹部呢！於是就如此這般的把倪哥騙了回去。等

倪哥瞭解了真象，除了罵兒子一頓，又能怎麼樣呢？還不是心想，既來之則安之，利用帶回去的錢，生點兒利息，安享餘年也就算了，那知道當他月底領利息時，銀行的幹部對他說：『我們是個窮國度，同志！人民是付不起利息的呀……』『那我提三百元好啦！』倪哥無耐的說。但那位共幹卻說：『三百！同志，你每月五十元足夠啦，提那麼多幹什麼？』倪哥這回可按耐不住性子了，指著那個傢伙罵道：『老子愛提多少就提多少，你管得著！真是豈有此理！我們在臺灣，銀行向來沒有限制人家提錢的……。』倪哥話一出口，那個共幹『啪』的一聲，狠狠敲打著櫃臺，怒不可抑的反罵道：『原來你是個該死的反革命分子！沒受過勞動改造，沒有養成無產階級的世界觀，還敢死抱著資產階級的腐朽觀念不放！哼！』其他共幹也都趁勢一擁而上，七嘴八舌嚷嚷著：『國特！國特！』不由分說，便把倪哥扭送到大陸的公安局，公安翻開他幹過鄉長的舊案，扣上『官僚資產階級』的帽子，按上『剝削人民惡霸』的罪名，被移送到監獄，聽候『人民法院』的裁判。倪哥經過疲勞轟炸式的審訊，身心交瘁，血壓逐漸上升，沒多久就悶死了……。」說著，魏先生的眼淚奪眶而出，大家又都跟著難過起來。

半晌，戴小姐嗚咽著說：

「唉！真可憐！倪老連死在風景區的自由也沒有！……這麼說，我爸爸是回不去了！」原來她父親也想回去看看呢。

「那倒不一定。」張主任冷靜的分析道：「回去是沒有問題的，因為吸引『臺胞』返鄉探親，是中共的既定政策，具有政治統戰和經濟利益的雙重意義，只是第一，探親人士絕不能在共幹面前，道己之長，揭彼之短，不然會激起他們的

自卑感，自卑感轉變成自大狂，就非整人不可了，倪老是一個活生生的例子！第二，不能帶太多錢回去，因為你全部帶回去，他們認為錢已到手，萬一犯它忌諱，他們就會像強盜撕票一般，把你謀財害命！你少帶點兒，他們認為你還有利用價值，你要住要走，他們絕對不會留難你！你說對不對，魏先生！」

「對！」魏先生拭乾眼淚，豎起大拇指說：「還是主任有學問！」

「魏先生，你太客氣啦！這算不得什麼學問，這是最起碼兒的邏輯推理！」張主任赧然的說。

末了，張主任同大家商定為倪老超渡的日子與方式後說：

「我們千萬要記住：江山易改，本性難移。共產黨如果有人道與誠信，他們就不成其為共產黨了！君不見，連雷根、布希都要防著戈巴契夫笑裏藏刀的陰謀，我們反共六十年的歷史，充滿著吃虧上當的斑斑血淚，何能不防它的口蜜腹劍？願倪老的在天之靈，快樂無邊！」

（本文原載「吾愛吾家」雜誌 115 期，民國七十七年七月號。）

君子愛人以德
── 憶葉教授伯棠先生

　　我個人以為，善言者是一種天資聰敏的表現，同這樣的人交遊，不僅使愚魯如我者，可以大開茅塞增廣見聞，還有解疑釋難開朗心胸的益處。在我的朋友中，這樣的人物不少，而亡友葉伯棠教授則是其中比較特殊的一位。說伯棠的特殊，是因他幼年際遇比許多流亡學生更為坎坷，在不能接受基本國民教育的情況下，竟然經由自己的苦讀，熬到國家博士，並成為國內外的知名學人。他的喋喋多言，識而不深者以為他是自詡，我則以為是他不平凡的閱歷使然。

　　伯棠與我的相識，是經由另一位亡友徐炳憲教授的介紹，時間大約是在民國五十七、八年間。那時他倆還在母校政大政研所碩士班修業，我則已由陸軍官校轉來母校新設立的東亞所任講師。幾年之後，伯棠博士班畢業，隨即受聘於今國研中心任副研究員，我倆樓上樓下，談天說地的機會日多，對他為人的耿直爽快，愛國的熱忱和為學的勤奮，皆有更深一層的瞭解。

　　談起伯棠的耿直爽快，容我這樣說：凡與他有關的人物與事物，都逃不過他直言無諱的褒貶和評論，絕不作黑白不分的鄉愿。他說得對而加附和，他固然欣喜，說得不對而予

糾正，他也虛心接納，絕無自以爲是的惡習。

　　伯棠的博士論文是有關中共外交問題，在他閱讀過浩瀚的第一手資料之後，使他和許多中共問題專家一樣，對中共改革開放前摧殘歷史文化與禍國殃民的行徑，深感有不共戴天之仇。從此，他毅然舉起反共大旗，緊握巨椽之筆，對中共展開長期不懈的理論鬥爭。爲此，他寫下了逾千萬言的反共學術論著和時論文章，分別發表於各大報刊，甚至連反共的影視旁白，也不乏他的傑作。他能繼李天民、尹慶耀、張鎮邦、汪學文諸反共理論巨擘之後，擔任國研中心大陸組的召集人，想來絕非偶然悻致。

　　言及伯棠治學的勤奮，絕非常人所能想像。他放棄一切娛樂生活，將全部精力完全投注於學術研究上，白天除在大學教課之外，其餘時間都在研究室或圖書館渡過。每當夜闌人靜，世人鼾聲四起的時候，正是伯棠馳騁於稿紙的時刻。他那巨量的作品，都是焚油繼晷的成果。他對中共外交方面的造詣，不僅享譽國內，猶且蜚聲國際。

　　常言道，大凡一個成功者，背後總有一位賢內助爲其支柱。葉夫人雪豔女士大學畢業後，原在公立學校任教，自與伯棠結褵有了子女，即辭卸教職，妥善料理家務之餘，還練得一手中英文打字和烹調技巧。伯棠的時論文章之所以備受各大報刊的歡迎，固其內容紮實析理精闢使然，而夫人繕打的乾淨利落，亦屬功不可沒。至於伯棠的健壯體魄，固得力於自己登山晨跑的鍛練，而夫人悉心的飲食調養，也大有關係。伯棠常說，他一天必享受夫人親手研磨的三大杯果菜汁，聽來不免令人垂涎。他的英年早逝，是天妒使然，蓋與人事無關是可斷言。

　　作爲一家之主，伯棠是一個好丈夫好父親的典型。他在外授課講演開會結束，必定立刻驅車返家，從不流連那花花世界，是以終生伉儷情深，每爲識者所樂道。他之所以熬夜爲文，固爲對國家社會的責任心所驅使，惟不可否認者，亦爲其子女未來的教育舖路。他常說，個人深以共黨猖亂未受完整教育爲憾，而今國家壯盛社會安定，不能令子女接受良好教育，豈不有負國家社會之付託？

　　伯棠對妻子兒女有情，對朋友更屬有義。去年七月，東亞所楊所長逢泰先生任期屆滿，張校長京育博士命我承乏其職。八月一日早上，我懷著誠惶誠恐之心來所上班，最先親臨道賀的，就是伯棠。臨行，他神情嚴肅的交待我：「一切要以安定爲先……」當時我尚不解其意，三個月後，當我面臨抉擇一件大事的時候，方知伯棠此語的真義。那是君子愛人以德的箴言，也是出自多年知交的肺腑之言。遵則風平浪靜，違則定有不可預知的變數。幸而我選擇了前者。今本所安定團結的氣氛，多虧伯棠遺愛之所賜。

　　伯棠和我共同愛戴的兩位長輩，分別是已故師大三研所葉祖灝教授和母校朱建民老師，每逢教師佳節，我倆總連袂向兩位老人家拜節。去年教師節將屆，我電約伯棠往謁建師，惟其研究室電話總是沒人接聽，相詢之下始知他已因急性胰臟癌住院，我連忙趕往病房探視，他已不能言語，我緊握他的手，堅定他的信心，望他早日康復，他微微頷首以示謝意。詎料未久，他竟與世長辭。嗚呼！天地之不仁若斯，竟然奪我益友！

　　人之生只是偶然，其死則爲必然。人若不能把握此偶然之契機，期有益於人群社會，只不過與草木同朽而已。伯棠

連番由反共的沙場，轉戰於反共的理論戰場，槍之所指，令
中共黨軍無不望風批靡；筆之所向，亦令中共文丑瑟縮戰慄。
今中國的「柏林圍牆」即將傾塌，伯棠亦可以安息矣！茲值
伯棠部分遺著出版之際，葉夫人央我爲序，爰撫痛聊綴數言
於此，以誌不忘云耳。

八十年七月十七日

實中生活點滴

　　實中的生活，和其他幾千位同學一樣，是我平生最難忘的一段時光，因為實中不只是我們學習的學校，也是生活的家庭。老師們不只負起傳道、授業、解惑的責任，還要付出父兄親情的關愛。同學之間呢，和一般學生早晨升旗見面，晚上降旗後，拜拜者不同，我們是「晝同餐，夜共眠，朝夕絃誦樂無邊」。我們學生不乖犯錯，很少有記過一類的處分，多半在「慈母」苑覺非校長、柳西銘老師、安子正老師輕聲細語的勸誡，和「嚴父」王世蔚老師的嚴厲訓斥下，改過向善了事。在這樣特殊環境下生活的我們，實在有太多的溫馨回憶，值得記述。為篇幅所限，僅就我在校期間，個人與老師及同學間的互動，略述一、二，藉舒情懷。

　　我是三十九師的軍人子弟。三十九師與實中前期校友間的恩怨情仇，是不易消失的傷痕。如果受難的老師和同學們，認為我有資格的話，我願為長輩向您們致最誠摯的歉意！
　　我的身份雖然如此特殊，可是我這民國四十年春天，第一個進入澎湖防衛司令部子弟學校的「外省人」，不僅沒有受到任何歧視，還受到老師和同學格外的照顧和愛護。那時因為家庭生活艱苦，營養不良，身體異常瘦弱，加以我言行舉止幼稚，同學們都暱稱我為「小孩兒」。在我的感覺中，這個

渾名不僅絕無不雅之意,實在包涵著無限的疼惜和愛憐之意。

　　子弟學校的師生,絕大部分是山東人,少數蘇北人,地理背景及風俗習慣,也和山東人一般無二。山東是中國聖賢之鄉,人民接受教化和薰陶,血液中涵蘊著各種優美道德的品質。實中老師和同學對我的格外愛護和照顧,就是他們優美道德展現的一個面向—寬宏大度、以德報怨。所以我對山東人的崇拜,成了我一生的意識型態。我教書四十餘年,學生都知道我的背景,班上若有山東人的,都會事先向我報備,希望能有較好成績,我也從不令他們失望。

　　前面說過,我來子弟學校之前,因為生活太苦,營養不良,而且肚裏生有蛔蟲,身體非常不好。在省立馬公中學讀了初二四個學期,體育成績都是經由補考過關。來到澎湖土圍子中的子弟學校,伙食比在家強太多了,身體狀況雖較前為佳,但較一般同學仍顯瘦弱。四十二年隨校到了員林,體育安子正老師見我「面黃肌瘦」的樣子,慈母般的說:「煥卿呀!男孩子學問再好,身體不行,也是沒有用的,試想將來你長大了,國家社會給你個重要的事要你做,你沒有好的身體,怎麼能承擔得下來?聽老師的話,好好鍛練身體!」

　　本來深以補考體育為恥的我,經老師這麼一說,我真的徹底覺悟了。首先戒除多年偷吃生鹽巴的惡習[1],然後加緊鍛練身體。我是平腳板,天生沒跑跳的本領,於是就練習田徑

---

1 民國三十三年春,父親怕我在舞陽老家,被日本鬼子奴化,把我接到洛陽他的部隊親自調教。是年秋,洛陽前線吃緊,父親安排我隨其他軍眷留守到陝西鰲屋(今「周至」)。一路坐牛車一個多月,車上也沒個說話的對象,無聊之餘,伸手向身旁的鹽袋掏點兒鹽吃,久而成習也。

賽中的標槍、鐵餅、手榴彈等項目。開頭時，標槍不是打到自己的背擲不出去，就是歪七扭八的落在不是正前方的地方；鐵餅不是砸到自己的背，就是砸到自己的腳，真是笑話百出，糗事連連。到了高二，我們班上來了個「三鐵大王」劉玉堯同學，據說他在縣運、省運都得過獎，可是他並沒有一點傲氣，很細心的教我擲標槍、扔鐵餅的訣竅，我得了他的真傳，三鐵投擲大有進步，興趣也日漸濃厚。玉堯英文不好，我們常在這方面切磋，雙方互補的結果，我倆竟成莫逆之交。後來在「太平艦復仇運動」中，他投筆從戎到海軍官校，我們書信來往頻繁，互相勉勵至為慇勤，對於進德修業，助益良多。後來他由海軍官校轉到警官學校就讀，畢業後服務警界，因業務繁忙而致積勞成疾，英年早逝，誠可痛也！

　　玉堯離校從軍，在他的書信叮囑下，我繼續加緊練習三鐵，成績大有進展，標槍可投到六十來米，曲春英大姐常和她的孫崇旭好姐妹，替我接力撿標槍；鐵餅三十多米，鉛球二十多米；最拿手的是手榴彈，我們實中校園那時的操場，我可從這頭擲到那頭，當我投擲手榴彈時，李子鄂老師照例對那頭的同學們大聲吆喝：「張煥卿要投了，你們趕快離開！」

　　高三時，我對考大學的各項功課，包括最不善長的數學（就因它而降班）在內，都有相當充分的準備，李老師往往為給同學們多一點時間準備功課，而讓出他的體育時間，這使我非常失望，只好自己去操場舞餅弄槍了。

　　弄好三鐵是小事，重要的是我的身體強健起來了。那時我家住在彰化，在金門軍中服務的父親，休假探親，在我們上課的員林公園看到我，把他嚇了一跳，說：「咦！孩子您怎麼這麼高了！」可不是嘛，我在高一時，體重四十多公斤身

高一百五十來米；現在體重五十多公斤，身高一百七十三厘米，難怪父親驚喜不迭。

民國三十九年夏天，我和馬中一年級同班同學魏定基，到馬公漁港去游泳，不經意的在一隻破漁船的木板下面，發現一種黑蟲窩，那黑蟲有北方老家的黑豆大小，圓圓滾滾，看起來怪噁心的，當時我們不曉得這是什麼東西。四十年我轉到土圍子中的子弟學校，睡的是上下舖的木板床，日子久了，大家都覺得癢不可耐，起初以為是疥瘡的癢，後來覺得和疥瘡的癢法不同，疥瘡是鑽心的癢，用指甲抓搔了會潰爛生膿疱，這種癢是很鈍的癢法，搔一搔只會起一片紅疙瘩，不致於潰爛。一兩個人癢不會惹人注意，大家都喊癢就是民生問題了。忘記是誰夠聰明，掀起床板子察看，乖乖！那下面淨是我們在破船下所發現的黑蟲，老師管叫它們為「臭蟲」，因為擠破其肚子有種濃濃的臭味兒。

臭蟲、疥瘡和風沙，是當時我們子弟學校的「三大害」。我們是一群沒爹沒娘（不是指我自己）的孤雛，經過千山萬水，在老師的帶領下來到澎湖，以幾千個大哥哥學長的被迫從軍為代價（寫到這裡我不禁淚如泉湧），換來我們有唸書機會，已經是上天保佑了。所謂「三大害者」，只不過是我們艱苦中的一點考驗，並沒有給我們帶來重大的災難。

對付臭蟲，原先只是我們初二三班的事，後來發現全校師生床下都是臭蟲窩，全校乃發起對臭蟲的全面戰爭，那就是把床舖連板帶架，統統搬到院子裡，由大伙房燒煮大量滾開水來澆，很有效，這一澆連臭蟲的祖孫三代，都嗚忽哀哉了！

　　我們這群可憐的孩子，吃的是糙米、青菜和豆腐，穿的是軍中大哥哥淘汰的舊軍裝和膠鞋。衣服破了幾遍，自己補了又穿；鞋底透了，到垃圾堆撿一隻人家扔掉的舊鞋底，磨磨刮刮，用膠水粘一粘再穿。漫長冬天沒有熱水洗澡，又無衣服換洗，不生疥瘡豈可得也。疥瘡發癢用手去搔，孔子在世也在所難免，何況是我們這些凡夫俗子？逢節慶日子，我們在防衛司令部大操場，列隊參加慶祝活動，只見男女同學兩手不停的上下搔癢，看似不雅，實則可憫也！幸而四十二年我們遷校員林，有了熱水洗澡，有了教會救濟的衣服，疥瘡之癢，從此不復感也。

　　在土圍子裡，我們沒有操場可供多數同學運動，似乎只有一個籃球場，勉強培養出一批師生的籃球好手，老師如丁建淦、孫法讀；同學像崔玉起、大腳祝玉堂、大個兒曲春英等等，至於長跑健將丁遠法和「三鐵皇后」孫崇文的輝煌成就，都是在他校的操場練成功的。我們絕大多數同學都拿什麼當運動呢？就是在教室外面打玻璃彈珠。我們初二三班的男生，除了張玉法等少數老夫子之外，很少不善此道的，趙中壽尤為個中翹楚。院子裡風沙飛舞，日子久了大家都得「砂眼」。到了員林，學校來了一位「蒙古代夫」鍾醫官，他醫術不怎麼樣，膽子卻很大，把我們個個按下來動刀開砂眼，我就雙眼被整過兩次，病沒治好，後遺症卻大。我太太何華老損我的三大缺點：籮筐腿、平腳板、小眼睛。前兩項是天生的，沒辦法；小眼睛則是鍾醫官的傑作，我這話太太說什麼不相信，終於在十年前李實馨把他珍存、我在馬中入學時所拍的平生第一張一吋照片還給了我，在生活那樣苦的情況下，照片中的我，竟是圓都都的臉，和一雙大大的眼，太太

說：「眼睛不小，滿可愛的嘛！」「不可愛你怎麼會嫁我？」「臭美！」哈哈！

前面說過我和魏定基在馬公漁港游泳，碰到兩個和我們年紀相仿的傢伙，一高一矮，一胖一瘦，矮的胖而高的瘦。他倆聽我們說國語，斷定我們是三十九師的子弟，對我們有種仇視的態度，頗有向我找忿兒尋釁的架勢，我們不願惹事，就上岸穿衣離去了，老遠還聽到兩個小子得意的嘲笑聲。我進了子弟學校初二三班，赫然發現兩個小子中的一個，他就是王澤洪。

澤洪聰明玲琍，口似懸河，舉止調皮而不失法度，言語詼諧而不趨流俗，很討同學們的喜愛。我那時舉止幼稚，稱得上活潑好動，和澤洪逐漸玩在一起。正午時分到漁港游泳，傍晚到海邊去捉螃蟹，都是常有的事。大螃蟹躲藏有術我們捉不到，常常捉一筐子小螃蟹供大家分享。我已有了「小孩兒」的綽號，於是這「小螃蟹兒」的渾名，大家就給澤洪了。如今我們都已年近古稀，提到王澤洪其人，不是同班的，一時可能想不起來，但提到「小螃蟹兒」，則無人不知、無人不曉也。

當初我們初二三班好像沒有個李實馨，這傢伙大概是初三才來到我捫初三三班的。他個兒很高，鼻樑很挺拔，又常唏哩唏哩的流鼻涕，於是大家給他取個外號叫「二鼻子」，以示與「大鼻子」符秀歧有別。

實馨能力很強，善於處理複雜的問題，只要是他待過的班，這班長的差事兒非他莫屬，他號稱是實中的「常任班長」，

良有以也。他最愛出汗，夏天總是光著膀子，把毛巾搭在肩上，準備隨時擦拭豆大的汗珠。與人說起話來，總是用他特殊的技巧和表達方式，把你說成令大家一笑，而又不致令你生氣的那種形象。他是天生領袖型的人物，大家自然的圍繞在他周圍，我這個小蘿蔔頭兒自不例外，所以我那張「處男」小照才送給了他，沒想到事隔四十多年，連我父母都沒有了這張照片，他居然還給了我。可貴的是，那照片的顏色一點兒未變，足見他是多麼細心的保管著。

民國四十四年，我和實馨雖然已經不在同一班了，可是我們的感情一直很好，那年春天，媽媽生下我的大弟焴卿，家住在學校東邊的小村子裡，實馨聽見了這個喜悅的消息，立刻花盡他的「積蓄」，伙同符秀歧、劉秉義、潘元民等同學，提了兩隻老母雞去看我媽。那時，軍眷生活依然艱苦，這兩隻雞是媽媽產後唯一貴重的補品，連我們父子都沒能力買給他吃。所以我媽提到實馨，總有說不完的感激之情。

四十五年，我降班到高三一班，在員林公園的廟裡上課，不意實馨也來到這一班，我們又同班了，感情更為濃厚。畢業後，他考取了比國立大學還難考的中央警官學校（現在的警察大學）。據說好幾任警政署長都是他的同班同學，而且學識能力都遠在他之下。這話我們絕對相信，而且我更深信，若非他的生涯規劃出現誤差，他絕不只是個警政署長而已。

我一進初二三班，就知道有個風采冠絕全校的曲春英，外號「曲大個兒」。春英的個子並不很高，只不過一六三・五公分而已，只因她彈性很好，抓到籃球遠距躍射神準；在籃下又跳得高，幾乎無人（自然指女球員）能擋得住她，因此

顯得她高,「大個兒」只是一種讚詞。

她是學校的風雲人物,在那種守舊的氣氛之下,不要說我們普通一般同學對她可望而不可及,即連孫英善、李實馨那些班長,恐怕與她說話的機會也不多。

到了員林,我們升了高一,年紀漸長,保守氣氛也像員林溫暖的春天一樣,逐漸開化了。同時春英做了班長,與我們男生交談的機會漸多。大概她也參加了暑期的勞軍活動,也認識幾個別班的男生。更特殊的是,她的幾個本家侄子,不是台北衡陽路的綢緞莊老闆,就是公家機關的高級職員,所以她的經濟環境,可以說是我們同學中的「歐納西斯」。加以她個性阿薩力,又以老大姐自居,常請這些小男生吃小館、看電影,所以「大姐」之名,遂從許多男生口中叫出。我的數理奇差,「曲班長」每次收數理作業我都交不出,她同情我之餘,便慨然把她自己整齊又漂亮的作業簿拿給我抄。我感恩之餘,也「被迫」叫她大姐了。

大姐在高二時,曾因女性生理不適,到台北她侄子家休養過一陣子,有人謠傳說,她躲起來生孩子去了,這簡直是胡說八道,我們幾個小弟弟最清楚,她的遭謗,完全是受了盛名之累。

大姐有一種中西醫都治不好的頭痛病,所以四十四年高三畢業,她並沒有參加大專聯考,直接進入特師就讀。四十五年特師畢業,她的一個侄子曲延和先生在台北縣府擔任教育科長,就把她安排到木柵國小任教,因為曲先生有個至交劉經永先生,也在這裡任教,就便有個照應。很巧的是,這年我正考取了在木柵的政大,我們姐弟重逢,格外親切。當我第一次去看她時,發現她和劉先生已有很好的感情,後來

他們終於結為美滿的姻緣。

　　大姐的反應快如閃電，只要你說出半點有破綻的話，她會立刻用嚴謹的柏拉式辯證邏輯，把你駁得體無完膚，直到你討饒為止。有時她也很會撒賴，明明是她不對，她非用詭辯術說你不對不可，十足的「得理不饒人，不得理也不饒人」。我常對她開玩笑說：「你的頭痛病就是你太聰明了，把頭腦弄笨些兒，八成沒這個病」。

　　我在政大讀書期間，大姐夫婦對我照顧良多，我平生第一條床褥子就是他們夫婦給我添置的，我對他們賢伉儷有說不完的感恩！祝他們萬年長青！

　　在實中母校，對我一生命運很有影響力的一位同學，就是現在美國定居的梁迺遜同學。

　　迺遜的個性極為溫馴，說起話來，總是輕聲細語，加以他人長得漂亮，行為舉止活像個大姑娘。記得是四十四年我高三時，他才隨陶英惠、趙彥賓等幾位同學，加入我們高三三班（乙組）的，他的數學很棒，那年畢業，他很順利考上了有名的台北工專，即今名震國內外的台北科技大學。相反的，我的數學則是奇差無比，幾何大代數尚能朦朦朧朧的懂點皮毛，三角則是如坐雲霧，一竅不通，若非孫法讀老師高抬貴手，我的三角無論大小考，準是大小鴨蛋排排坐。數學既是這般德性，自覺大專聯考錄取率無望，遂在莊仲舒老師的安排下降班。遵照莊老師的訓示，立刻擦乾眼淚，捲起袖子，向艱難的數學進軍。我向迺遜請教，該從何處入手比較有效，他說三者之中，以三角最容易也最有興趣，於是便從三角搞起。可是三角是我最弱的罩門兒，迺遜可說是搬著指

頭在教我。孔夫子說：舉一隅不以三隅反，則不復也。我則是五隅不反，迺遜還是照復不誤，說明他的耐心，超過孔老夫子。更難能可貴的是，無論我多笨，他從沒有大聲對我說過一句話。當我的腦門兒硬是緊閉時，他就會打個比方說……。這一比方，我豁然開朗！瑞典如有「教學方法」這個獎項，那這個諾貝爾獎得主，就非迺遜莫屬！

十月初，迺遜束裝北上入學，我的三角也在他的教導下，弄得滾瓜爛熟，加以降班開學後，數學在單一之老師的得法教導下，我的幾何大代數也有了相當水準。四十五年聯考，我是以數學七十八分的高標準，錄取於政大的，其中三角是滿分。不是迺遜這位同窗「恩師」，我能唸國立大學嗎？您說他對我的影響大不大？

莊仲舒、單一之兩位恩師，可以說造就了我的一生，決定了我的未來。莊老師以八十二高齡，無疾而終，我除積級參與治喪事宜之外，並曾以「師生之間」為題，寫了一篇紀念文，刊載在中央日報副刊，「台灣省立員林崇實高級中學校友聯誼會慶祝母校建校三十週年紀念特刊」曾有轉刊；單一之老師晚年害的是癌症，住在台北市汀州路三軍總醫院，我和師母每天陪著他老人家，尤其是我，說一些在學校唸書時不敢說的話，透露一些師生之間所發生而他所不知道的趣事，使他老人家哈哈一笑，減少了許多病痛。老人家走了，我除積極參與料理後事之外，也在青年戰士報發表過一篇紀念文。我對兩位恩師的感懷，是無限的，遠非「恩深似海」所能形容，心頭的點點滴滴都寫在那兩篇紀念文中了，此刻為篇幅所限，就不再重複。

　　我進入子弟學校初二三班，我們的級任導師，正是年輕英俊的吳波如老師。吳老師英挺俊拔，玉樹臨風，加以口似懸河，聲若玉振，講起歷史來，總是以歷史史實爲經，以裨官野史爲緯，用連串優美的形容詞句，以鏗鏘有力的音調表達出來，真是引人入勝，聽得我們如醉似痴。特別講到古代幾個爲中華民族建大功立大業的邊疆大史，講到班超、馬援、左宗棠等人的豐功偉業時，更是令人有「大丈夫亦若是也」的崇拜和嚮往，我考邊疆政治學系，就是受吳老師講述這些歷史人物精神感召。可惜我生不逢時，在台灣英雄無用武之地，要是在大陸，我真能在我所學的新疆，建立一番輝煌事業。

　　鄒吉生老師，是我們高一三班的導師，也是我們的三民主義老師。他把國父革命的艱苦卓絕事蹟，和三民主義的深邃精神，講得極爲透徹，對激發我們的愛國精神、塑造我們未來的政治信仰，有著決定性的影響。

　　有一位老師，從初一就教我們，他不僅是照本宣科，而且是用殘酷的打罵，來鎮壓我們的不滿，初中小孩子挨點打罵也就算了，到了高中還要挨他不合理的打罵，實在忍受到了極限，遂暴發了高一三班全班集體罷課的風潮。鄒老師這時處境相當爲難，他深知我們的行爲，絕非無理取鬧，但他又不能公然支持我們，以免使他那位多年患難的同事，太沒面子，於是就用百般好言相勸的方式，把我們勸進了教室。那位老師雖然憤怒萬分，但怕引起再次集體罷課，不敢處罰全班，只好用敲山鎮虎的方式，處罰班長曲春英一個人，叫她站起來，倔強的曲大個兒，硬是不肯站起來，這位老師終

於按耐不住了，使力拍著桌子，大吼一聲：「曲春英！你給我站起來！」曲春英怕老師氣壞了身子，這才百般賣不著的樣子，站起來挨罵了事。

　　鄒老師把三民主義的理想國，講得不僅令人著迷，他自己也嚮往得不得了。他常說：「有那麼一天，天天能有碗老母雞湯喝，我就心滿意足了……。」他說這話的時候是民國四十二年，到三十年後的民國七十二年，台灣已經達到鄒老師所期望的水準，可是可憐的鄒老師，連一碗老母雞湯都沒喝著，在民國五十幾年就走了，走時師弟、師妹均尚幼小，境況淒涼，我們同學還曾解囊濟助，以慰老師在天之靈。

　　李超老師是我們高一的國文老師，他是新聞記者出身，對用辭遣字方面，相當講究，因此古文講得清楚透徹，作文也改得仔細，對我們國文程度的增進很有幫助的。他和史學大師錢賓四先生一樣，是典型的國粹派，即凡中國的一切都是好的，外國的一切都是不好的。因此之故，看到我們學生背國文就高興，看到我們讀英文就生氣。高一時，我們上課的教室是在操場南端那一排的中間，那排教室的最東端，是單身男老師的宿舍，最西端是公用廁所。很巧的是，上學期李老師每天早晨上廁所時，我都在背國文，所以這學期我的國文成績是九十幾分，不幸下學期每天早晨他上廁所時，我都在讀英文，這下可「毀啦」，國文成績只有七十來分！但憑良心說，我對國文所下的功夫，一點兒沒減少。

　　大約五十一、二年的光景，我讀政大政治研究所，我的同班好友徐炳憲在政大夜間部就讀，這時李老師也自母校實中退休，來到景美某私立中學任教。我們倆常到李老師的宿

舍去聊天，星期假日，我們也常陪李老師逛風景吃小館，老師還能每餐小酌幾杯高梁老酒，我天生不嗜酒，頗有幾分潛力的炳憲，陪老師久了，遂養成了貪杯的習慣，這與他後來的胃疾，頗有不良影響。我這話並沒有責怪李老師的意思，他並沒有鼓勵學生喝酒，炳憲後來的胃疾也非因喝酒引起，而是當時白天在郵局上班，六時下班就匆匆趕到夜間部上課，晚上十點下最後一堂課，才能吃到晚飯。緊張而忙碌的生活，使胃逐漸出現潰瘍現象，大約在民國五十三年，就開刀割去了胃的一半，十年前終因此轉成胃癌而去世。想來令人惋惜！

李老師在實中教我們這些乖孩子慣了，在景美那所私校很不習慣，常氣忿的說：那學校簡直是土匪流氓養成所。可不是嘛，在私校來說，學生就是經濟命脈，再壞的學生也不能處罰，因為處罰就必須記過，記過到一定次數，依規定就必須開除，開除學生就等於開除鈔票，辦校的校董肯嗎？大約兩年後，李老師又轉到中部一所學校任教，在我六十六年出國進修期間去世，我未能為他老人家送終，至今尤感難過。

王惇吾老師是我們高二的國文老師，他的國學底子相當深厚，從他講話時，對古文作者背景敘述及其作品的廣泛介紹，可知他的功力很深，當然在古文詩詞闡釋的妥切方面，更不在話下。記得有首詩，中有「野水漱寒沙」之句，王老師說：這個「漱」字用得特別好，把沒生命的水，描述得生氣昂然，批評得真好。

在老家河南唸小學，窮鄉僻壤沒有鉛筆，沒有自來水筆，更沒有今天的原子筆，連算數作業都用毛筆，但是來台灣很

久沒用毛筆了，可是在王老師的作文課上，竟異想天開的用起了毛筆，手發抖，自覺寫得不成樣子，不料發作文時，卻受到王老師的大加讚許，說：你的字寫得很有基礎，好好練將來一定寫得不錯。然而我積懶成性，從未按老師的吩咐去練字，至今寫得不比當年好到那裡。前年應小同鄉陳仙芝女士的囑咐，以其芳名聯詩相贈，詩成[2]硬是不敢下筆，想來真是愧對恩師。

　　民國五十三年，我研究所課程修滿，回員林母校任教一年。其間我曾發生一件很麻煩的事兒，一時苦無解決之道，王老師當時任母校訓導主任，見我愁眉不展，問明原因，說了一句發人深省的話：「很多事一時不能解決，就讓時間去解決吧！」這句話，我此後終生奉為格言。王老師有一付不同凡人的相貌，他智慧的高超，與他的相貌成正比，是天經地義的。

　　台灣地方小，國家用人為數有限，很多有才氣的人，都成了國家社會的「遺珠之憾」。王老師就是這樣的人。

　　有一首歌詞說：「我是沙來你是泥，我們倆永遠不分離……」。這首歌用來描述我們實中校友之間關係，非常恰當而真切。今年初，接劉秉義學的電話說：符秀歧同學生了癌症，正在台大醫院進行化療。我立刻寫了一首為他打氣的詩[3]，提了一籃水果去看他。到時，只見劉秉義、鞏培超、許建

---

2 應陳仙芝女士之請，所寫的詩是：陳年佳釀郁芬芳，仙山靈嶽久庋存，芝蘭雅舍群賢會，共邀明月酒一樽。

3 給符秀歧學打氣的詩是：符合天地大道理，秀才必勝病魔敵，岐路巧逢扁鵲鳴，微恙痊癒自可期。

華等學，早已在那裡了，雞湯、雞精、水果等等，放滿病房。
那種同窗之愛，勝於手足之情多矣！感懷之餘，爰聯「實中
校友頌」乙首，作為本文的結束。

　　聖人濡墨賢人薰，四維八德貫吾身。關山飄泊避秦
禍，童子稚女別娘親。

　　八千里路雲和月，永抱孤臣孽子心。鞠躬盡瘁為社
稷，勞燕分飛五十春。

　　落盡天涯孤雛淚，兒孫滿堂霜盈鬢。晝時同餐夜共
寢，手足情誼蒼海深。

　　世人多效物競理，唯我獨行互助論。休煩年邁無人
扶，眼前總有杖一根。

（該文原載陶英惠、張玉法編「山東流亡學生史」，山東文獻出版社，民
國九十三年八月一日，686-700頁）

演出脫序　別污辱小丑

　　許多人把「上杜下謝又連莊」荒腔走板的言論，認爲是執政黨敗選的一個原因。種種冷嘲熱諷不一而足。總之，他們的精采演出活像小丑云云。其實人們說他們像小丑，不只是對小丑涵意的誤解，也是對小丑角色的侮辱。

　　還記得「小丑」那首歌嗎？「小丑！小丑！將歡樂帶給別人，把痛苦留給自己……」。足見小丑是把自己化妝成滑稽的模樣，用各種令人發噱的動作和語言，來博取觀眾的掌聲。是以取悅眾人爲手段，以謀求個人生活之資。世界上何嘗有令人皺眉頭或使人討厭的小丑？若然，他們豈不餓死？

　　反觀「上杜下謝又連莊」輕佻無狀，不是嘲諷時人，便是凌辱古人，觀之令人搖頭。使人不禁要問，國家怎麼會用這樣的高級官吏？他們的演出效果，證明使絕大多數人反感，只有極少數人感到很爽和自慰。

　　小丑使人高興愉悅，雖只賺取蠅頭小利，惟絕不失其人格和尊嚴，他們只有受人「褒」而從不遭人「貶」。而「上杜下謝又連莊」，卻令人感覺不齒！他們憑什麼和舞台上的小丑相比？

　　再說，懂得戲劇的人都知道，小丑在劇團裡的地位可尊貴呢！據說劇團各處奔波公演，小丑的行頭總是裝箱底以示尊崇。因爲我國戲劇的祖師爺唐明皇，就是扮演小丑角色的。

這些傳說的真假並不重要，重要的是人們竟把那些政治人物比作「小丑」，使我不禁要替後者喊冤！

（本文原載聯合報民意論壇，民國九十六年一月十六日。）

我們的電視媒體

　　電視媒體在近年來的經營狀況，頗像近七、八年來銀行的命運一樣，都是一塊大餅原被三、五個人搶食。七、八年前在王建煊財政部長任內，一口氣核准了許多新銀行的設立，由不到十來家公私行庫，增加到今天一百多家。從前銀行股價在百元以上者不少，今天在三、五十元者幾稀。電視媒體更是如此，在台視、中視、華視「三家分晉」時代，由它們三家瓜分台灣經濟從起飛到繁榮時代的豐沛廣告資源，每家電視公司簡直都賺翻了，每逢年終，電視公司員工，拿上十幾甚至幾十個月的獎金，真是令人稱羨！

　　近年來，電視台如雨後春筍般的冒出，用「五胡十六國」猶不足以形容其多，拿「百家爭鳴」來描述其數量，一點兒都不誇張。

　　當初政府有關部門（新聞局為主）之所以全方位開放電視台的設立，就是讓民眾在電視台「百花齊放百家爭鳴」的狀態下，有較多的節目選擇機會，從電視媒體獲得較多的資訊。然而却因為電視台的大量增多，正如前述銀行的數量增多一樣，有限資源被搶食的結果，沒有幾家電視台有像樣的盈餘。電視媒體跡近「入不敷出」「苦撐待斃」的經營狀況下，對電視節目的製作，產生許多不利的影響：

　　第一，沒有好的新聞節日。美國是個擁有近四億人口的

大國，但它只有 ABC、CBS、CNN 等三、五家全國性大型電視公司，其他都屬各州的地區性電視台。通常這三、五家電視台的新聞播報時間，是國際、全國和區域性新聞各佔三分之一。全國性的政治經濟社會等方面的新聞、區域性的公共衛生、社會安全及秩序等新聞，固然都很重要，但是為充實和培養民眾的國際觀，增加人民對「天涯若比鄰」和「地球村」的認識，國際新聞節目尤為那幾家全國性大電台所重視。同時這幾家大電視台在播報全國及區域性新聞的時候，儘量選重要而有份量的事情，把那些雞毛蒜皮和殺人放火的瑣事，留給各州地區性電視台去播報。

　　反觀我們的四家大電視台，中視、台視、華視和 TVBS，簡直把全國和地方的政經社會、殺人放火、綁架勒索和偷雞摸狗等，事無巨細，大小通播，一覽無遺。然而卻對養成國民世界觀和認識地球村的國際性新聞，不是聊備一格，便是全付闕如。是電視台的新聞從業人員缺乏國際新聞採訪編輯能力嗎？絕對不是！你看那年輕可愛的男女採訪記者小朋友們，說起英語來都流利自然，簡直跟說國語一樣口才無礙，真是令我們長一輩的人佩服和欣喜！是他們懶惰怕苦嗎？也絕對不是！因為現在記者朋友語文能力奇佳，一如上述，而他們派駐國外，既可拿超乎國內待遇的美鈔和歐元，又可到處遊歷，增多見聞，一旦被派往國外，求之而不得。那有不願去的道理？那麼真正原因是什麼呢？一言以蔽之，曰：「經費不足」是也。我不清楚其他大電視台的經營狀況如何？拿中視來說，它的股票在幾年前上市時，是五十塊以上，現在只賸下十幾塊。說實在的，中視、台視、華視和 TVBS，對於民眾資訊供應，都功不可沒，就是統統犯了上面我所說的

毛病，新聞節目太過繁瑣、雜亂無章，尤其缺少國際新聞。就國際新聞來說，四家電視台常常是一條也沒有，縱或偶而有之，不過是些事關緋聞名模等芝蔴小事而已，貴為英國首相、法國總統及德國總理等政要，固然在我們的電視螢幕上失踪經年，即連聯合國秘書長和國際體育協會主席是誰，我們的民眾不僅十分陌生，甚至連美國總統布希在電視上也有「多日不見」的感覺。不可否認的，國際性新聞節目製作的成本很高，派駐一個國外記者，要花上幾個國內記者的待遇；由於我們的邦交國日漸少，在無邦交的情況下，記者採訪難度增高，障礙亦多，為突破這些困境，獲得所需新聞素材，不僅耗人力，所費亦復不貲。凡此種種，都在「經費」二字上打轉。

　　第二，缺少好的戲劇節目。什麼叫「好」的戲劇？淺見以為，有「正面而健全」的戲劇內容、「流暢而妥善」的戲劇情節，和「賞心悅目」的美麗畫面……，凡此，都必需有好的劇本和好的導演，以及其他好的電視工作人員等等。猶憶台視、中視、華視三台鼎立的時代，各台每個戲劇節目，如「保鏢」、「包青天」、「星星知我心」等等，都令人永遠難忘！現在電視台「八點檔」的連續劇，所有可看的竟都是「外國」的片子，例如大陸的「雍正王朝」、「劉羅鍋」，韓國的「大長今」等等。國內時下最叫座收視率最高的，居然是粗製濫造的「台灣龍捲風」！這檔連續「大」戲，劇本唯一的長處就是夠「長」會「拖」。演了二百六十餘集，似乎還看不到「結局」的影子，似乎把觀眾統統拖死才甘心！就內容來說，它給觀眾尤其青少年一輩以最負面影響最壞的和示範，因為劇中壞人占百分之七十以上，不仔細分析劇中角色，乍看似無

好人！所有鏡頭畫面，不外是從這個房間，罵到那個房間，對罵時把最不堪入耳尖酸刻薄的粗話穢語，統統搬上枱面，我真佩服編劇的「罵人學問」！情節方面來說，「龍片」也令人詬病，志中、美華、阿媽正在談論重要事情的時候，忽然押上阿牛、秀芬瘋瘋癲癲、嘮嘮叨叨的大段廢話；黃平秋、袁志龍、葉美琪正在談論商務大事的時候，又忽然出現貝蒂那個活像「屎蚵螂」或「蟑螂」令人作嘔的角色，為拉攏權貴和膨賬自己，而絮叨不休。要知道，觀眾討厭的不是阿牛、秀芬，也不是貝蒂，而是那三位「倒人胃口」的編劇！就畫面而言，「龍捲風」也不盡理想。電視劇和電影一樣，都要給觀眾一種「視覺享受」的画面，為此攝取適當而美麗的外景，是不可或缺的導戲手法。「龍捲風」除了那棟商業大樓的「外景」之外，毫無任何外景可言，讓人看完一集之後，真是「傷心」、「傷神」又「傷眼」！

　　為什麼上百家的電視台，每週五天的「八點檔」連續劇，不下幾十部，而號稱收視率第一的「龍劇」竟是如此的糟糕，其原因是什麼？不外是缺乏好的「編導」人才。優秀的編導，先要有豐沛的經費去培養，更需要高待遇來聘請。國家不花大錢去培養，別說今天電視台沒錢，即有錢也請不到。

　　我可以說，電視劇（或電影）的榮枯，與國家的興衰息息相關。大家還記得，台灣從一九六○年代的經濟起飛到一九九○年代的經濟繁榮，影劇是何等的光輝燦爛！此後經濟（代表國力）逐漸下滑，影劇有就呈現一片「沙漠」的狀態，訓至像「龍捲風」那獨占鰲頭連續劇，也能吸引眾多的觀眾。不是它「好」，而是「山中無老虎，猴子稱霸王」。有人會問你口口聲聲說它不好，為什麼還天天晚上八點盯著它看？很

慚愧，和許多觀眾朋友一樣，我是「中毒上癮」了，真是「看之無味、棄之可惜」，「不得已而看之」也。幾個月前，我總覺自己對「龍劇」可能心存偏見，想加評論，迄不敢下筆。有一天我去理髮，恰逢「龍劇」白天重播，三位理髮小姐和三位客人，一起邊看邊罵，「真是濫透了」是大家異口同聲的「共識」！

　　第三，「文化傳承」性的節目太少。所謂「文化傳承」者，也就是保護或發揚民族文化之謂。這裡所指的「民族文化」，當然是「中華民族」的固有文化。就這一範疇的電視節目而言，例如民族舞蹈、京劇及大陸各省戲劇、大陸邊疆舞蹈、說書相聲、雜耍技藝……之類。我說這話可能觸傷某些人的神經，而犯了「反發揚本土文化」的大忌。但我必須說，所謂「本土」和「傳統」是一脈相承難以分割的，正如有兒子不可能沒有父親一樣。把「本土」和「傳統」割裂，正如兒子殺了父親一樣大逆不道。這些節目的闕如，實不能責怪各家電視台，而是某些政客的罪惡！因為整體廣告資源有限，電視台「僧多粥少」的情形下，靠廣告收入必然捉襟見肘，仰賴政府有關部門的補助，不失為一個「苟延殘喘」得途徑。「拿人手短吃人嘴軟」，電視主管機關既根據高級領導政客所訂「本土化」與「去中國化」的規範，電視台饑渴之餘，怎不唯命是從，馬首是瞻呢？

　　電視媒體新聞節目之不健全、戲劇節目之不健康，究其原因是一個「窮」字作祟。銀行解決「窮」的辦法，是各銀行協商合併。一旦合併成功，經營規模變大了，經營成本降低了，「窮」的問題便可迎刃而解。電視媒體要想解決「窮」的問題，照我看也非走這條路不可，這方面還有賴政府的提

倡和輔導。把上百家的電視台，合併成十幾二十家，甚至更少，把廣告資源和政府補助集中使用，各家電視媒體有了富裕的經費，任何節目的提升，都是一蹴可及立竿見影的事。

　　至於電視台傳統文化節目的恢復和加強，要靠某些政客意識型態的扭轉，如果他們的腦袋「共固力」（concreat）得無法改變，那麼我們只好用選票來扭轉他們！

著者按：該文寫於民國九十一、二年左右，文中所說媒體缺失，少數部份已有改善，多數缺失仍然存在，本文之收錄仍有價值也。

敬悼趙來龍教授

　　今生能完成高等教育，並在社會上立足，可說全是仰丈於老師們的教導和栽培。其中趙來龍教授就是我永誌不忘的一位恩師。

　　趙教授是河南新鄉人，教育學科出身，專長之一是圖書管理。是我們政大教育系的專任老師。我並未修過他的課，可是他施加於我的恩惠，遠超過教過我的許多老師。

　　民國四十九年，我自政大邊政系畢業，次年七月，自海軍陸戰隊服役期滿退伍，立志做一名中學教師。但是我系出冷門，幾經努力尋覓教師，均不得要領。失望落魄之餘，乃逛蕩到政大母校碰碰運氣。

　　母校歷史系有位齊覺生教授，育有九名子女，家庭生活雖然清苦，但却學不厭，教不倦，樂觀奮鬥，言語幽默，是我們一群窮學生奮發向上的鮮活榜樣。……我到母校首先去拜望齊老師，目的是聆聽他的開導和勉勵，原未希求他在工作上有所幫忙。可是他聽完我的報告後，卻輕鬆而篤定的說：「那好，我有位好朋友在台東女中當校長，我一通電話，你就捲住舖蓋捲兒去好了……。不過台東地處偏僻，進修發展比較困難。……嗯！你們河南鄉長、教育系趙來龍先生正在受命籌備社會科學資料中心（簡稱社資中心），將來他會擔任該中心主任，你不妨去看看他，或許有較好的機會。」

　　我深深的鞠躬謝過齊老師後，即刻到隔棟宿舍去拜望趙老師。趙老師和師母都是虔誠的天主教徒。這天正是星期天清晨八點左右，尊伉儷正要出門去望彌撒，看到我驚訝的問：「咦！張煥卿，你怎麼來啦！服完兵沒有？工作有著落了嗎？」我鬱卒地述說了我的近況，趙老師安慰我說：「不要失望，天無絕人之路，這樣吧，我正在籌備『社資中心』，如果沒有意外，校長會聘我兼該中心主任，屆時我會請你來中心幫忙……。不過是職員缺，待遇不高。」我敬謹的說：「報告老師，我有工作就好了，還計較什麼待遇呢！」趙老師說：「那好，明天星期一上班，我馬上簽給校長……目前你住在那裏？」我說：「住在暑假空著的××學生宿舍。」老師說：「好吧！校長批下來，我立刻通知你！」

　　啊！好可愛的母校！好慈愛的老師們！在別處已經山窮水盡疑無路了，到母校卻是柳暗花明又一村呀！

　　陸戰隊退伍時，口袋已經所賸無幾，三天後已經囊空如洗，準備窩在宿舍餓它幾天，以等待校長的任職令。餓了二天，第三天上午九時左右，信步到「果夫樓」下走走，真巧！正遇到校長劉季洪先生前來辦公。我膽怯的向前鞠了個躬，並自我介紹。校長說：「你就是張煥卿啊！你是河南人，我對河南人的印象特別好！我三十來歲就河南大學當校長，對河南人的忠厚實在瞭解很深……好！你的任職案，我到樓上立刻就批。」

　　八月一日，趙來龍老師便以教育系專任副教授兼社資中心主任，領導著編目組主任朱敬先講師、閱覽組主任何席克先生、副教授管起予先生，採錄組員的我和打字員陳小姐，在現今電腦中心舊址一座屋頂呈凹突形狀的二層樓房正式上

班。

　　中心的任務，是蒐集書籍以外的研究資料，包括報紙論文剪輯、雜誌、影印微捲、國內博碩士論文、政府各部會公報等等。當年中心預算是新台幣柒拾萬元。

　　趙老師是以中心主任兼採錄組組主任，當時該組下轄組員一人，就是我。我當時懞懞懂懂，何以編目、閱覽兩組都各有主任，唯獨採錄組組主任由他自己兼呢？直到現在我才瞭解他的用心！因為在那個時代，七十萬元的預算是個天文數字。如果所用非人，很可能給他個人、中心，甚或學校帶很大的麻煩。所以在他沒有十足信任的人以前，他是寧可辛苦自己，不輕易補實這個缺的。因此，上述資料的蒐集或價購，都由我秉承趙主任之命去辦理。

　　我的工作分動靜兩部分。動的工作是到公私機構去索取或購買各種上述資料；靜的工作是奉命處理中心日常行政業務，即相當於中心的秘書工作。一段時間過後，趙老師對我這兩項工作表現，都相當滿意。首先就第一部分方面，凡向公私機構所取資料成功後，由我立刻擬具感謝函稿，經趙老師改正後，送各上級單位批示打字並用校印發出，從不把人家的贈送行為，當作相當然爾的事來看待，所以續贈請求從無困難。在資料的價購方面，趙老師是非常重視的，他曾說，……東西買貴了沒有人會怪你，但不能有不實在的情形。然而「實在」二字既是我出生河南農村社會人的本性，也是一生牢不可破的人生觀！在資料價購方面，我不只把實在擺在第一位，而且價格也必須比商家喊出來的便宜，因我善討價還價。

　　但發票絕對照實開列。每被問道：「張先生：發票怎麼開

呀？」我便有一種嚴重的受辱感，除嚴詞訓斥之外，連他們的一杯茶水都不喝；趙老師在文化出版界人脈廣闊，我的行事風格，他必是瞭如指掌。行政工作部分，我一向不辭辛勞，把交辦或應辦之事，一定做得盡善盡美。遇有不瞭解者，也會抱著謙恭態度，向趙老師請益。可以看得出來，他把我視為得力幹部。

　　我們河南能幹的知識分子，通常都有一個特點：即睿智幹練之外，不失其忠厚正直的本性。趙老師就是這樣一典型的學者。首先，他處理公務或待人接物，在我看來都恰到好處；言語方面，簡潔扼要鏗鏘有力。公文程式和用語都熟練而正確。凡此，我恭逢此會耳濡目染，學習良多，為我以後的公職服務，受益非淺。

　　再者，設置社資中心的構想，必定是出自趙老師等少數人的建議，因為他們知道，上述資料對社會科學的研究是多麼的重要！後來事實證明，這一構想是極富前瞻性的。你看，除國內的社會科學教師學者外，國內外的社會科學博、碩士研究生，都在此蒐集他們撰寫論文所需要的資料，單只國內博、碩士論文的庋藏，就是社資中心寶庫的一個部分，其他浩瀚的收藏，在研究者而言，都是無價的黃金珠玉。趙老師超時代眼光，在這裡充分的表現出來。第三，社資中心草創伊始，原在今電腦中心不足百坪的一棟二層樓房，後來擴大到現今上千坪的六層大樓，其所發揮的研究功能，享譽國內外。趙老師的貢獻受到學校的高度肯定，爰被升任正教授兼中正圖書館館長。不久，我們發現中正圖書館有脫胎換骨的變化，首先借閱圖書有了自動化的電腦設備，準確而快速；燈光明亮的閱覽桌椅設備、館內週邊方便的教師閱覽房間，

以及熱情的館員服務態度等，都有了斬新的面貌。凡此，對政大學生的貢獻，遠非教學所能估量。第四，我在中心的一年服務期間，未聽說學校有「留學服務中心」的設置，但是只要趙老師來到辦公室，就有各系高年級的男女同學，來此請教他關於留學事宜，包括國外大學的選擇，申請表的填寫、推薦函的擬定與修正，都需要趙老師的協助與指導。可以說趙老師是實際留學中心指導人，但是屬於義務性質，未拿過公家或私人的分文報酬。單就此來說，趙老師在學生心目中的聲望，是非常高的。難怪師母在電話中說，趙老師的追思彌撒盛況空前，想必是當年受他恩惠的在美同學聞訃而至的吧。

　　我在中心努力而認真，一如前述，得到趙老師的信任和賞識。照理，我應專心在此服務，不該心存五日京兆、見異思遷。但有一件事，對我產生極大的刺激，那就是外交系有位同期女同學，將去法國進修，在中心按了個助教缺，只領薪水不必上班，偶而到中心轉一轉、坐一坐就走了。我想：我一個七尺男兒，每天在外奔波之餘，還要在辦公室案牘勞形、幹的小職員的事，一輩子也入不了教師的行列。再說，我系出冷門考公費留學根本沒有咱這一科；私費留學考試很簡單，但那十萬元留學保證金之籌借，在我們眷村出身的人來講，是不可能的負擔！因此要想打破目前困境，只有投考研究所一途。

　　我畢業於邊政系，那時尚無邊政研究所，只有投考較為相近的政治研究所了。決心下定，我又拿出大學聯考時的精神，即除吃飯、睡覺之外，不浪費一分一秒的時間，在辦公室，處理好公務之後就看書；外出採購，在車站、在車上、

再公私機構主人沒來接待之前……我都在唸書……。沒修過的應考科目，自修或旁聽……。一年間，沒有過星期假日，遑論看電影、跳舞、烤肉，泡蜜斯那些時尚的玩藝兒了。趙老師來辦公室，看我那用功的勁兒，就知道我在準備考研究所，便說：「張先生，到樓上去看吧。」起初我不瞭解他的真意，不敢去，後來他很誠懇的這麼說，我才去過樓上研究室幾次。

　　經過一年的苦讀，我終在民國五十一年五月的入學考試中，以第三名的成績，考取政治研究所八名研究生之一。趙老師聽說我考取了，非常非常的高興，但也似有些微的惋惜。高興的是他旗下有這麼一個為他爭光的部屬；惋惜的是，依規定研究生不能兼職，我走了，他勢必失去一位得力助手。記得當時他曾打電話到教育系辦公室，詢問關於劉濤同學的情況，劉同學是趙老師的授業弟子，又係軍中退役，年長而幹練，如他能接替我的職務，想必較我做的更好。只是劉同學也同樣高中教育研究所。趙老師乃對同仁喟然嘆曰：「看樣子，好孩子是都留不住了……。」

　　十月初，研究所開學了，我們雖成為大學部同學眼羨的研究生，但經濟環境卻進入一個新的不景氣階段，因為研究生除每月教育部四百元的補助費外，並無其他收入。趙老師顧慮到我這個情況，乃在社資中心主動給我安排一個工讀生的缺，任務是協助一位新進女職員，整理各種資料。但這位小姐個性十分古怪，對我研究生身份頗為嫉忌，難以相處之餘，只有向趙老師以功課忙碌為由請辭，老師也很諒解。

　　民國五十四年春天，我自政治研究所畢業，獲得法學碩士學位。最理想的出路是留在學校擔任講師，並伺機進修博

士學位。這時趙老師未經我的請求，又主動簽請校長，以講師兼任社資中心採錄組主任的身份留校服務！採錄組主任這個缺兩年的時間未予補實，原來是留給我的。可見趙老師為學校培植人才的苦心了，可惜當時劉季洪校長對這個職缺另有不得已的安排，使我暫時失去留校服務的機會。後經政研所主任鄒文海教授推薦，到陸軍官校政治系擔任講師。

　　民國五十七年暑假，母校擬於下學期成立法律、東亞兩個研究所，趙老師又託胡春惠同學告知，說劉校長要我回校擔任其中一所的講師。因我曾聆聽過東亞研究所兼主任吳俊才先生的簡報，對他優雅的風度很是心儀，乃選在東亞所服務。能夠於短時間內返校任教，固然是劉校長的決定，可到底是趙老師簽案的復活而已。

　　東亞所直到民國八十九年我退休之前，均在校外上課。五十七年至五十九年，係在金華街公企中心上課；五十九年秋，又隨國際關係研究所搬到木柵萬壽路六十四號（因吳俊才先生是國研所主任）。因東亞所性質特殊，課程學分特多，專兼任老師甚眾，加以吳主任工作重點，是在組織龐大的國研所，於是東亞的教務、訓導、總務及共關等行政業務都落在我一個人身上，而我又求好心切，致令鄭學稼教授誇說：從大陸到台灣，教過眾多大學，未見有東亞所行政業務如此之妥善者。此乃在吳主任悉心的策劃下，由我從早上七點到晚上十一點，努力執行之結果。因此我工作的忙碌可知。我既沒有精力開課，研究工作也只通宵熬夜來做。我真的沒有時間到趙老師那兒請益問安。只有到中正圖書館借書時，才能到趙老師的館長辦公室作片刻的問候。

　　民國六十二年，我升了副教授，並在新聞系教授政治學

課程。一天，忽然接到趙老師電話，說他在輔仁大學兼任一班課程，要我隨他到該班作一次「美國總統大選」的講演，我當然欣然從命！講完之後，老師直誇我講得好，書唸得扎實。

吳主任於民國六十二年榮升國民黨文化工作會主任，暑假期間，新任所主任未到任之前，劉校長要我代理此一職。事實上，自此時起，直至民國六十六年春，我赴美進修五年期間，我雖非所主任，但我是實質上的所主任，因為那位「新主任」從不管所裏的事兒。特別從民國六十二年之後，劉校長榮任考試院副院長，校長由李元簇先生接任。李校長對教師學生都很嚴格，教師課程必須開滿時數（即教授、副教授、講師，依次為每週八、九、十小時），課少者不能升等，特少者不予續聘！對各所系主任要求課餘必須在辦公室上班。他經常在各所系辦公室外巡邏，有不照規定者，輕者挨訓，重者解職。我所遠在校外，他不方便常來查勤，但常用電話詢問，我們那位主任辦公室當然沒人接聽，於是校長便打給我，口氣每很嚴厲，起初一、兩次我編個理由說，我們主任到樓上國研所辦業務去了。日久，校長有事根本不找所主任了，凡事直接交代我來辦理。

民國六十五年，我到了升等教授的年資，但我有現成的著作卻不敢提出送審，因為我的課太少，每週僅有三小時。為此，我曾向趙老師訴過苦，老師要我只管提，謀事在人，成事在天嘛！我照吩咐做了，居然准予提審。事後證明，我是在李校長任內唯一教課時數特少而准予提審者。這一方面說明李校長對我的敬業有所獎勵，更重要的，是有趙老師暗助的作用在內！次年二月，我得美國德立華大學政治系全額

獎學金赴美進修，不久即經學校及教育部雙重審查通過升為正教授，故班上美國老師皆叫我 Professor Chang 而不名！

赴美進修，是我第一次遠離家門，功課忙碌得昏天地暗，稍有閒暇，就想家，思念親朋故舊和恩師們。因此，我在美初期的唯一娛樂就是寫信，其中給趙老師的最多。我去美時，帶了一本傅培梅女士的食譜，因為功課忙，從未翻過它。暑假伊始的一天，忽接趙老師由紐約打來的電話，說他偕師母暢遊美東，路過德立華定來看我。我欣喜若狂之餘，乃翻開那本食譜，研究嘗試做幾道菜，來歡迎我敬愛的老師和師母。第三天，由師弟之秦夫婦開車載著老師師母來了！我已烹調了六道菜來款待他們，其中包括紅燒獅子頭，被老師師母大為讚賞。餐後帶他們參觀了德大校園之後，與他們一一擁別。老師帶來的，不只是國內各式佐餐的美味罐頭，更重要的是人間最美好無私的溫情！這天，是我在美最快樂的一天。這溫情這快樂感染到此地所有的台灣同學們！

民國七十一年，趙老師卸下教學和館長的重擔退休了，不久即偕師母赴紐約與兒孫們同住，享受含飴弄孫、頤養天年的生活。二十餘年間，除老師回國看望師妹又秦一家，均有聚會之外，平時電話書信往還不斷。民國九十三年，我計劃赴紐看望老師，不意心臟於十一月底動了「繞道手術」。去年春決定去時，旅行社說我大手術不滿兩年，不賣機票給我。去年（九十五）底，師母在電話中告知，老師已屆九十高齡，進出醫院已是常事，我聞訊即刻趕出國手續，未經辦妥，老師已撒手西歸！我平生憾事不少，但未能見老師最後一面，卻是我最大的遺憾。老師待我如子，但他老人家臨終時，我卻不能隨伺在側，怎不令我扼腕呢？

　　一個人獨善其身只是個普通人，能兼善天下，立人達人，才是君子，也就是偉人。趙老師一生教學生無數，已經很偉大了，但是他一生義務輔導學生留學，和終身擔任資料中心主任和圖書館長兩項職務，他的生命價值，益顯光輝燦爛！因爲兩項工作，都像辛勤的老農一樣，在肥沃的土壤裏播種耕耘，豐碩的收穫是必然的！「台灣奇蹟」就是像趙老師這樣的人們所創造的！最後，我用一首詩來表達我對趙老師的感恩和崇拜。

　　　　師恩浩蕩難盡述，育我不讓慈嚴父。冀望朽木成棟材，惜慚只為細一柱。

　　　　終身仰祈見羹牆，萬仞高山終難踱。老農躬耕收營豐，學子暗夜有明燭。

　　　　仲尼授徒三千眾，傲然吾師倍此數。立德立言復立功，芸芸碩彥佩何如。

　　　　聖賢歷盡承鶴去，飄然飛越天堂路。

（本文原載「中原文獻」四十卷一期，民國九十七年元月一日）

謝秀文教授著
「何處覓桃園散文集」讀後感

　　秀文和我是同窗也是好友。我們自員林實驗中學畢業後，他即按喜愛文學的性向，唸了成大中文系；我則受歷史老師們的鼓勵，讀了政大邊政系。嗣因國土未復，我未能成為老師們期望的邊疆大吏；秀文卻按步就班成為享譽中外的文學家。

　　前年，我拜讀了他學術著作之外的文學著作【寒雁集】，享受了一頓心靈大餐，尚覺餘味未窮之際，去夏又收到他已發表的數十篇散文，並囑我為他這即將出版的散文集寫序。我說，序言要請有名氣的人寫才夠份量，我不具備這個條件，不敢膺命。他卻說他要的是交情不是名氣。我感謝他給我再次的心靈饗宴，也感念他誠懇的知遇之情，只好匭勉以從，惟謂之「序言」，仍感不妥，姑稱之為「讀後感」吧。

　　韓文公認為，職司老師者，應賦有傳道、授業、解惑三種任務。個人認為，授業與解惑實為一回事，功能不容分開。因之，三事可歸納為「為學」與「做人」二事。就這方面來說，秀文都是韓文公心目中的好老師。

　　為學方面：秀文在中文系打下根底之後，又在國學泰斗屈萬里先生的傳授下，不僅成為當代「春秋三傳」的專家，

就從這本散文集裡，已可領略到他兼通孔孟、老莊、文字、聲韻等學術，以及新舊詩詞廣大文學領域。我尊他為文學大師，當不為過。不久之前，秀文應美國一個社團邀請，講述華人姓氏這個趣味性不高的問題，不料在美華人居然不遠千里，聞風而至，把個講堂擠得水洩不通。此有媒體詳細報導，絕非溢美之詞。

就「做人」而言，秀文稟性善良，加上流亡生活的磨鍊，遂養成他開朗、隨和、圓潤而正直的人格特質。軍事學校有其特殊的文化環境，一般文學校出身者不易側身其間，可是為同儕所喜而又為長官所賞識的秀文，在陸軍官校一教便是三十多年，由講師、副教授到正教授，並受命擔任文史系主任多年。陸官是培植陸軍指揮官的養成教育機關，自以軍事科目為主，一般學術科目包括文史、哲學、政經等為副。因此擔任一般科目之教師，只要稍加準備即可應付裕如，不需要焚油繼晷的孜孜鑽研。可是秀文卻與眾不同，他比許多文學校的老師更加用功。他在學術上的造詣，都是在官校三十幾年的歲月中累積而成。

老師們退休後的安排，總是依照個人性向、健康狀況、經濟環境等因素來決定，務期有一個身心平衡的晚年。秀文年輕時身體並不十分好，但在夫人楊大榮女士的悉心調養下，他自稱健康狀況遠勝往昔，加以經濟不差，於是選擇以遊歷與寫作為退休生活的主軸。我認為這是一種高標準的選擇，因為孔老夫子雖周遊列國，惟述而不作；我們的謝夫子周遊世界，卻以所見所聞為素材，寫成籙世文學大著，更附帶的成為攝影專家。

萬事萬物有「自在」與「存在」之分。萬物不與人發生

關係，是它們的自在狀態；一旦與人發生關係，包括被人觀看、碰觸、移動、製造、改良、使用等等，它們就變成「存在」了。同時，人類也有上智與下愚之別。一個讀書不多的鄉巴佬，雖然暢遊五湖四海，飽覽勝景無數，但這些湖光山色對他來說，只不過是浮光掠影，那些山光水色似乎仍然停留在它們的「自在」狀態；秀文是一個飽讀詩書、思慮敏銳、觀察細膩的學者，那三大洋五大洲的名勝古蹟，風土人情，透過他的眼簾和鏡頭，經過腦力的激盪，於是從他的筆尖流出令我們頷首稱羨或會心莞爾的好文章。萬物的「存在」對他來說，真是顯得繽紛燦爛和價值無限了。

再者，韓文公之所以「文起八代之衰」，就是摒棄魏晉南北朝以來，用美豔的辭藻來頌揚風花雪月那種腐蝕人心的作品，因而主張用平實的語言表達有益於世道人心的文章，所謂「文以載道」正是一個知識份子應有的天職。秀文的作品，從不作辭藻上的粉飾，都是用平順的語句，來表述或謳歌真善美的事跡。對老一代會提供健康的精神糧食，對下一代也將樹立合堪足式的典範，這應該是他這本書的價值所在吧。

尤有進者，秀文國學根底好，不管評人述事或論古道今，不經意的便把詩詞佳句隨手拈來，卻又與所述事物絲絲入扣，從無牽強扞格之感。讀了此書，頗令人有「不讀唐詩三百首，不會吟誦也會吟。」之感。

二○○九年八月八日於台北

我的忘年之友韓士杰先生

初識韓老

　　我平生有兩位忘年長輩，一位是長我二十一歲的韓士杰先生；一位是長我七歲的戴清源先生。本文先記述韓先生。

　　民年五十八年春，我在木柵國光社區，以分期付款的方式，訂購了一戶二十餘坪的公寓。共四層的房子蓋到三樓，建商突然以財務困難爲由宣布停工。幾位熱心的訂戶召集全體訂戶開會，達成「共同集資自行完工」的決議。大家在幾位長輩領導之下，出資鳩工，房子終於在年底完成外殼。我因急於擺脫租房之苦，乃最先搬來居住，電是臨時接到工地電線；水是從景文中學挑來食用。要求過戶時，公司老闆趁機哄抬房價，說土地、建材、工資都漲價了，客戶爲自己和公司著想，都該多出點錢，請多體諒公司的難處云云。當我提出應以原合約請他履行過戶義務時，他卻板起臉來說：「我給你說不清楚，你去找公司的高級法律顧問去好了……。」說時用手指著該社區第二棟樓下一戶房子，氣呼呼的走了。我走向他指的那間房子，只見臨時只隔了一間的臥室，走出一位看似五十多歲，瘦瘦高高面色紅潤，自然的威嚴中帶有幾分慈祥的「老」先生，用濃重的秦腔問說：「貴姓？什麼事兒？……」我略加自我介紹之後，便以半個陝西人自居，同

他攀起「老鄉」關係來了。因民國三十二年，我的家鄉河南
舞陽被日寇所佔，在陸軍第四十軍服務駐紮在洛陽的父親，
生怕我這個當時的獨生子爲日寇所奴化，乃託叔父把我送到
他身邊親自調教。不久洛陽前線軍情吃緊，父親又命我隨其
他眷屬留守於長安以西的盩厔（今周至），在那裡，我完成了
斷續的小學一年級教育……。韓先生聽我到過陝西，便把凜
然的威儀換上春光和熙的面孔，同我坐下攀談起來，從下午
三、四點鐘直到晚上六時許，孩子叫我回去吃飯方休，臨走
時韓先生一再囑我「常來聊聊」……。一連幾天，晚飯後我
不經意的就走到韓先生的辦公室兼臥室，一聊就到三更半
夜，甚至有幾次竟至通宵達旦！我們從彼此的出身背景、求
學過程、事業經歷、政治觀點、文史哲學等等。如此這般，
便自然而然的成爲一雙忘年好友……。從此，我尊稱他爲「韓
老」，他直喊我「煥卿」。

　　韓老說，他是陝西渭南人，生於民國初年，出身書香門
第，家境富裕，受過完整的私塾和部分新式教育。大陸變色
之前，初以教書爲業，繼到陝西省府任職，以學優幹練爲人
正直著稱，曾累升至祝紹周將軍主持陝政時期的秘書長。從
我第一眼看到他，便知韓老不是一個普通人物，他那紅潤威
嚴的臉上，一雙炯炯有神的眼睛，透著堅定智慧的光芒！說
到他的諸多觀點，鞭辟入理鏗鏘有力；臧否人物則又是非分
明，大義凜然！顯然，他對大陸淪陷前的諸多政府領導人，
頗有微詞。是以來台後，決以葑菲之身，憑他的學問和能力，
謀一種但事溫飽不求聞達的生活。是的，憑他過去的地位，
它所熟稔的在台達官貴人不少，隨便一通電話或一封八行
書，謀個相當的政府職位，簡直易如反掌；然而他竟決定鑽

研法律，專為弱勢族群辯護為生。據云，韓老為人出庭，常斥責藐視人權的法官和強詞奪理的律師，卻鮮有敗訴的例子。也就因為這個關係，不察韓老個性的建築公司老闆，乃以重金禮聘為「高級法律顧問」，除以兩戶社區房屋為酬之外，每月尚付相當數額現金的生活津貼。

韓老國學根底深厚，講起古文詩詞如數家珍，朗朗上口。其間我為禱念恩師學寫的幾首「古詩」，都經他過目斧正，他對我鼓勵有加，只在字辭方面略加修正，而不在格律上多所苛求。他說，唐宋之前的詩人寫詩，並不講求格律，只要用辭得當，聲韻調和即可，人稱此為「古詩」；唐宋人寫詩，講求平仄格律，故稱律詩。律詩作者有時亦以音韻和協用辭貼切起見，並不拘泥於平仄格律。詩仙李白便是如此。民國以來，文尚白話，詩亦隨之祛除艱深用典，但仍須音韻和協，此種較「新詩」為深而較「古詩」為淺的詩，稱之為「中華新韻」。韓老對我說：「你的詩合於中華新韻，不要怕，儘管寫！何況你又不是學國學的，沒有人會笑你！」我受此鼓勵，此後膽子還真大了起來，竟學寫了好幾十首孤芳自賞的『詩』呢！韓老對詩的見解，最近竟由我的同窗好友，國學界知名的謝秀文教授所證實。韓老的文章，用辭遣字十分講求，我曾拜讀過他的許多狀紙，簡直是字字珠璣，擲地有聲，添一字嫌其多減一字嫌其少！我很想為恩師寫一副輓聯，搜盡枯腸好不容易謅了一副，拿去央韓老修改，老人家左改右改，都不成樣子，乾脆替我寫了一副「絳帳受心傳，久坐春風沾化雨；杏壇感寂靜，常思步趨見羹牆！」

韓老來台，雖未來得及帶出妻小，但卻帶出一個小他十多歲的胞弟。不消說，他對這位胞弟十分鍾愛，希望他讀書

成器，繼承他們韓家的香火。但來台後，這個幼弟不僅不肯讀書，還一味與兄長鬧憋扭。後來考上空軍地勤，交了一個韓老認爲「不三不四」的歌女，並決定與她結婚，韓老勸解無效，從此兄弟形同陌路不再來往。

另韓老很感安慰的是，他教了一位啓蒙學生張維一先生，當時任內政部地政司長；另一位是他在陝西省府時的貼身部屬趙作棟先生，當時是調查局的副局長。我曾擬通知兩位先生來看韓老，但老人家堅決不肯，他說，他的朋友中有官更大的，叫人知道他的所在，豈不等於推銷自己，所謂「不知不慍不怯不求」，是爲君子，韓老真是當之無愧。

大約是在與韓老的閒聊中，提到景文中學校長謝衍泰，不只是韓老的陝西老鄉，而且是我員林實驗中學母校的一位老師，如果韓老願意，我擬推薦他去景文教幾堂國文，但韓老堅決不肯，說他收入綽綽有餘，不必去和那些不用功的孩子生氣。他去不去是一回事兒，但卻把我和謝校長的師生關係，牢牢的記在心中！

原來我們社區的建商老闆，聘韓老爲「高級法律顧問」，目的就在藉韓老的訴訟本領，向我們這些訂戶勒索超額的房價。如若我們乖乖的繳納還在罷了，有不繳者便以法律侍候。我對韓老說，公司所訂房價是經過精密的會計計算後，寫在買賣合約中的。公司拖拖拉拉不按時施工，以致曠日費時，物價上揚，這漲價部分不思自行吸收，卻算在訂戶頭上，這公平嗎？合乎契約精神嗎？……。韓老察覺老闆的用意後，已決定站在訂戶這一邊，我問：老闆要是遷怒於您，取消您的「高級法律顧問」資格，或剋扣您的待遇怎麼辦？他說，沒關係，他有權取消我的資格，不過我們的聘顧合約是三年，

每月支付生活津貼三萬現金，外加兩戶本社區房屋，他把房屋過戶給我，並付清三年津貼，我自然另謀他就，要不然！我決定做你們訂戶的義務辯護人，同他（老闆）在法庭相見！

乖乖！那大字不識幾個，國語都講不清楚的老闆，怎敢和韓老頂撞？反而好言央求韓老，儘量不要讓他吃虧就好……韓老對他說：「你吃什麼虧？你蓋到三樓外殼，每戶依合約照收價款；四樓及相關設施（如外牆洗石子及隔間部分）都是人家訂戶們自行完成的，照理你分文不能收。聽說有人要告你不依約完工！我也替你安撫下去了……。」老闆不僅啞巴吃蓮，不敢怪罪韓老，還對他老人家十分感激呢！如此這般，我們在民國六十年春季，在韓老的協助下，陸續過戶搬了進來，一個擁有七排公寓房屋，住戶三百七十多家，人口近二千的木柵第一個大型社區於焉誕生，取名「國光社區」或稱「國光新村」。

社區水災

民國六十四年，「十項建設」尚未啟動之前，洋房豪宅固然少見，即連外牆貼有瓷磚的五層公寓都屬稀有。我們這個社區房屋，雖稱不上高級住宅，但也非貧民之窟。是以居民之中在職和退休公務員者有之，在職退休將軍者有之，大學教師者有之，小康商人者有之，開車運將者有之，縣市級警官者亦有之……。稱得上是各色人等，臥虎藏龍！但社區有個缺點，即北、東、南三面地勢高亢，只有西面的景文中學與本社區等平。那時木柵尚屬台北縣的一個鄉，窮困的縣政府及鄉公所，對景美溪的暴漲淹水問題，從來無力過問；是

以夏秋之季，一下大雨，整個木柵包括政大，便是一片水鄉澤國。我們的國光社區自亦不能倖免，自我們民國六十年搬進來，社區到底淹過多少次，因我家住二樓不甚記得。反正就在這年秋天的一個晚上，我在政大東亞研究所辦公室，看書寫文章徹夜未歸，直聽得窗外唏哩嘩啦的下個不停，次晨我回家走到萬壽路國防部的下坡處，只見大水已淹到那個坡度的四分之三，整個政大都泡在水中。雨停水退我回到家裡，見全社區洪水淹到一樓樓頂，鄰居們都在忙著打掃淤泥，丟棄水淹不堪使用的家俱，狀至狼狽！

　　大水過後不久的一天晚上約七點鐘，工友王先生跑到我家，說韓老（現在全社區都如此稱呼他）叫我到他辦公室去開會，我問他開什麼會？他說是開社區自治委員會。我心想：我又不是自治會委員，平時因研究及行政工作太忙，除和韓老聊天以外，根本沒有過問社區的事兒，至於什麼時候產生過自治會，我也毫無所悉。既然韓老叫我，我也不能不去，只抱著去聽聽的心理而已。到達會場，只見一位年約五十來歲，操湖南口音的男子，「唱做俱佳」的滔滔不絕，聽口氣好像是發表「競選演說」。前面講了多久我不知道，反正自我去足足聽了半個小時，講完說他有事，先行告辭云云。他走了，我看會場十多人中，除剛走的那位先生外，五十八歲的韓老還算是年輕的，不用說我這不足四十歲的人，可算是這些長輩眼中的「初生之犢」了。這時韓老笑著向大家說：「張教授年輕力壯，品德端正，就我所知能力也很強，如果各位沒有異議，就讓張教授來幹吧！……」說罷，就由操上海官話的陳先生，領頭起立鼓掌向我「恭賀」，弄得我一頭霧水不知所措，乃下意識的問說：「你們這些長輩要我幹什麼呀！」「我

們要你幹自治會主任委員，我們大伙兒都認為你行，你就不要推辭了……」，六十多歲的蔡伯伯說，說完又是一陣掌聲。我為什麼稱這位老先生為「蔡伯伯」呢？因為他是我大學同班同學劉義棠教授的岳父。我向他們懇求地說：「我沒參與過社區的公共事務，什麼都不知道，真的接不下這個重擔。剛才那位先生不是很熱心麼？何不請他偏勞呢？」煥卿！你就不要推辭了！有什麼話待會兒我給你說。」韓老溫熙的說，說時大伙兒陸續向韓老拱手離去。

　　大家走後，韓老叫我坐下說：「叫你幹這個差事兒，知道你未來會很辛苦，但你不出來問題很難解決……。」原來如前所述，國光社區北東南三面較本村為高，僅西面景文中學地勢與本社區略平，一經下雨三面向本社區灌水，加以建商偷工減料，根本沒修建對外排水系統；更可惡的是所建化糞池，根本是聊備一格不起作用。一下大雨，外灌洪水加上本社區攜帶惡臭屎尿的積水，統統灌到景文中學的校園，學校屢次派員來本社區自治會交涉不得要領，於是乃在學校與本社區之間打了一道水泥牆壁，將本社區唯一出水通路堵死，不待自治會成員去景文求情，那位前述「競選演說」的湖南騾子，便糾合了一群不明事理的「歐巴桑」，到景文校區大罵謝校長「為富不仁」、「非法檔人水道」，要到法院告訴云云。形成雙方的嚴重對立，韓老知道我和謝校長的關係，乃與各委員事先溝通，先給我一個「黃袍加身」，再要我去向謝校長求情。我臨危受命，立刻拜望謝校長，向他保證今後不再有人到校鬧事，請先打開水泥牆，讓社區積水暫有宣洩之機；然後再徐圖治本辦法，並向他說明初步治本構想。他聽後認為我的計畫可行，乃立刻命人打開水泥牆，本社區積水立刻

消退。然後我分別拜訪木柵區長張榮森先生，請求幫忙以區公所「小型工程款」，把景文中學下水道挖深拓寬，上加水泥蓋，以免本社區污水流進，讓人受臭氣薰天之苦！張區長說，此計雖然可行，惟究屬權宜之計，根本解決之道，乃是修建一條貴社區對外的獨立排水系統，免與景文再生糾葛。惟獨立排水系統所費不貲，非區區數萬元之小型工程費所克支應。他叫我拜訪張元成和周洪根兩位市議員，請台北市府（此時木柵已劃歸台北市）有關單位幫忙，完成獨立排水系統計畫。兩位議員先生都很熱心，特別是周議員立刻帶我去見市府衛生工程處長，處長說，如果台北市下大雨，他會立刻主動派員親來社區察看，再作因應之道。幾天之後，果又大雨傾盆，一位市府衛工處科長來此，由我陪同察看了社區實際淹水情形。一週光景，兩位議員先生分別向我道賀，說市府已經撥下新台幣一百五十萬元，徹底修建社區獨立排水系統及其他輔助設施，如化糞池與各棟房屋排水不良陰溝等等。我興奮之餘，立刻報知韓老、謝校長和其他各位委員，大家都十分高興。兩個月後，一公尺直徑的水泥涵管，從本社區的最南端，直埋到最北端，與保儀路的境外排水系統相銜接；各棟公寓不起作用的陰溝也都拓寬挖深，分別通向大涵管，國光社區從此永絕了淹水之患！

改善環境衛生

水患問題解決了，我問韓老：還有什麼社區問題急待處理？他說：「我看環境衛生很重要，可以向各住戶略收費用，僱人打掃嘛！」我馬上召開自治會，報告「治水」經過、收

費問題等等，會中決議……每戶每月收三十元，共約一萬兩千元；除王先生外，另僱工友兩人，每人月付三千元，共九千元。餘三千元供自治會其他用途。我皆依決議執行，未幾，社區顯得整齊清潔，煥然一新。就是見有不少野狗，和先生太太所牽寵物，在巷道牆邊翹腿大便小解，破壞環境至巨。我當面糾正怕傷和氣，乃寫了一份公告，除在公告欄中張貼外，另打印一份，分送各住戶。大意是說：為維護社區環境衛生，敬請鄰居們看好家畜寵物，如需放狗，務請攜帶畚箕掃把，隨時清理。有不理會仍任家畜亂跑者，我即動員年輕鄰居，持棍打狗。狗夾尾巴汪汪直叫，並往家裡奔跑，我們尾隨追到家裡，主人出來護狗，我們連勸帶訓，飼主理屈道歉，深覺無趣，紛紛將愛犬送人了事。從此，社區環境益加整潔。

協助選賢與能

　　民國六十年夏天，木新里長任職出缺，韓老及鄰居們多勸我出來競選，聲言幹過幾年後可以向市議會進軍。我對他們說，我志在教書，無意於仕途。獲他們諒解後，乃安排一位五十多歲的河南同鄉，早年曾為花木蘭的王女士出馬競選。王女士甚有意願，惟謂夫妻皆從軍中退伍，家道不豐，難以支應巨額競選費用，我說，我們要以妳的優越條件、自治會的崇高聲望，和周詳的競選策略取勝，決不以金錢污染選舉，她夫婦欣然接受之後，我即召開自治會，將王女士介紹給各委員，由她親自央求各委員協助輔選。並承諾：一旦當選，本社區的一切福利，她將盡力爭取，用以減輕各委員的辛勞。大家見王女士謙恭有禮，也都樂意助選。

　　王女士條件優越，口才無礙、行事幹練，又爲國民黨員。對方候選人，則爲一魚販，除有豐厚的競選費之外，似無與王女士匹敵之處。競選活動展開之後，只見對方在其競選總部大放鞭炮，敲鑼打鼓，文宣人員手持大量宣傳品，成群結隊在本社區挨戶分送，並在他家院中大擺流水宴席，本社區鄰居赴宴者不乏其人，其聲勢之浩大，攻勢之凌厲，委實令人擔憂！鄰居太太們見我都說：「你看那麼多人去吃人家的，我們恐怕是糟糕了！」我嘴裡雖說有信心，實則頗爲心虛。但我身繫競選成敗之關鍵，絕不能稍示畏葸怯懦，深知：最佳的防禦便是攻擊，針對敵我形勢，立採兩項措施：其一，本社區及緊鄰的中央黨部宿舍，佔票源總數百分之六十以上，爲鞏固這兩個關鍵社區票源，我們各委員及王女士挨戶拜訪之外，還張貼大量「遠親不如近鄰」、「選賢與能」……等標語；其二，爲挫敗對方之銀彈攻勢，我們向對方下「公開政策辯論」之戰書，對方不敢應戰，其個人及其支持者自然也都洩氣了。投票當日清晨，我們社區四個出口，各由二至三位委員分兵把守，凡見外出之青年男女，均勸其八點鐘投完票再行外出，多數受勸鄰居，均接受勸告折返回去，少數承諾臨時有事外出，一定回來投票云云。其次我們要求三位工友，挨戶催票，不得有任何遺漏。其間工友王先生告訴我：有位三樓的周老先生與妻、女共三票，老先生聲言：平生最厭惡選舉，從來不去投票，我聞言親去拜訪，他執意不去投票，也不許妻、女去投。我當時不知何來勇氣，竟下跪相求！老人家感動之餘，雙手扶起我後，答應一家三口絕對會去投票。如此這般，下午五時開票結果，我們竟以百分之七十五的得票率獲得勝利！當晚，多數自治會委員和我協同

新當選的王女士，赴落選人的家，表示歉意和慰問，那位落選的先生雖甚鬱卒，仍頗禮貌的接待了我們，雙方化解了選舉中的誤會。

為地方自治盡力

我在自治會任內，所有會務均力求完善和制度化，任何事都認真去做，絕不馬虎了事。例如：年度自治大會（全體住戶代表參加），我們邀請曾經為我們解決水患的市府衛生工程處、木柵區公所有關主管、市議員周洪根、張元成先生，及木柵警察分局長等蒞會指導。特別六十二年夏天那次大會，除上屬各級長官應邀出席外，一位化學公司（專製日常清潔及化妝用品如花露水之類）的女老闆（已記不起姓名），竟為競選增額立委（或國代），不請自來，還攜帶大批公司產品，作為抽獎摸彩禮品，社區住戶代表幾全部到齊，十分熱烈。警察分局長致詞時，特譽本社區為「模範社區」，今後將輔導木柵其他社區向我們看齊云云；再如，我為建立自治會任期制度，特擬訂「自治委員會章程」一種，經委員會討論送大會通過定案，關於主任委員任期一事，章程中規定只能連任一次（共四年），其他委員任期並無限制；又如：我們張貼公告或發往各住戶通知，絕對一板一眼。文稿由我擬定經韓老潤飾，並經在政大任文書主任的余曦先生，以工整毛筆楷書謄寫後張貼或分送。有人說，看了我們的公告，不僅樂於配合遵守，也有不少長進哩！

以上所述有關自治會的事，不過是犖犖大者。其間，除感謝韓老獨具慧眼，讓我有服務人群的機會之外，再事表達

謝意的是，余曦先生的鼎力協助和各位委員的熱心配合。最令我感謝和敬佩的是政大邊政系學弟林恩顯教授（後來曾任政大訓導長），我曾推薦他為自治會總幹事。他絕不嫌「位卑職小」，凡事憚精竭力，務求盡善盡美，可謂居功厥偉！如今，也是當年少數見證人之一，如果有機緣看到本文，想必亦以當年服務人群為傲！總之，我們自治會所做的工作，就是經國先生所說的「紮根」工作，任何選舉如欲取勝，當先以往下紮根為本。

　　韓老是位傳統的文人，對健康知識似頗為欠缺；我對養生之道也一無所知！韓老與我在談話中，常聽他說：「腦悶」，說時自然地用掌輕拍額頭。我當時並不清楚「腦悶」的真正涵意，不過總覺不太對勁兒，勸他應到醫院看診，老人家總說：「沒關係，休息一下就好了……。」遇此狀況，我即不再閒聊，以便讓他老人家休息。

為韓老治喪

　　不幸的事終於發生了。六十三年夏天的一個下午五時許，我尚未下班返家，韓老和街坊鄰居站在他辦公室的門口聊天，韓老忽然倒在一個鄰居身上，口吐白沫，狀至嚴重。幾個在場鄰居立刻叫救護車送往台大醫院，不幸途中即已施救罔效而逝世，享年六十歲。我得知噩耗，屢屢頓首痛哭不已，恨自己為何如此粗心大意，不曾強勸他去做健康檢查！又恨自己那麼無知，連個「腦悶」就是「高血壓」的常識都沒有，更恨蒼天如此殘酷不仁，讓我們爺兒倆多一些忘年摯友的快樂都不給！

　　我不能老是哭泣，必須負起料理老人家後事的責任。首先我組織一個包括全體自治會委員、王里長、韓老得意門生張維一先生、韓老早年同事趙作棟先生在內的治喪委員會。特別當我恭請張司長和趙副局長蒞會指導時，他們均甚驚訝，居然不知道他的恩師和長官身在寶島！他們都感謝我給予他們通知，也都惋惜聞此噩耗，當然也都按時出席了治喪委員會。會中，由我提議公推趙副局長為主任委員，張司長為副主任委員，趙副局長推我為總幹事，王里長為副總幹事。趙、張兩位先生各報告了韓老為官廉明清正的事蹟，王里長報告了韓老的逝世經過；我提議兩項善後計畫：其一，在與韓老閒聊中，得知他不贊成人往生後火化，故決為他買一塊墓地；其二，他留下來的數萬元現金，除治喪費用外尚有剩餘時悉捐自治會；兩戶公寓經變賣後（當時約五十萬元），擬在政大文、法兩學院設「韓士杰先生獎學基金會」，其每年孳息四到五萬元，可獎助四到五名優秀家貧學子。我的提議包括韓老前述那位胞弟在內，均無異議通過。關於尋找墓地的事，在翠園公司老闆范貽皋同學的協助下，順利的買下六張犁公墓靠路邊很容易尋找的一塊六坪大的墓園。關於設計獎學基金會的事，因韓老胞弟反悔而未能成功，頗感遺憾！

　　我有幸交上韓老這位忘年摯友，在道德薰陶和學識增長方面，獲益不可盡數；韓老交上我這個「小友」，除使他享受到一段快樂的餘年之外，也使他的大體和靈魂有一個較好的安息之地！至少在我有生之年，韓老的福地不會成為蔓草荒煙，因為我還時常去看他呢！

（本文原載「中原文獻」季刊三十七卷三期，民國九十四年七月一日）

同鄉忘年交戴清源先生

　　在「我的忘年之交 ── 韓士杰先生」一文中，說還有長我七歲的另一位忘年之交的朋友，他就是本文要敘述的戴清源先生。

一、初識戴先生

　　約在民國八十五年暑假的一天，小同鄉陳仙芝女士，邀我夫妻二人，同赴羅斯福路「自由之家」，參與「愛國同心會」的一個聚會活動，會議由馬鶴齡先生致詞，與會人士，每人獲贈一冊馬先生「中華一統世界大同」的巨著，並有華視主播李艷秋小姐領隊前來採訪。約十一點半會議結束，由仙芝女士攙扶著坐在貴賓席上的張岳軒老將軍，與我夫妻二人同坐我的車，共赴永和一家餐館。我把車開向收費停車場，四人步行到那家餐館，門口迎接我們的，是一位身材中等、面色紅潤、額頭高亮、雙目烱烱有神、西裝整齊的紳士，經仙芝介紹，他就是河南鄉長戴清源先生。

　　戴先生與張將軍及仙芝是舊識，和我夫妻還是初次見面，席間我們交換了名片，知我夫妻都是老師，對我們的態度格外熱絡親切，頻頻給我們夾菜敬酒，說自己年輕時，家鄉南詔，兵慌馬亂，難得安心讀書，學業荒廢，學識不深，

遇到有學問的老鄉，特別高興，今後要多和我見面交往，做個忘交的朋友云云。其後他和張老將軍，便杯觥交錯聲中，談起許多軍中往事，這些事因先父也是軍人的關係，我也還略知一二，偶而也能插上些話，仙芝與內人可就一竅不通，只好談她們女人的事了。

往後，戴先生常親自打電話給我，或和仙芝一起吃飯聊天，或邀以畫家劉將軍鄉長為首的河南同鄉聚餐，每次都是他簽賬，不用掏現金。這種方式請客吃飯，在我的朋友中，還是首見。這說明一、他是商界知名人士，經常宴請朋友，在幾家熟悉餐館宴客用餐，其時刷卡尚不流行，簽賬宴客倒是舊時習慣；二、他在商界信譽卓著，餐館按月到戴府收賬，絕對依簽給付，分毫不差。

河南是農業省份，商業相對落後，從戴先生的相貌上看，倒像個有威嚴的將軍，或是個有權勢的大官，怎麼也看不出是個商人。但事實上，他卻是商人，而且還是個很成功的商人呢！怎麼會如此？要從他過往的背景說起。

二、由小兵到經商

他說，抗戰中期，山西省政府主席閻錫山將軍，在中原各省招兵買馬，擬組織一支有思想的反共救國軍，與晉省勢力猖獗的共軍相對抗。他與家鄉好友應徵，前去太原，接受晉省幹訓班教育。據他說，閻家軍戰力固然堅強，組織工作尤其高明嚴密，他受訓年餘結業，派赴救國軍某單位工作，途中每一站，皆有秘密組織同志接待，一切食宿盤纏，皆有妥善安排，從一站到另一站的安全掩護，也都做得天衣無縫，

連向以善於此道的共產黨人，也都無奈他何！他以為，全國軍隊要是都有晉軍這樣組織嚴明的紀律，中國的歷史，必將改寫！證諸以後太原淪陷時，以梁敦厚將軍為首的「五百完人」的壯烈之犧牲，此言決非誇張！

後來華北的情勢，隨著傅佐儀的變節，而急轉直下，戴先生率領一個連渡過黃河，在洛陽以東，遭受共軍三面包圍，情勢十分危急，他問弟兄們說：「你們願意做共產黨的俘虜嗎？」弟兄們齊聲高喊：「不願意！」戴先生說：「弟兄們既不願意做俘虜，那麼就一切聽我的指揮，咱們現在各人都有步槍或手槍一隻，全連有輕重機槍五挺，我領頭往前跑，弟兄有機槍的分別向後面和左右警戒，發現敵人從那個方向來，所有步槍和手槍，不要亂射擊，等敵人來到五十碼的射程內，步手機槍一起發射！我們邊向前跑，邊向四面警戒，不用多久，就可達到安全地帶！各位弟兄，好不好？」大家齊聲高喊：「好！」

共軍了解，戴先生這個連是晉軍中的精銳，下決心要全部包圍俘虜過來，沒想到他們誓死不做俘虜，且有週全的逃生計劃。當共軍三面圍攏過來時，却遭到戴軍的密集掃射，以致傷亡累累而不克成功，徒令戴軍完整無缺的安全逃離。戴軍到達安全地區後，他作了最後一次訓話，說：「各位弟兄，憑我們這點力量，想反攻山西老家是不可能的，聽說我們的主席閻將軍，已隨最高領袖去了台灣，我個人是決心要追隨閻主席的了，各位願意跟我走的，我們化妝成老百姓，向南轉進；不願意跟我走的，也化妝成老百姓，各自回家去吧！我們所有的公款每人均分，所有武器除手槍由向南轉進弟兄秘密攜帶外，其餘武器一律銷毀。」其中願意跟隨戴先生的

十幾位弟兄，都輾轉到達江南，加入其他部隊到達台灣。這是民國三十八年，大陸淪陷時的一個小故事，可是在戴先生來說，可是他生命中驚天動地的一個大故事。在這個故事中，展現了他的智慧、勇敢、忠心和對同胞手足的愛心！當時他不過是個十八、九歲的小伙子，有這樣的智勇忠愛四大美德，也確實難能可貴。

　　他在山西閻軍幹訓班結業，分發到反共救國軍，實際上還沒有做到什麼官職，就遭到前述的情況而來到台灣。國軍在大陸剿共初期，是有四百多萬陸海空軍的部隊，來台者不過六十萬人。所以部隊大幅縮編自在意中，而幹部官階也按部隊縮編而比例降低，也屬自然。例如先父所服務的陸軍第四十軍，原有三十八、三十九及四十共三個師，徐蚌會戰後來台的，只賸下三十九師的部分幹部。先父在徐蚌會戰時原為中校軍需官，來到澎湖三十九師一一六團，却降為該團的上尉書記官，主管人事業務，而書記官處的一位叔叔，在大陸也是中校，但確降為中尉，他英文很好，還是我當時補習老師呢！

　　依此情況推算，戴先生來台初期，頂多是個士官，也可能只是個大兵，但到民國五十七年左右，他已升為上尉連長。他不是黃埔出身，年紀不過三十來歲，有這樣的成績，似乎不遜於黃埔出身者，這說明他在山西幹訓班，接受嚴格訓練的好處。但因為他在連長任內，對士兵管理，是用幹訓班超嚴的管教辦法，頗使許多菜鳥充員戰士無法消受。所謂：「充員戰士」，即國軍來台後，依兵役制度所招募的台籍新兵，這些菜鳥新兵，對軍人生活一無所知，在散漫的民間生活過慣了，自不能適應軍隊的嚴格管理，而對戴連長的超嚴管教，

頗有反彈。這士兵的反彈爲上級所知，遂對戴連長作適度的告誡。這種告誡在一般軍官來說，乃屬稀鬆平常，但對受過超嚴洗禮的戴連長來說，不免叫他心灰意冷，於是他決心不幹了，要求退伍。

退下來的戴先生，經長官介紹，進入成立不久的「行政院國軍退除役官兵輔導委員會」工作，輔導會主任委員趙聚玉先生，可謂識才知人的伯樂，遂叫戴先生這位千里馬，有充分的馳騁空間，即命他主辦福利社重任。該社原爲只對會內同仁及家屬營業，因戴先生發揮才能，辦得出色，遂擴大爲對一般官兵及家屬營業，最後竟擴大爲對一般社會大眾營業，這便是來「大賣場」的先驅！

業務擴展到如此龐大規模，戴先生的觸角，遂伸展到產業界、商業界與金融行庫界。在各界的交往互動中，都用他幹訓班那一套說一不二，一個口令一個動作的辦法及作風，在商界建立了「戴子號」鋼鐵不摧的信譽！

三、慨助老將軍

話說張岳軒老將軍，據他自己告知，民國二十五年十二月二十五日，先總統蔣公西安蒙難，所帶一個警衛排的排長就是他本人。據他說，他是軍校第六期畢業生，原在何應欽將軍麾下任排長，因他槍法奇準，堪稱彈無虛發，有百發百中的工夫。委員長知會何大將軍，要經洛陽再赴西安，意欲安撫在西北剿共的東北軍思鄉情緒，決定親赴西安，召集東北軍將校訓話打氣。何將軍即報請委員長，准由其麾下山東籍的忠勇而槍法極準的張琦（岳軒），帶領一個排，負責保護

領袖的警衛任務。二十五日夜，事變促起，張排長驟聞槍聲，警覺予以抵抗，個人及士兵犧牲事小，領袖安危事大，遂急令士兵在後誓死頂住，自己奔向委員長臥室，胡亂給領袖披件外衣，鞋襪不及穿妥，便抱持領袖越矮牆而過，牆外便是磋峨的岩山。時值隆冬，領袖凍懼，直打哆嗦，張排長覺得，再往別處走，目標顯著，非常危險，於是便躲在一個石洞裡……。

　　委員長有感張排長的忠勇，乃一生視為得力幹部。據他自敘，他在大陸時，曾為邱清泉將軍之裝甲兵團長，蔣緯國曾為其營長，兩人並結為拜把兄弟。張將軍來台後，曾升為兵團司令，據他二夫人麥女士說，因為先總統對岳軒將軍特別信任，所以先總統生前大部分時間，岳軒將軍都隨侍在側，一方面對蔣公多一層保護，另一方面也或許充任蔣公單線領導的特殊任務。嗣因蔣公逝世得早，岳軒將軍又與經國先生關係不佳，晉升上將無望，遂以中將官階退伍。所有一點積蓄，也應友人之邀，投資紡織生意，賠個精光。所得中將終身俸及房一戶，皆由元配夫人享用，自己及二夫人住居租金及生活費用，全靠緯國先生支援。緯國先生逝世後，岳軒將軍夫婦的生活及房租，皆由戴先生慷慨供應，每月初，戴大哥把一個月的食物用品，由我開車送往張府。

　　且說戴先生既在輔導會大賣場，建立了隆盛的商譽後數年光景，年齡已到六十歲出頭，自覺是退休的年齡了。退休下來，所得終身俸，並不足以養活妻子及二子一女，連同自己一家六口的生活開銷，而且身體還好，遂由相熟銀行協助，在永和市永和路一家銀行上百坪的地下室，開了一家中型規模的賣場。向相熟的廠商以幾近成本價格進貨，而以平價賣

出，生意興隆，門庭若市。我們相認後，我夫妻也常開車去購物，結賬時，戴大哥若在場，總是要送這送那，都爲我所婉拒。

　　兩年下來，戴大哥的生意賺了些錢，遂在賣場旁邊巷子，買下三樓三戶，各三十多坪的公寓，三戶打通，兩戶隔成幾個房間，供全家人居住。其餘一戶，作爲巨大的客廳，眾多同鄉朋友，吃過他請客的飯，再到他家喝茶分桌打麻將，也覺得寬敞寫意，沒有拘束之感。說起麻將來，倒十分有趣，蓋因當時戴大哥、劉將軍和我，都是上桌不久的菜鳥；仙芝女士和其他幾位男士，都是個中高手，但奇怪的是，我們三個菜鳥手風超好，八圈下來，把他們老手都贏光了，天也暗了，我們不好意思再吃主人晚飯，遂把贏來的錢，全部還給輸者，告辭散場，各自歡喜回家。

四、對我特加友愛

　　我爲人誠懇敦厚，識者皆知。戴大哥對我這種爲人處世態度，是他對我友愛的基本因素。此外，不知怎的？我在河南老家只生活十三個年頭，但家鄉什麼土話，都記得一清二楚，在戴大哥面前，不經意的便冒出一句他幾十年沒聽過的土話，真把他樂得人仰馬翻，恍如讓他回了老家！大約是仙芝女士同我掰過輩份，知道我身份證上出生在四月某日，戴大哥問她，她據實以告，後來每年這一天，戴大哥必然親自打電話給我，要我出來，由仙芝作陪，給我過生日，在餐館吃飯，以飲料代酒，切小蛋糕祝賀並賜送禮物。可以說，天下對我最體貼的男性就是戴大哥，連我的父親都有所不及！

走筆至此，我又禁不住泣不成聲！

有一次，仙芝和我送戴大哥回家，過永福橋下到中正路，戴大哥說：「永和這地方真奇怪，永福橋對的不是永福路，中正橋對的不是中正路……」，我不知那兒來的靈感，出口便說：「戴大哥，這不就是『橋歸橋、路歸路』嗎？」這不經意的話，直叫戴大哥欣賞的拍手叫好。

戴大哥有兩兒一女，嫂夫人是賢慧的閩南人，老大是男生，早已成家，我認識大哥時，孫子已經四、五歲，祖孫玩在一起，好生快樂！媳婦是很懂禮的知識份子，似乎有自己的上班工作，老大身材高大結實，人很敦厚。大哥顯然計劃培植他，繼承他的事業，因為大哥邀大家聚會時，都叫這孩子參加，向大家介紹敬酒。我們交往頭幾年，美麗可愛的女兒尚未出嫁，後來女兒出嫁時，我們都有幸喝她的喜酒，非常榮幸。至於他的次子呢，我只見過一次，是否已經成家，並不清楚，這話容後再說。

戴大哥企圖心很強，很不以擁有一家賣場為滿足。他在我車上曾對仙芝女士和我說，他準備在新竹以北，尋覓百坪以上的房屋五到十處，其中兩三處已有眉目，準備經營「賣場托拉斯」式的企業。他說，他開設賣場一個本錢都不用花，銀行對他有百分之百的支持和擔保！我和仙芝女士對他的話，都不大理解，但也不敢說不信，因為我們都是外行。

記得民國八十八年春節前，大哥問我手頭有百萬以上存款沒有？如果有，馬上提給他，他會拿來趁春節熱賣時間進貨，春節後最多三個月，他會連本帶優厚利息歸還。我原本在合作金庫存有一百五十萬，不過在前幾個月前，用這筆存款在深坑買了房子，現在戶頭裡存款不足二十萬元，對大哥

可能不濟事。回來仔細想想，怎麼能幫大哥這個忙，想了很久，終於想到實中同學周群大律師，周大律師是名氣很大的律師，區區幾百萬在他來說，不是大數目。第二天上午我便去博愛路周大律師事務所，和交情還不錯的群哥面談，把戴大哥的行事風格和過往經歷，作了簡報，然後問他可否幫這個忙？群哥說，他有三百萬，不過是定存在銀行裡。我馬上打電話給大哥，他接話後約半小時便乘計程車來了，互相握手寒暄後坐下來，對群哥說，定存沒關係，他把本票三百萬押在銀行，除每月向銀行補足定存差額外，所借的三百萬，三個月歸還，只拿二百九十六萬，四萬元算是利息。群哥同意了，要我作保。所定借貸合約書十分嚴格，我算一算，如果三個月不還，我大約要賠上三百五十萬！可是我不害怕，因為我信得過大哥，到了四月初，三個月到了，我既沒問群哥，更沒問大哥，十成是還了。如果沒還，群哥豈有不找我之理？親兄弟明算賬嘛。這是我平生唯一的一次為人作保，算是無生無息的圓滿落幕。

五、涕泗送故人

當我認識戴大哥的時候，他就有心臟病的問題，不過裝有二根支架，平時按時吃藥，定時到醫院檢查，工作應酬，都無大礙。八十八年以後，跑醫院的次數，逐漸增多，但還沒有住院的情形。到八十九年下半年，可就偶而住院一兩天，藉機休息一下，不等我們去看他，就出院了。我們也沒有覺察到嚴重性，到七月學校剛放暑假，同時我也屆齡退了休，下學期也只賸下大學部的兩班課，不需特別準備新教材了，

心情比較清鬆，計劃在暑假由內人及仙芝女士陪同，由我開車，載大哥到風景區輕鬆一下，可是聽仙芝說，他又住進淡水中信醫院了。我打電話，先加慰問，並說馬上會去看他，他說，和往常一樣，只是藉機休息而已，叫我千萬別老遠跑去，他明天就出院回家。我信以為真，隔了一天，我一大早起來，開車到他府上，準備請他出來吃青年公園那家揚州早餐，上到三樓，赫然見他門上用紅紙貼的「制」字，我心便噗嗵噗嗵的跳著敲了門，開門的長媳，她沒等我開口，便說：「我爸爸昨晚在醫院走了……。」我哇的一聲便嚎啕大哭起來！媳婦把我扶進客廳，嫂夫人也出來，她們都滋滋的勸我，可是我就是止不住大哭，她們給我濕毛巾，端來茶，扶我坐在沙發上，又哭了一會兒，方才勉強止住。問她大哥走的情形，她們說，大哥是心臟衰竭，走的很安祥，沒有受罪，我才稍加安慰。我請媳婦傳之老大，叫他分別打電話給劉將軍和其他常聚會的長輩，我與張老將軍和仙芝女士較熟，兩位由我通知。次日上午，我們一群，便齊集戴府客廳，商議治喪事宜。大家共推劉將軍為治喪會主任委員，陳修武教授為事略執筆人，劉將軍又指定我為總幹事。追悼地點由老大選定關係較熟的板橋殯儀館，追悼日期由老大與館方議定後，由我負責印製訃聞，並按老大提供親友名單，由我在戴府花一整天，用毛筆書寫訃聞。

我邊哭邊寫，有的本已寫好，但為淚水浸濕，必須重寫。這時，我才第一次見到大哥的二公子，他沒有老大的壯碩和個子，但卻比較俊秀，他從裏面出來接電話，只給我點頭打了個招呼，便坐在沙發上吸菸。不一會兒，來了位年輕小姐，兩人使用閩南語有說有笑的攀談起來，好像家裡沒有發生什

麼事一樣，當然更不在意我這哭著寫訃聞的人了。中午，嫂夫人請我用餐，我那吃得下？埋頭把訃聞寫完，便告辭回來了，那兩位年輕男女，什麼時候離開的，我竟沒注意。

　　板橋追悼完了，仙芝女士和我，隨靈車到大溪一座山明水秀的廟宇，在這裡舉行簡單家祭和公祭以後，舉行火化，骨灰就安放在這座廟宇的靈骨塔裡。

　　十年了，戴大哥不曾來到我的夢裡，但他的音容笑貌，却不曾離開過我的心中。

（一百年二月）

親愛精誠的故事

　　我在政大讀書和教書總計四十年，深深體會到，學校與老師之間，學校與學生之間，老師與學生之間，教師與職員之間，以及同學相互之間，都充滿著互尊互敬、精誠合作，彼此關愛的風氣，就我個人在大學部四年期間，所經歷過的一些事，說明我們政大人在實踐「親愛精誠」校訓方面的誠篤和努力。

　　民國四十五年的大專聯考，我有幸被錄取培養邊疆大吏的政大邊政系。十月初，我扛著書本行李到學校報到。當時父親只是個少校文職軍官，待遇微薄，加以二弟剛剛出世，根本無力籌措我的就學費用，身上所帶的三百五十元新台幣，還是媽媽向彰化婦聯會申請到的獎學金，估計可以勉強應付一個學期的飯錢。我們是山東流亡學校--員林實驗中學畢業的，我們事先所得的資訊是：我們實中同學到公立大專院校就讀，都是一律免繳學雜費的，可是到註冊時，始知實中畢業的，隻身在台的學雜費全免，而有家的則學雜費照繳。我問收費先生，一共是多少？他說一共是新台幣四百元。我一聽這個數字，簡直如五雷轟頂不知所措。我在河南老家是個農村的放牛孩子，來到台灣，又在保守封閉的流亡學校整整呆了六年，心拙口笨，應變能力奇差，遇到這麼大的困難，很自然的就哭了，收費先生說：「孩子別哭，你可去見訓導長，

他會給你想辦法的。」於是我又哭著見了訓導長吳兆棠老師，吳老師也安慰了我，並在我的繳費單上批了「緩繳」二字。大二以後，我們實中畢業的，無論隻身或有家，一律享有學雜費全免優待，而大一「緩繳」的部份，政大母校也從來沒有要過。

照顧窮學生，無微不至

我們那時大學生的制服是黃色卡幾布的西裝，穿上這套制服走在街上，可以吸引無數人的目光，贏得無數的羨慕，因為那時大專聯考的錄取率只有 25%，也就是十個高中畢業生，只有兩個半夠資格穿這套制服。我雖然夠資格穿，但是我穿不起，因為訂做這套制服少說也得幾百元，非我能力所及，因此關於這套制服是個人依據規定式樣自行訂製的，由學校統一訂製的或個人自製，其價格到底若干，我到現在也記不清楚。我在學校的衣著，一律是父親未曾改過的草綠色舊軍裝，父親是個八十來公斤的大胖子，我則是個五十來公斤的大瘦子，他的軍裝穿在我身上，會是個什麼德性，你就可想而知了。好在同班的朱明正同學，送我一件他穿過的卡幾西裝外套，穿在身上，使我體面了許多，正明兄和我同年，但他來政大之前曾做過小學老師，做人成熟圓潤，學業根底紮實，反應敏捷，思慮縝密，到如今還是我心目中的偶像！

大二時，我受僱於木柵教育部檔案室，抄謄檔案賺了點錢，除買書籍外，並花了三百五十元，向一位香港僑生買了一件藍色尼絨西裝外套，因為這件衣服在那時穿起來過於騷包，所以收起來的時候比穿起來的時候多。到了大三，進當

舖的時候又比收起來的時候多。因為在現在木柵路三段八十五巷即木柵電信局附近有一家當舖，我一缺錢花用時，這件衣服便送進了當舖，每次當新台幣三十元，一共進出有三、四次之多。大三深秋時分，我把它從當舖贖回來準備過冬，到飯廳（今中正圖書館舊址）吃飯時，搭在宿舍（今游泳池）椅背上，被外來小偷摸走。

可惡的小偷，不只偷走了我的衣服，也等於偷走了我吃飯的傢伙。打工刻鋼板掙錢糊口，勉強可以，但是緩不濟急，常救我急難的是學校黨部（化名訓導處資料室）。負責人羅渭賢及助理朱志堅兩位老師，他們是古道熱腸樂於幫助窮學生的大善人。他們遇到濟助請求時，向來和顏悅色，表露著溫和同情和勉勵有加的態度。向他們所借的現金，他們向來不叫我們現金歸還，而是要我們「以工代賑」的方式抵償，例如抄寫文件，或國家慶典日子作校園安全巡查等等，同時黨部也設有專門濟助窮學生的「貧寒獎學金」，我幾乎是內定的獲獎人。

我生病了，羅渭賢老師怕我受醫務室那位「晚娘護士」的虐待，領我到景文中學對面部隊醫務室去看病；過年了，我沒有錢買車票回台南眷村的家過年，又向羅老師求助，他說我給你想辦法。第二天我再去見他時，他從口袋裡掏出幾塊錢給我說：「明天你到台北火車站，買張月台票進去，坐八點四十分開往高雄的班車第四車第四排左手靠窗的位置，驗票先生不驗你的票，到台南並會把你送出收票口……」。我感激羅老師的愛心，更佩服他解決問題的積極和本事。

我服務的政大東亞研究所，自民國五十七年開辦不在校內，先在金華街公企中心，後同合作的國際關係研究所，同

時遷到木柵萬壽路六十四號。我們的所主任吳俊才教授,是領導一兩百研究人員,邁向國際學術研究的大忙人。在東亞所方面,他每天早晨,只花十來分鐘,在政策方面作幾項指示(通常是如此,遇到特殊事故則另當別論),其餘則全由我來執行;教務、總務、訓導、公共關係……,我必須一手包辦,其責任之重大、工作之忙碌可知,所以政大校內之事,我很少知道,羅老師及師母生病期間,我竟沒有盡過一點守護進藥的孝心,直到收到二老的訃告,只有先後為二老送行的悲悽。二老走了,我愧疚之餘,總感對二老的獨生女順時師妹,有責無旁貸的照顧責任。大約八十二、三年,師妹從世新專校畢業了,我幾經周折,最後在母校公企中心給她安排了一個工作機會。後來她結婚成家,前幾年我在柏愛國同學家看到他們夫婦,同在一家保險公司工作,生活很是美滿。

朱志堅老師養生有道,目前身體非常健康。因為他用功自修,國文程度很高,後來他在校長室做秘書,當年我們東亞所對外的行文,都先經朱老師的審閱,呈校長批示發出。前不久,我曾接到他的一通電話,說他昨天曾在木柵新民診所看到我的背影,問說是不是我,那裡不舒服;我好意外,也好興奮!我們在電話中談了好一陣,又在不久退休教職員工聚會上晤談好久,以慰彼此關懷之情。願他老人家永遠健康快樂!

窮得有骨氣,更有義氣

同班葉勁寒兄,安徽人。身材挺拔,臉型俊秀,是個不折不扣的美男子。他隻身來台,似乎也是軍中退伍的。我倆

私交很好，在學校常在英文和維吾爾文方面彼此切磋。他經濟生活也比我強不了許多，有一段時間他替「公論報」騎單車送報，賺些微工資過活！有一天我向他週轉點錢，繳幾天的伙食費，他說：「好，過一會兒我拿給你。」不久，他拿給我二十元。事後我才知道，原來他也身無分文，這二十元還是向別人借來給我的！勁寒兄的俠義之風，不僅當時感動得我涕泗橫流。寫到這裡，我又禁不住老淚縱橫，他已自台南市政府退休，兒孫滿堂，在台南市過著含貽弄孫的快樂生活，願他闔家福報綿長！

　　我好像是在說窮的故事，事實上在我們那個時代，學校窮同學很多，剛好那時政大有一位比我們更窮的老師，他除師母外，共有九名子女，一家十一口，就靠他每月不足千元的講師薪俸過活，你說他苦不苦？可是他笑口常開，每天看到他一身寬大不合身的襤褸衣服，腳穿一雙不合腳的破鞋子，一雙破襪子空前絕後。推一輛破單車什麼地方都響就是鈴不響，後面總是跟著一群包括我在內衣著和他差不多的窮學生，我們很自然的形成一個丐幫，他--齊覺生老師便是我們的丐幫領袖。

　　對生活窮苦的孩子來說，如果得不到精神上的慰藉，很容易產生自卑心理。自卑而善良者則缺乏自信而庸碌一生；自卑而性惡者則可能挺而走險為害人群！說到這裡，我就不能不代表那時我們丐幫成員，向我們故去多年的齊覺生老師，致最深的懷念和感謝之忱！因為他不斷安慰我們，鼓勵我們，使我們免於沉淪！

　　齊老師是東北人，抗戰時在家鄉做過九死一生的地下工作；內戰時又幾經顛沛流離，拖家帶眷來到台灣，在彰化商

職教書。師母本是小學教師，因孩子多必須辭職親自照料，因而物質生活益加困苦。民國四十二年，母校政大研究所首度招生，齊老師來木柵報考政研所，試畢欲乘火車回彰化，卻累倒在台北新公園，由警察幫忙送回家。在政研所讀書期間，暑假向不回家，把教育部補助的每月四百元津貼，省下來貼補家用。兩年政研所畢業，留母校任講師。我們大一下學期，訓導處舉辦各班壁報比賽，我們邊政系人才濟濟，由朱明正任主要撰稿人，徐矗明任美術設計，我任書寫人。結果，我們以第三名獲獎。齊老師是當時學校聘請的評審委員之一，他特別欣賞我寫的字，為此他召見了我，對我獎勉有加。就這樣，我雖沒有上過他的課，卻結了解不開的師生緣。大四時還替他謄抄一本即將出版的聯考歷史參考書，並校對出一些手誤，頗獲他的嘉許……。他和師母大約在民國六十幾年不幸先後走了，我隨靈車送他到中和基督教墓園，九名子女中，除大女兒生病長年住院外，餘皆獲博碩士，事業有成。

師母的愛心，倍感溫馨

畢業典禮時，我們維吾爾文組的同學，朱明正和我雖然有家在台，但環境都不好；葉勁寒和劉義棠都是隻身在台（義棠兄是反共義士，已過世），所以家長沒有人來參加的，和別的同學比起來，家長率兄弟姐妹、親朋好友觀禮吃飯照相，比起來，我們太可憐了。那想到，我們優美大方的阿不都拉師母，卻翩翩的從天而降，不僅參加了我們的畢業典禮，還每人贈送一本照相簿，使我們倍感溫暖，也比別人更覺光榮！

阿不都拉老師是新疆維吾爾人，新疆外語學院畢業，有歐美人的白皙皮膚，也有歐美人的高大英挺身材，更有歐美式的幽默說話方式。民國四十六年他教我們維吾爾文的時候，只不過三十四、五歲，是老立法院中最年輕的立法委員。中文、英文、俄文、土耳其文、阿拉伯文，樣樣精通，並具備一手新疆美食的烹飪技藝，新疆抓飯之美味，想起來便令人垂涎三尺。教我們三年維文，把我們既當學生又當朋友。阿師母是我們河南信陽人，山東齊魯大學畢業，國學根底深厚，常在報章雜誌發表文章，和阿老師一樣待我們慈愛親切，所以在沒人告知的情況下，她居然能跑來參加我們的畢業典禮，她的慈愛親切，令人永難忘懷！目前阿老師和師母，雖然都年過八旬，但都很健康，望他們萬年長青！

念師恩浩蕩，無以回報

我自陸戰隊預官退伍後，想在中學任教的事極不順利，無計可施的情況下，隨意回到母校轉悠一下。當然首先拜見的便是我們丐幫領袖齊覺生老師。見到他說明找工作困難情況，他便說：「唉！你早該來見我，台東女中校長是我的好朋友，明後天他來台北開會，我一句話，你捲舖蓋去就好啦！」「不過嘛！」他摸摸後腦杓說：「台東距台北太遠，對你未來的進修發展不好，這樣吧！學校決定成立社會科學資料中心，籌備主任是你們河南老鄉趙來龍先生，將來他會擔任該中心主任，你不妨去看看他，也許他那裡有工作機會。我給他打個電話，你就去吧！他就住在前面××號……。」我向齊老師鞠躬道謝。馬上去拜望趙老師，剛到他家門口，就見到

趙老師和師母正要出門去木柵天主堂望彌撒。一見到我便驚奇的說：「咦！張煥卿您怎麼來啦！服完兵役沒有？有工作嗎？」我拘謹而恭敬的回答說：「剛退伍，還沒有找到工作……」。還未待我提出請求，他便主動的說：「我正負責籌備社會科學資料中心，如果沒有意外的話，校長會聘我為中心主任，籌備工作也正需要人幫忙，我明天就把你簽給校長。……你住那裡？校長一批准，我就通知你來上班，不過是組員缺，待遇不高。」我說：「謝謝老師，有工作就好了！」那時我口袋裡已經沒錢吃飯，準備躺在暑假男生宿舍餓幾天，以待校長的任職令。餓到第三天，我信步走到果夫樓下，那時正是上午九時許，正巧碰到校長劉公季洪來上班。我上前鞠了個躬並自我介紹。他一臉笑容的說：「你就是張煥卿呀！你是河南人，我知道，我對河南人的印象特別好，我三十來歲就在河南大學當校長！河南人吃苦忠厚，我很瞭解。你的案子我上樓就去批，好好幹！」就這樣，八月一日（民國五十年），我在社會科學資料中心上班了，我的職務是採錄組的組員，負責蒐集與採購事宜，趙主任並命我兼中心的秘書工作。兩項工作我都做得很好。趙主任待我如子！他常鼓勵我讀書進修。次年暑假，我不負他的期望，考取母校政研所，放榜了！他高興得不得了。他問我說：「煥卿，你研究所畢業想幹什麼？」我答說：「想教書」。他說：「那好！」民國五十四年春，研究所畢業了，他不待我請求，便以講師兼採錄組主任把我簽給了校長劉季公。校長因有不得已的人事安排，沒有批准我的人事任命案。後經政研所主任鄒文海老師的推薦，赴鳳山陸軍官校任教。兩年後，校長劉季公特請趙老師轉告我回母校任教，我由時任教務長朱建民老師的介

紹,順利的進入東亞研究所服務。所主任吳俊才教授,又是另外一位長官兼恩師。吳老師也是早年母校新聞系畢業的……。我與吳老師之間的故事太長,只有另文敘述了。

政大的傳統,親愛精誠

前面我所說的關係,我與母校的故事,涉及到學生、職員、老師與校長之間的互動關係,在這些互動中,充滿著愛與關懷,這愛與關懷的本質,便是我們的校訓「親愛精誠」。民國六十七年,我在美國德立瓦(Delaware)大學進修。有一天下午,忽然接到母校圖書館長趙來龍老師的一通自紐約打來的電話,說後天將偕師母及子媳全家來看我。我興奮得晚上難以入眠,便從行李裡翻出一本傅培梅的食譜,仔細琢磨研究。第三天,趙老師全家來了,我下廚做了六菜一湯,老師全家邊吃邊誇,那可是我在美兩年最快樂的一天。飯後,我帶他們參觀了我們德大的校園,並含著眼淚和他們一一擁別。事後,德大的華人留學生,包括台灣、香港的,他們都是學理工的,學社會科學的我是唯一,來自政大的。他們不是港大的,便是台大、成大的,也有東海的,他們知道趙老師全家來看我的事,大家都很驚訝的說:「怎麼會有這麼好的師生部屬關係!」我對他們說,我們政大的傳統都是這樣,那就是「親愛精誠」。

(原載「指南山下好時光」,國立政治大學二十屆同學畢業五十年紀念集,民國九十九年五月二十日出版,260-267頁)

由摯友變恩師的張以淳教授

　　大家或許還記得，經國先生治國時代，每年夏天由政府舉辦「國建會」，邀請一批海外學者回國，對國家各項建設提出建言，擇其有建設性而可行者，作為施政參考。美國受邀學者中，身高英挺、面紅髮白、操一口北京片子，經常受記者探訪的那一位，便是本文的主角張以淳教授。

　　民國五十九年秋，我們政大東亞所，來了第一位海外客座教授，他便是張以淳博士（Dr. Y. C. Chang）。大約他得知我是個北方人，上課前後，很少去教室隔壁的教授休息室，多半繞到後排我的辦公室，找我聊天。在我們的閒聊中，得知他尊翁伯瑾公，是胡適之先生康迺爾大學的同屆同學，並獲政治科博士學位，二人並為莫逆之交。後來伯瑾公在仕途發展，抗戰中期即累遷至教育部次長。民國三十八年，華北戰區剿共失利，瑾公與適之先生兩家，由政府派專機由北平接運來台。長男以淳來台後，旋入台大政治系就讀，未畢業即負笈美國留學，入西北大學政治系深造。其間，瑾公只為一國大代表，五個子女同時在學，負擔之沉重，可想而知。是故長子以淳在美求學，必須在餐館端碟子打工為生。他說，打工雖苦，也有趣味的一面，因為他人高馬大，機伶隨和，很快便當上了 waiter 的頭頭。其時越戰尚未發生，美國經濟

旺盛，消費力強，華夷餐館，門庭若市。同時美國食客風俗上都給一成小費，這小費皆由頭頭來收，一天下來，褲袋裡裝滿了「馬克馬克」，下班時，小嘍嘍們各拿小份兒，大份歸頭頭所有，不在話下。所以日子過得還滿闊綽呢！他說，更有趣的是，一些漂亮開放的大學女生，慣於在寒暑假作自助式的旅行，在餐館飽食之後，不到櫃台會帳，找一個看對眼的 boy 悄悄的說：「我在外面等你下班！」然後擠眉弄眼的走了。該 boy 會意，下班就跟她瘋去了。這妞兒不僅吃飯不花錢，說不定住宿費也省啦！我問說：「張教授，你享受過這種豔福嗎？」他則笑而不答。就這樣，五年後，他拿到這個名牌大學的博士學位。

後來，他的尊翁瑾公受命擔任駐日公使，協助大使張勵生先生處理對日外交，前後共達十八年。蓋因瑾公赴美留學之前，曾在日本留學數年，對日語及日本事務，均頗嫻熟故也。經濟有了好轉，其他三男一女相繼送往美國，學業事業各有成就，不在話下。

瑾公卸任駐日公使，雖已年近古稀，惟仍以外交界大老之身份，被推選為亞洲各國駐華使節聯合會秘書長之職。其時，我國尚為聯合國安全理事會之常任理事國，亞洲各國皆我鄰邦，折衝撙俎尤為密切。秘書長一職，並非備位，在正非正式的外交場合，每可發揮相當大的潤滑作用。公餘之暇，更作中國古典京劇之欣賞與研究，且曾先後撰成「國劇大全」及「國劇臉譜大觀」各一套，由國立復興劇校精印出版。此外，瑾公亦精於金石、書畫及藝術品之鑑賞與收藏，為此，晚年尚積蓄了相當的財富。

瑾公早年獻身教育，故與政大校長劉公季洪相善，季公

得知瑾公之長子以淳，獲美國名校博士學位，且多年來鑽研大陸問題迭有成就，乃推薦於我東亞所主任吳俊才先生，吳主任遂敦聘以淳博士來所任客座教授一年。

以淳在所客座期間，極受東亞研究所及國際關係研究所同仁師生所歡迎的。因他帥氣蕭洒，西裝革履，口刁烟斗，逢人便打招呼問好，一派洋人 gentlemanlike 的風範；二因他在北京長大，說中文則一口京片子，動聽又悅耳，說英文則緩慢而清晰，沒有老美那種混沌不清的連音，學生接受度特高；三是他英文程度超好，他在所教課，對同學們的英文進步幫助很大，例如相關著名英文書籍之介紹，同學英文作品之修正、出國進修之推薦、英文信函之斧正等等，無不竭盡心力，期達善美之境，同學們固然感恩戴德，即東亞、國研兩所同仁，遇到上述事情，也都同蒙其惠，敬謝不已呢！

大約民國六十四、五年間，繼李元簇博士之後，任政大校長的陳治世博士，在美深造期間，即同以淳教授建立私誼，故又敦聘以淳教授來所客座一年。這回以淳教授除擔任中共問題專業科目之外，並自告奮勇，加開一門「英文專書研究」的課程，以增加同學們的英文程度、開闊同學們外國問題研究的視野。其間，凡到我辦公室洽公閒聊的同學們，對以淳教授無不交口讚譽。

這次他來所客座，和往常一樣，上下課前後，總找我聊天，尤其下課沒有他事可做時，我們談天說地，東拉西扯，無話不談，一累方休，中間烟絲抽完，我的紙菸也可將就。他長我兩歲，都姓張，都是北方人，也都是學政治的。我雖沒有他的洋學位，但我出身政大政研所，是政治學泰斗鄒文

海、薩孟武，和公行學泰斗張金鑑、王雲五等四大名師的入室弟子，談政治科學理論，傳統的我不辭窮，談新的系統分析（systematic analysis）理論，他還嫌讓我一籌，因為他曾批評這種理論故弄玄虛云云，而我却採用這種課本教學生幾年了。談國內政治現實，他更是顯得隔膜，經我條分縷析，他才知其來龍去脈。就這樣，兩個同質性很高的學人，很自然的成為莫逆之交。

有一次，他的尊翁瑾公，在天母自宅宴客，以淳教授邀我去參加，這是我首次拜見老先生的面，他老人家個頭雖沒有以淳教授高，但較以淳教授似多幾分俊雅的氣質，這與他喜愛國劇和懂得藝術有關。席中，除我們的校長陳治世博士之外，其餘五、六人都是外交界的耆宿。陳校長和以淳教授，分別在國內外教授國際關係理論；主人翁和其他幾位客人，都有豐富的外交實務經驗，我這個當時完全外行的小毛頭，坐在那兒相當不自在。主人看我坐在那兒尷尬，乃把我介紹說：「這位是政大東亞研究所的張副教授，別看他年輕，他可是東亞研究所的一石之柱哦！」然後說了何以我是東亞所「一石之柱」的原因。我藉機向主人翁和大家敬酒，並特向瑾公道謝。

瑾公對我的誇獎，是以淳教授對他說的，連在座的陳校長也不明就裏，可是已卸任校長並高陞為教育部長的李元簇博士最為清楚。元簇公目前健在，他轟轟烈烈鞠躬盡瘁一生，在軍、政、公、教四界擔任首長，向以嚴格聞名，可是他老人家對我的誇讚，一如前述的瑾公。因為他繼劉季公接任校長之時（民國六十三年），我們東亞所的創辦人吳公俊才先生，早已榮升國民黨文化工作會主任，所的新任主任的長短

我就不必說了。總而言之，李校長隔著一層，直接指揮著我，讓東亞所除「東亞季刊」受影響之外，別的方面均能照常運作。我不是所長，李校長自然不能發我所長薪水，可是當別人沒有每週八節課，絕不能提出升等教授論文的情況下，他却准我提出了，這是民國六十五年十一月的事。不久他便榮升教育部長。

　　且說以淳教授既與我私交甚篤，故對我的學業頗為關切。記得他曾多次鼓勵我出國進修，他說：「你雖出身於名校的名研究所，目前也是資深的副教授，但是作為一個大學教師，出國進修一段時間，多讀些外文著作，學習一些新的教學方法，增加一些寬廣的學術視野，吸收一些新的生活經驗，對學生、對自己的工作，都是有好處的……。」我因為既沒有自費出國留學的經濟能力，申請國內外獎學金，對我學政治的人來說，簡直是「不可能的任務」，所以當以淳教授說這話的時候，我只是點頭稱是，沒有多作回應。何況，東亞所的種種，也使我不忍心撒手不管。可是，當我的善心，却意外的變成別人的「惡意」或「障礙」時，我才嚴肅的考慮到以淳教授的話。

　　於是我向國研所首席副主任，也是東亞所兼任教授的郭華倫老師央求，請求他推薦我到美國亞里桑那大學政治系（Department of Political Science, Arizona University）進修，因為郭老師在幾次「中美中國大陸問題研討會」中，與該系系主任西蒙博士（Dr.Sheldom W. Simon）建立了很好的私誼。郭老師很高興的幫助我申請，並且估計西蒙系主任會給我助教獎學金（Assistantship 即替系裡工作而得報酬）。在那

年春節之前，一切申請文案具已齊備，準備年後上班立刻寄出。萬萬沒有想到，就在大年初四早晨六點鐘，我家的電話鈴聲大鳴，我爬起接聽，說話的正是我唯一的海外知己─以淳教授！他急促的說：「煥卿兄，請你立刻辦理來美出國手續，我在系裡給你爭取到一名全額獎學金（Fellowship）了！學校已開學兩星期，遲了功課趕不上，對獎學金也不利，趕快來！」未等我說謝謝，電話就已掛斷！

　　我依照以淳教授的吩咐，立刻辦理赴美手續。俗話說：「得道者多助」，我沒有出過國，赴美簽證是在國研所合交組長甘居正先生的幫助下辦成的；上級安全單位要對我做幾天的安全調查，可是政大的安全室主任羅大任先生，卻拍著胸脯說：「張先生的安全我負責，請趕快放他出國！」所以我未在方面耽誤時間；教育部文化局要我接受十天到兩週的留學訓練，部長李元簇博士知道了，特准免訓出國；到外交部辦護照，恰遇我的學生呂郁女小姐（現任銘傳大學教授）在此上班，她請我坐在會客室並倒杯茶給我，一切由她幫我辦理，不到半天護照就辦妥了。前後五天時間，一切出國手續辦妥，便到松山機場搭機赴美。到了機場，赫然發現大隊人馬送行，除家人外，東亞所碩士班的，我教的新聞系的，東亞所碩士班和研究班的，國研東亞兩所同仁等等，浩浩蕩蕩不下百人，真叫我受寵若驚！尤其東亞研究班的學員們，他們都是各特殊單位推薦來所隨班進修學分的，年齡都同我不相上下，文職的由科長到處長都有，軍職的從少校到中將俱全。他們在所期間，我最喜歡他們，因為他們既用功又尊師重道，而他們也喜歡我，因為我對他們的服務週到。我不教他們的課，

他們却都稱我爲老師。他們結業好幾年了，但聽說我要出國了，幾十個人竟然全部到齊，真令我感動萬分。握手的、擁抱的、套彩圈的、祝福一路平安的、吶喚學成快些兒回國的，真是我今生最光輝的場面！我是怎樣入關的，竟茫然無所知，因爲有這些做官的兄弟們簇擁著進去，什麼護照查驗、安全搜身、行李托運，全都免啦！

　　到美國，所見到的第一個人，不是以淳教授，而是他的二弟以涵博士。因爲以淳教授的學校，叫做德立華（國內人多稱德拉瓦）大學（University of Delaware），在美國東部，而以涵博士是學藥學的，在 U.C.L.A 教書，家在洛杉磯，我到此在他府上住了一晚，次晨即搭機轉赴東部，來回機場均承以涵博士接送，在此謹表感謝！我在費城機場下機，以淳教授已在此等候多時。四十餘分鐘的車程，以淳教授說了幾件事：一、因他家並不寬敞，三房一廳，夫妻倆住一間，兩個上初中和小學的女兒各住一間，在我未租到合適的住所前，叫他兩個女兒暫擠在一間，另一間給我暫住；二、我的獎學金是全額的（fellowship），也就是不必給系裡做任何工作，專心唸書，以一年（即兩學期限）修得碩士學位爲條件；三、政治系只有他一個中國教授，所以爲一切方便，系裡就派他做我指導老師（Advisor），一切生活、功課均由他來照顧與安排，任何問題、困難，叫我都要找他解決，絕對不要客氣。我從此刻起，便稱他「張老師」了。

　　我問他：「老師！您怎麼有那麼大的本事？當年美國經濟旺盛時，您還是端碟子打工完成學業呢，聽說現在申請個助獎學金都難如登天，您居然給我弄到全額獎學金，真是我夢

想不到的呀！」也趁機把我央求郭華倫老師助我申請亞里桑那大學的事說了一遍。他說：「煥卿兄，咱們是好朋友，不瞞你說，我每學期都在注意系裡的機會，只是機會太少了，夏季申請人太多，連自費機會都難得；冬季自費機會稍多一點兒，獎學金也是千載難逢！算你運氣好，今年冬季有一個申請到獎學金的忽然不來，我得知消息馬上給你胡亂填了申請表遞到系裡，系同仁見你是台灣名牌大學的副教授，就無異意的准了。」我說：「老師，說來說去，還是您的恩德無量！你不時時關心我，再多的機會也沒有我的份兒，不是嗎？」他說：「說的也是！我見你在東亞所那麼賣力，吳主任對你好，是如此；現在那傢伙對你那麼不好，你也是如此，你是這麼好的人，我不幫你幫誰呢？」「不過，系裡也只有碩士班有這個缺，委屈你了！」我說：「老師，我只要有書讀就好，學位對我並不重要，因為我和老師一樣，既不想到政府做官，也不想在學校當什麼『長』。只要把書教好就好了。」說著，就到老師家了。老師的家是一棟獨門獨院的 House 型住宅，沒有圍牆圍籬，屋前有車位空地，屋後有十幾坪大的茉園，樓上有臥室三間，樓下有五、六坪的客廳，有三坪大的廚房，有兩坪大的洗手間。附近沿路的一排住宅都是一個式樣。老師說，這樣的住宅是中下階級住的，要是放在台北市，必屬上流階級的豪宅！我說：「下層級住什麼呢？」他說白人及華人的下層階級，住較大而整齊的公寓，黑人及中南美、墨西哥人，住較小破爛缺門少窗的公寓，甚至像車箱（trailer）也有人住。我說：「您的書房呢？」他說：「在屋內地下室。」進了屋裡，師母熱情的握手說：Welcome, Mr. Chang！兩位師妹擁抱著我說：We Welcome Uncle Chang！張在美國不發

ㄓㄤ的音，而發ㄓㄣ的音。

　　師母是維吉尼亞州一雙老夫婦的獨生女，為英裔貴族之後。身材高眺，曲突有緻，隆鼻藍眼，皮膚白皙，金髮捲曲，十足的四○年代明星式的美女。老師說，他拿到西北大學博士後，老爺子要他回國在仕途發展，他不肯，並決心留在美國大學教書。可是他却先進了美國國防部工作，因為他在華盛頓 DC 朋友的一場舞會中，邂逅到師母 Nina 小姐，說她不僅美麗而不妖豔，舉止柔淑，言語優雅。當時她任職國防部，人緣好，工作能力強，這樣的人才，爭逐者必多，如不近水樓台，死纏不放，花落別家，豈不可惜？也是皇天欲成佳偶，剛巧國防部有個有關中國問題的工作機會。張老師人高馬大、英挺俊拔、學歷好、英文棒，在美國人中，也是上等人才，所以這工作便面談而中了。至於 Nina 小姐呢，在老師的緊迫盯人之下，根本接觸不到比他更優秀的人才，何況她見到張老師這樣比絕大多數美國人還棒的男人，早已芳心已許了呢！

　　早先已介紹過老師的尊翁伯瑾公，不僅才藝雙全、官高爵顯。但是，據張老師說，他幼時家貧，而母親倒是清末民初的富貴之家出身，古書讀的不少，洋學堂倒進的有限，母家見瑾公相貌不凡，又有志氣，所以一路培植到留洋回來，才與母親成親。他與胡適之是好友，胡夫人是小脚女人都不被嫌棄，張老夫人既非小脚，人也相當漂亮，知書達禮不在話下。以故瑾公老夫婦，經與 Nina 雙親面會，知男婿女媳不僅十分登對，雙方親家還是異國貴冑呢！於是，女方趁男方家長來美之便，就給以淳和 Nina 辦了喜事了。據我推斷，時

間應在一九六五年左右。目的達到，張老師便辭國防部職，應聘到德立華大學政治系教書去了。後來師母生下 Cathrine，也辭職全心照顧家庭了。

我去時，大師妹 Cathrine 唸初一；小師妹 Little Nina 唸小學五年級，兩人都很美麗、文靜、有禮可愛，又都有明顯中美混血的特質。

我去到美國，暫住在張老師家二樓小 Nina 的房間，兩姊妹暫時擠在一起。我抱歉，她倆不便。央求老師趕快替我找出租房子。老師說，開學這麼久了，距學校較近的都被租光，太遠的你不開車又不方便，同時與中國學生住，固然便宜，但對學英文不利，最好是能租到距學校不太遠的美國人家庭。你看！張老師多麼週到，後來我發現他不僅凡事週到，而且還非常精明幹練！要是他回國在仕途發展，必然也有斐然的成就！

我們的學校位在德立華州紐瓦克（Newark）鎮。一週左右，張老師果然替我找到他心目中理想的住處，這住處位在東邊步行到校約十五分鐘路程的 Oak Road 32 號。房東男主人是大鬍子的猶裔學者，是我們學校公共行政系的副教授；女主人可能也是猶太人，似乎學歷不高，與我們張師母比，就差得太遠了。

這個社區房屋與張老師的社區房屋，應屬同一等級，惟不同的有兩點，一是張家社區房屋較新，樹木還很矮小；這個社區古老，是座落在一大片古木參天的 Oak Road 兩旁；二是張府社區房屋無任何竹籬圍牆；這社區有無圍籬者，但多數都有竹子或花籬之類圍籬，擋不住小偷，裝飾而已。

　　房東二樓有兩大間臥室，原來兩位唸小學四、五年級的兒子各住一間，為租我一間，兄弟便合住一間了。房東太太長相平常，水準也不高，她有歧視華人的傾向。樓上衛浴設備既然共用，我的洗浴工具如毛巾牙刷等，用完整齊的擺放，第二天一早卻發現全丟在我房間外的地板上，我想抗議吵架不是辦法，乃打電話向張老師報告，經老師好言規勸，不但樓上的事有了改善，即原不給用的碗廚冰箱，也給騰出一小部分給我用了。這樣，房間約五坪大，加水電、電爐在內，每月一百美元，還算合理。

　　德立華州（Delaware state）是美國第二小州，僅比羅德島大一點。人口五十來萬，位在賓西法尼亞與馬利蘭兩州之間。別州汽車牌子上都像台灣車牌一樣，用英文字母為首加後面的數字，但德立華州的車牌則是 The First State 三個字。是因為該州是第一個批准美國聯邦憲法的州，州人頗引以為傲故爾。州小人少，卻是美國最富庶的州，因州的中間偏北有一條永不乾涸的德立華河，兩邊土壤肥沃，灌溉便利，農產豐隆；州中間偏南有世界最大的「杜邦化學公司」，其產品行銷全世界，每年賺取巨額外匯；還有美國最大的運輸機「銀河式」機場也在該州。有三大利多，州政府的稅收非常豐裕，州內人口就業非常容易。「倉廩實而知禮節，衣食足而知榮辱」，管子這話真是真理，該州人人有正當工作，鮮聞有雞鳴狗盜之徒，所見黑人皆彬彬有禮，猶憶張老師第一次載我到租住處，找不到地方問一位中年黑人，說了半天，張老師仍摸不著頭緒，那黑人便說：「如果你相信我，我送他（指我）過去！」，老師知道當地情形，就放心的拜託他了。到 Oak

Road 32 號，我立刻打電話給老師報平安。學校工友幾乎都是黑人，都很有禮貌。

州政府有錢，我把學校和州民及外來人都有福氣了。學校有福，是因州政府每年撥巨款給學校，條件是每系和每個部門的員工，都必須聘請一定比例的有色人士和學生；此外，杜邦公司每年也捐贈大量現金，或捐建有紀念性的廳館建築；說州民和外來人有福，是因他們在該州購物，一律免納購物稅，這在美國恐怕也是獨一無二。美國購物稅各州市不同，以紐約市為例為 4%，即買一百元的東西，就得付一〇四元。張老師住在該州一輩子，起碼省下一個台灣中級公教人員的退休金。不用說，州民稅賦也輕。

學校有福，我們學生們也跟著有福了。就我去學校進修的一九七七年來說，二十三位華人同學，二十一位學理工的，全有助教獎學金，說是每人每週要為系工作三十六至四十小時，其實不是幫指導老師做研究工作，就是搞自己的研究工作（research work）。而我們兩位讀社會科學的，反均有全額獎學金，這在美國恐怕也是獨一無二吧！

因為學校有這些優勢，所以它聘教師和選學生都很嚴格。要不是我運氣好，和國立大學副教授的招牌，並依州政府必須有「有色」族群的學生等等，我那能去進修！就選教師來說，教我「官僚政治」的一位副教授皮特斯（Peters），三年來在系得不到「專任」（tenure）的資格而離職，因此系裡出此一缺，要在全美各名牌大學政治系博士班，徵選一位應屆畢業生，來系擔任助理教授（Assistant Professor 低於副教授而高於講師）。那徵選程序的複雜，簡直可用「過五關斬六將」和世界小姐選美來形容。我恭逢其會，手稿本來把每

一步驟都寫進去，後嫌文長累贅，故均刪除。從這段文字可以看出，我們德立華大學，雖不是長春籐那幾所特優（supreme）的大學，至少也是優等（super）的大學。說明張老師能在這樣的大學教書，他的傑出與優秀，當不在話下！

　　根據張老師的指導，我選了六門課程，分別是「系統分析政治學」（Political science of Systematic Analysis），「官僚政治」（Politics of Bureaucracy），兩門課各教一學期；「國際關係」（International Relations）、「蘇聯政府及政治」（Government and Politics of the U.S.S.R.）、「美國公共行政及官僚制度」（The American Public Adminstration and Bureaucratic System）、「中國大陸問題研究」（Study of China Affairs），後四門均教一年。結果，我得四個 A，一個 B+和一個 B，差強人意而已。

　　這其中前兩門的老師就是離職的 Peters；國際關係的老師是系內最年長並曾當過系主任的班奈特（Dr.Bennet）博士；「蘇聯政府及政治」的老師是位白俄羅斯人柏林斯基（Dr.Bilinsky），非常反共；「美國公共行政及官僚制度」的老師，是包雅爾博士（Dr.Boyer），他是系裡次老的教授，也曾當過系主任，並且是系裡的唯一講座教授，曾指導過國內很優秀的女強人裘兆麟的博士論文。他對東方人尤其是台灣人最好，因為他是阿拉加印地安人的後裔，據他說，印地安人是來自蒙古，而蒙古人是中國人最優秀的族群，所以他以蒙古的後裔為傲，也以中國人為榮。他來過台灣很多次，曾到各大學講演很受歡迎。他對我非常照顧，晚上九時下課必開車送我回住處，還請我到他家吃豐盛的牛排大餐。我回國後，他曾來台三次，每次都由裘兆麟小姐和我輪流招待他。

算一算，他已快百歲了，但願他還健康快樂。

　　我英文因大二起全心學維吾爾文的關係，荒廢了很久，忽然去美進修，功課沉重得已經失去生活樂趣。就那不算好的成績，還是用廢寢忘食的死拼換來的！令我最辛苦的，就是包雅爾老師的課，他把學生應用的參考書，令圖書館買一大堆放在專櫃，不得外借。每週挑一本或幾本中的某些章節，規定我們去讀，要讀的大約都在兩百頁左右，在美國人來說，可能沒啥了不起，在我來說，可就苦了！能偷懶嗎？不能，因為每週必須寫六個頁次的心得報告，拿到課堂上來，同其他同學的逐篇討論。我為求好，拼命的讀，務期讀完或大部分讀完，然後擬稿心得報告，寫好拿給張老師修改，有時來不及，也拜託房東男主人斧正。所以我的報告，很少有人詰難或挑戰的。光是這一門功課，就夠我嗆了，何況還有其他幾門呢？所幸其他的都是學期考試或寫學期心得報告，沒有包老師這麼折磨人的。

　　為了應付包老師，我用功得天昏地暗，不辨晝夜。有一天下午，到圖書館去查資料，路上碰到同學，竟揚手說：「Good morning！」對方也揚手說：「Hay！」自覺不對勁兒，把手錶一看，已是下午四點鐘了，不用說連午飯也沒吃！

　　有一次，我在房間專心讀書，樓下廚房用會叫的壺燒開水，水乾壺叫，竟渾然不知，幸而房東太太回來，關掉電爐，把我叫下來說：「以後要小心，很危險的呀……。」不幸竟再度發生，房東太太大為震怒，說：「Mr. Chang！if the second thus happens, please move out！」（意思是說，如果第二次發生，請你滾蛋！）

　　一分耕耘一分收穫，苦讀不足兩年，不僅學業進步，英文程度也大為精進。我在國內沒修過「國際關係」這門課，因此，班奈特老師特挑了五本國際關係的名著，叫我精讀後，寫下每章的筆記給他看，作為年度成績不另考試，也不再繳心得報告，他就以看筆記打成績，見我沒偷懶，給了個 A。我回國後，大約民國八十三年，到香港珠海大學參加國際學術會議，遇到後來成為好友的俞淵若教授，她是教國際關係的，要考考我這方面的知識，出了幾個問題，我對答如流，得了滿分！

　　我內人是淡大外交系出身，在大專教書，深感實力不足，受我鼓勵，到師大英研所暑期部進修，老師第一次要他們寫篇文章，內人不會寫，央我捉刀，交上去得七十八分。我能拿到師大英研所老師的七十八分，証明我英文的寫作能力，較前確有進步。內人在師大英研所進修四個暑期，也用我在美國唸書那種拼的工夫，現今她的程度不僅比我高，就是她的同事中，在國內外拿到英文博士的，遇到問題還常向她請教呢！因為她不只受過師大英研所的煎熬，也養成天天讀 China Post 的習慣。這不是題外話，實是說明要想達到某種有益的目的，必須要拼！青年人其勉乎哉！

　　學分修完了要寫碩士論文，但在論文提出之前，有一個「資格考試」（qualification test），相當於國內的「學科考試」，考修過的「系統政治學」、「國際關係」、「蘇聯政府及政治」及「美國公共行政及官僚制度」四科，每科一題。我在圖書館又日以繼夜（圖書館二十四小時開放）的苦啃兩週，結果記的很多東西，一點兒都用不上。因為美國老師不考記憶題，

完全是邏輯推演的發揮題，我大一修過邏輯學，而研究所的張金鑑老師，又常常強調文章邏輯的重要性，所以這難不倒我，還正中下懷呢！就是英文寫得要好就要費時間了，三小時下來我連一題也沒寫完，乃向監考老師深深一鞠躬，求他給我延長時間，他說須要延幾小時，我說最少三小時，他說：「好吧，晚上七點你把卷子投到我研究室門口信箱好啦！」從下午三點開始，到晚上七時，我只寫了兩題。這時我到監考老師研究室，企圖央他再延長時間，可是他根本不在研究室，於是我在他門上貼個條子，說我仍沒寫完，明天早晨七時前一定交卷。然後跑去吃了個速食晚餐，就到圖書館繼續寫了。直到次晨六時，才算大功告成。每題八個頁次，共計三十二個頁次。何以這麼慢呢？一是咱們英文寫得要乾淨，文法及用字不犯錯，必須用時間思考，「謀而後定」才下筆，如何能快得了？

　　次晨六時多去交卷時，那位監考老師自然還沒到，於是揭去昨晚貼的條子，把卷子投到信箱，在外面吃了個早點，回到宿舍，同住的台灣同學（我在 Oak Road 32 號住了一年，應台灣同學堅邀，搬到距學校較近的公寓來了。）都還沒有起床，我餐桌上放張條子，請他們早、午飯都不要叫我，然後便倒下呼呼大睡了。

　　一週後的一天晚上，張老師來到我們公寓，興奮說：「煥卿兄，恭喜你，你的資格考試是滿分，是系裡很少見的！」同學們聽了都替「張大哥」高興。

　　資格考試通過後，開始同張老師磋商撰寫論文的問題，根據所知資料，幾經商討，乃定下「中共繼承危機及其影響」

（The Succession Crisis and Its Impact in China）的題目。

在論文撰寫過程中，發生了與個人相關或不相關的許多事。

第一，我寫的論文稿子，張老師砍得太厲害，我怕篇幅太少，求他多留一點篇幅，也給我多留點面子。沒想到他卻因此生氣不理我了，我把這事告訴同住的同學，他們說：「張大哥，你來此時間短，不瞭美國博碩士班指導老師的習慣，因為博碩士學位拿到後，碩士生要申請唸博士或就業，博士生拿到學位要就業，都必需指導老師的推薦，而且只有他的推薦函才有用，連總統的都白搭！你向你的張老師在修改論文時下『指導棋』，在美國老師的習慣上是不允許的，被認為是向他的權威挑戰，也就是咱們國人所說的『犯上』，趕快向老師道歉。」我說：「噢！原來如此！」於是依計向張老師道歉，他好像仍不想睬我。於是我求助師母，師母向老師抱怨說：「派特（Pet 張老師暱名）！你好不講理喲，以前我改你的文章，刪的不怎麼厲害，你就大聲吼我，人家 Mr.Chang 只是求你少刪點兒，你就生氣不理人家。別生氣啦，快摘韭菜去，我調餡兒，你擀皮兒，我們中午吃餃子如何？」張老師是有名的好吃，一聽說吃餃子，便拉我到後院摘韭菜去了。一到後面菜園，乖乖！除了黃瓜架子還能一目了然以外，什麼蔥、韭、芥、蒜一律埋在茅草裡，不見踪影。不過懶人也有懶辦法，他說只要找那矮的、最綠的，就是韭菜了。餃子包好，師母怕發胖，只吃了五個，我吃了二十來個，老師却吃了五十幾！

第二件與我有關的，是我華人同學的堅邀，乃離開了 Oak

Road 32 號，搬來與一港一台的同學同住。這兒是一間二十來坪的公寓，兩房一廳，廚廁冷氣冰箱俱全，每月租金一百八十美元。他們兩位同住一間較大的，共出一百美元；我單住一間較小的，獨出八十美元。三人輪流做飯一星期，我們兩位台灣來的烹飪技術普通；香港那位很行，尤其是炒牛肉堪稱一絕，香嫩可口，屢吃不厭。

因搬來此處居住，逐漸與所有二十三位港台同學都認識互動了。他們都很年輕，都叫我「張大哥」，也都知道我是教授（我來美不到三個月，我的國內教授升等案便通過了，學校將教授聘書及教育部教授証書一併寄來），對我都很尊敬，但我並不以教授自居，有很多事還向學習請教呢！並同他們玩在一起，或互請包餃子打牙祭、或開車帶我逛華盛頓 DC，近距離看白宮、參觀國會大廈；或到費城參觀革命紀念館和自由鐘、遊覽長木公園（Longwood Garden），晚上並在這裡，觀賞了壯麗璀燦的彩色噴泉。最有趣的是，開車六小時到威廉斯波特，替我們的少棒隊加油打氣，我們得了冠軍，大家興高采烈不在話下。

後來，張老師要我幫他，向物理系的大左派教授吳仙標，「報仇雪恨」，我便動員這些同學，把吳某打得潰不成軍！請參閱本書「反左記」那篇文章，此處不予重述。

第三件事是：卡特總統（President Jimy Carter）竟向中共投懷送抱，不顧美國多數民意，在一九七八年聖誕節那天宣佈與中共建交。卡特是美國二戰後最窩囊的總統，在他任內，美國失業率及通膨率都在百分十以上，內政上一塌糊塗，外交上也糗事連連，令驕傲的美國人丟盡了臉，恨不得挖個坑跳下去！固然，美國民眾半數以上並不反對與中共建交，

但有百分之七十五的民眾，反對以「廢約」、「撤軍」、「斷交」三條件與中共建交。美國有識之士都說，中蘇共正在尖銳對立，美國只要對蘇聯或中共做個友好的假姿態，中蘇雙方都會爭先向美國投懷送抱，用不著以犧牲忠實盟拜中華民國為代價，來與「一窮二白」的弱國中共「叩頭」嘛！而且卡特犧牲台灣之後，還假猩猩的搞了個莫名其妙的「保台辦法」，結果被國會參眾兩院一致推翻，並自行起草一份維護台灣安全的法律案，經兩院通過送請卡特簽署，他根本不敢動一個字就照簽生效，這便是今天我們所知的「台灣關係法」。假若他不照辦，很可能遭國會彈劾，提前下台。但他太差勁了，是故次年與雷根競選對決，輸的抬不起頭來，所得選舉人票四三八席卡特所得的，還不到雷根的零頭兒！是美國歷史上輸得最慘的一次。

　　我的義憤填膺，可想而知，本想立刻捲起舖蓋回國，一是痛恨卡特、季辛吉之流的愚昧，二是怕中共乘機犯台，如真有後者發生，我決回到陸戰隊，與隊友併肩殺敵！但張老師說，你的愛國精神雖然可嘉，但為賈事的匹夫之勇，並說中共自金門之戰被擊敗，和「八二三」砲戰灰頭土臉的事來看，中共沒有犯台的能力，況且新通過的「台灣關係法」，也不允許它蠢動；再說你已花掉系裡五千美元的獎學金，不拿到學位，依合約規定，賠出來才能回國，你賠得起嗎？

　　最後「賠錢」一點，算是攻到我的罩門兒。國是回不去了，於是組織抗議卡特出賣盟邦，舔顏事仇的無恥行為（因為紅衛兵曾野蠻的凌辱美國使館人員、殺害美國傳教士、扣押美在華軍人等等）。我們二十三位留學生，連夜製作國旗、抗議布條、旗子等等，次日上午九時，繞紐瓦克大街遊行示

威、呼反對卡特口號、接受當地各媒體訪問。沿途華人皆來加入遊行隊伍，很多有正義感的美國民眾也加入行列，最後竟達到五百多人的陣容，可謂出了一口悶氣！

　　第四件事，是「美、中建交」以後，美國華人左派勢力抬頭，台獨份子也趁火打劫，兩者不謀而合的夾攻愛中華民國的華人。為因應這些險惡的局勢，駐美代表處的李慶平先生，受命召集我們一群愛國留學生，到雙橡園來開會討論因應措施，白天在雙橡園開會吃麥當勞，晚上即擠在慶平家的客廳休息。三天下來，都得到反左和反獨的具體策略，並各成了全美性的反左及反獨組織，記得現駐加代表李大偉先生也曾出席此一會議。可惜慶平電話邀我參加雙橡園的降旗典禮，我因事未能前往，頗引以為憾！

　　我開始寫論文的時候，已經一九七九年的二月中，要完成兩三萬字的碩士論文，最少也需要半年的時間。可是系裡給的獎學金只有一年。要完成碩士論文的額外半年，就是延長的囉！系裡允許嗎？這是一個問題；另外我每月省吃儉用，賸下來的加父親和大弟合贈的千元美金，是否夠支持半年，也是問題。於是在我們師徒倆誤會冰釋之後，我便嚴肅的向老師請教這兩個問題。我首先問說：「老師，申請延長一學期，系裡會准嗎？」老師說：「當然會准，而且系裡也不並希望你在一年之內非交考論文不可。因為那樣，論文多有粗製爛造的情形，所以連美國學生在限期內，提請考試論文的也不多，所以這點兒您不要躭心！」我又問：「老師，我的獎學金，系裡也能延一學期嗎？」老師說：「這就沒有把握了，據我所知，過去似乎還沒這個例子。」然後他問我：「你現有

的錢還能支持多久？」我說：「我每月領三百八十美金，房租伙食約兩百，買書複印約五十，零用參、貳拾，每月賸一百到一百貳拾，加父親弟弟所贈的一千還原封未動，現有約有兩千貳百美金在戶頭裡。」老師很高興的說：「煥卿兄，妥啦！既然你有這多存款，還怕什麼？咱們乾脆來個死馬當著活馬醫的辦法，就去申請延長半年金額獎學金，給就給，不給咱們也不怕嘛！」我說：「好！老師，咱們就這麼辦！謀事在人，成事在天嘛！」

　　說完，老師馬上替我寫了封申請函，他的中英文字都相當潦草，怕我看不懂，特別一字字的讀一遍，叫我回宿舍打字簽名後，央請包雅爾老師給我向系裡推薦。次日上午我把申請書拿給包老師看，並說明申請理由，包老師很高興的說：「很好，有道理（reasonably good！）」於是也立刻寫了簡短的推薦函，叫我立刻投到系主任的信箱。大約一週後的一天晚上，張老師又很興奮的跑到我們的宿舍說：「煥卿兄，真恭禧你呀！你的申請案全准啦！他們說，你最用功，也最有禮貌，從不以教授自居，總像個乖學生！所以獎學金委員會無異議的通過，包雅爾說你很多好話，明天趕快謝謝他！」其他兩位同學一致為我歡呼，我說：「老師呀！應該感謝的還是您老夫子呀！申請案是您定的，申請函是您寫的，您又叫我請有份量的包老師替我推薦，您做事有勇氣、精明幹練而週到，像透了咱們東亞所的老長官吳俊才先生。想當年您要是聽老爺子的話去做官，不也像錢復、連戰、陳履安他們，做了部長啦？」台灣那位同學說：「張教授，對呀！聽張大哥說，您的老太爺也是政府的大官嘛！你是『太子黨』，怎麼不回去做官呢？」老師說：「你們年輕人不懂，做官光憑本事不行，

還要善於奉承拍馬，替長官遮醜頂罪等等，你們知道嗎？你們的張大哥煥卿兄，本來也能幹的很呢，只是自覺不會這一套，所以經國先生召見他，要他到救國團去上班，連催多少次他都沒去。我們倆就是在這些地方氣味兒相投，所以才成為好朋友。我們都喜歡教書，造就人才，該罵人的時候，連總統都可以罵……，多消遙自在？」他們說：「張教授，您有一流大學的學位，回國教書不但吃香，還可能當大學校長呢！」張老師說：「誰叫我娶了美國太太呢？孩子老婆都過不慣台灣的生活，奈何？其實我倒喜歡回台灣教書，因為那裡的學生都很尊師重道，你們張大哥就是最好的例子！我在東亞研究所客座那兩年，是我迄今教書最愉快的兩年！」我把前述他在所受歡迎的情形說了一遍，兩位同學才知道張老師對台灣教育已有了貢獻，很是欽佩，對他樂天知命的風範，也更欣賞！天晚了，張老師向我們告辭，他倆第一次同我下樓，送張老師上車。

論文就在前述的錯綜複雜的情況下，斷斷續續的，於一九七九年六月底完成。考試委員有三位，一位是指導教授張老師自己；第二位便是最照顧我的包雅爾老師；第三位便是與張老師最要好的柏林斯基老師。包、柏兩位老師各問一個很容易答覆的問題之後，三個老師就閒扯起來了，論文成績當然是過關。

一切學業結束了，就幫助張老師，完成他向吳仙標「報仇雪恨」的活動。獲得輝煌勝利後，白天和年輕同學們到處去玩，晚上躺在床墊上看借來的武俠小說，古龍的、司馬中原的、金鏞的等等，還真看了好幾部。武俠小說還真迷人，

晚上一看就再也不想睡了，非看到天亮被同學拉去應酬不肯罷休。看武俠跟以往通夜讀書，滋味大大不同。前者是甜蜜的趣味；後者是苦澀的艱辛。但是，如果你不是武俠小說作家，只是個武俠迷而不務正業，那一定會像賭徒一樣遭糕。我中學時，就有個武俠迷的同學，被害的學業荒廢，事業落魄，一輩子連婚都沒結成就死了，年輕人應以此為戒！所以我一輩子就看過那幾部，回國後立刻準備應教功課，把武俠忘的一乾二淨。

　　我在美國最後一個活動，是隨張老師到華盛頓 DC，去參加當年的「美國政治學會」（The American Political Science Association）的「中國小組會議」（China panel）。我們遠道而來，到會時，已是台上三位主持人中，最後一位下結論的時刻。這個人就是赫赫有名的紐約大學的史學教授唐德剛。他說：「……總而言之，現在可說是台灣統一於大陸的最佳時機！鄧小平先生、葉劍英先生，不是都說過嗎？只要台灣肯與大陸統一，台灣可以保持軍隊、保持警察，可以同外國通商，只要把外交權交給北京，把青天白日旗降下來，升上五星旗就行啦！鄧小平先生正要實行改革開放政策，一旦大陸經濟發展起來，軍力強大起來，台灣要想和平的統一於大陸，恐怕就不可得了。」說完好像掌聲稀疏。

　　我便趁機舉手說：「唐教授，您是位知名的史學家，我很佩服和景仰！但剛才您所說的，我很不贊成，因為它很不像出自一位史學家之口，讀史的目的是鑑往知來，擷取歷史的教訓，創造光明的未來！剛才您說台灣只要自願統一於大陸，可以保持這保持那，請問中共的字典上何嘗有過誠信二

字？一九二五年國共第一次合作，中共第二號領袖李大釗在國民黨一全大會上，信誓旦旦的說，共產黨員加入國民黨，是爲貢獻於國民黨的革命事業而來的……」可是共的第一號領袖陳獨秀，卻對剛留學回國的黨員陳公博說：『共產黨加入國民黨，是打著國民黨的旗號，來發展共產黨的組織……把國民黨員轉變成共產黨員……最後把國民黨轉變成共產黨云云』若不是軍事領袖蔣介石領導反共清黨，國民黨早一九二七年就被共產黨消滅了。「一九三七年，中共在延安一隅，勢單力薄，在蔣委員長攘外必先安內的大政方針之下，不是日本加緊侵略，中共勢必被殲滅，但中共爲圖生存，一方面鼓動全國人民，要求國民政府提早抗日；一方面向國民政府提出『取消馬列主義、取消蘇維埃政府、取消農村階級鬥爭、改編紅軍爲國民革命軍，開赴前線與國軍併肩對日作戰』等所謂「四大保証」。但是國軍在全面對日作戰時，共產黨卻依毛澤東「一分抗日、二分應付、七分發展」的堅定方針，全力擴大佔領地盤，在政府和蘇聯共同支援之下，加緊發展紅軍的力量，到一九四三年，中共已佔領華北全部及華中半數地盤，紅軍也由兩萬人發展正規軍一百萬，非正規軍近一千萬人的力量。這都是爲時不遠、班班可考的歷史，唐教授不會不記得吧！再說，中共在農村高喊：「聯合貧下中農」「打擊地主富農」，結果地主富農是打倒了，但是貧下中農也變成俄國沙皇時代的農奴，唐教授您該承認這些事實吧？……中共所說的話能相信嗎？那不過都是些騙人的把戲而已！國民黨上的當還不夠多嗎？……至於您所說的把青天白日旗降下來，無異是把台灣一千八百萬人人頭落地！因爲那樣，中華民國是真正失去了主權，台灣變成中共的內政問題，中共食

言，名正言順的登陸台灣，土地任由它佔領，人民任由它宰割，過慣了自由民主生活的台灣人民，反抗就殺，反抗到底，殺光為止！反正中共治國無方，殺人最為內行嘛！……唐教授，您說對不對？謝謝您，若有衝撞您之處，也請老前輩多多包涵。說完，一片掌聲，並都望著我含笑致敬。唐教授也就在掌聲中，未作爭辯的結束會議，因為雙橡園聚餐的時間到了。

原來會場距雙橡園只是步行十分鐘的路程，三十多位與會人員，便步行過去用餐。唐教授很有風度，一路向我致歉，我也向他謝罪。有位先生對我說，唐教授那些話是說給中共聽的，因為他安徽老家的雙親俱在，替那邊說些好話，便於回鄉探親嘛！我說：「孝子不匱永錫爾類」，特向唐教授鞠躬致敬。

餐會中，大家對我的身份表示好奇，我趁機向大家敬酒說：「我是在座張以淳教授的門生，今天沾我老師的光，有機會參加這個世界有名的政治學會的盛會，剛才在會中若有狂言之處，也請大家和唐教授原諒！」

張老師也向大家敬酒說：「這位是我的學生張○○先生，也是我最好的朋友，他是國內政治大學東亞研究所的教授，是研究共黨問題的專家！」說完，一片「噢！」和掌聲。

唐教授和我互相敬酒說：「我在那兒好像看過您的文章！」我假裝說：「沒有吧，您可能記錯了吧……！」其實，我還真以「中共的騙術大觀」為題目，寫了一篇滿長的文章，在紐約一本華文雜誌上發表，會中所講的話，就是這篇文章的片段。

唐教授在我互相敬酒時又說：「您們台灣政府也真奇怪，

老不讓我們回去看看！」我說：「噢！有這事兒？」我把這話記在心裡，當時不便表示什麼。

我於九月回國時，向最疼我的包雅爾老師辭行，他說，如果我不回台灣，要修博士或找工作，他都會為我鼎力推薦。我向他致謝說，美國已同大陸建交，中共趁機犯台不無可能，我要回去捍衛我的祖國，他嘉許我的愛國心，並說，如果我是他，他也會做同樣的決定。我請他常到台灣來，我會好好招待您這位難忘的恩師。後來他果然來台三次，每次都由裘兆麟小姐和我輪流招待他，使他滿懷快樂的回國。

回來後，我拜會了政大歐陽勛校長、趙來龍老師和羅大任主任之後，就去中央黨部，拜會我的老長官吳俊才先生，這時他已是中央委員會的首席副秘書長，並向他報告唐德剛教授的牢騷話。這件事已在本書另文中詳述，此處不擬重覆。

我回到東亞所，不再擔任行政職務，但除原有的政治學外，又加開了兩門三個班的新課，日夜準備，忙得不可開交。到了暑假，就是我最快樂的日子，因為張老師必然從美國回來，一則是探望年邁的父母，二則是同我們兩位他教過的弟子相聚。可以說，後者令他得到的快樂，遠大於前者。因為他的尊堂萱都是很傳統的老人，張老師在兩老面前，好像總是唯唯諾諾，不大敢發表自己的意見，但跟我和先我去德立華唸書的張虎先生相處的時候，真是天南地北，無話不談。他沒有把我們當學生看，可是我們總尊他為恩師，他有事，我們爭先為他代勞，他需要到不熟悉的地方，我老馬識途開車載他去。他愛吃北方舘，我們請他吃遍了台北市的北方舘。

大約在民國八十二、三年，兩老還在的時候，張老師暑假回台還有探親的用意，之後兩老相繼以八、九十的高齡過世，他回台是代表弟弟妹妹處理遺產，並藉此和我們兩位學生過一段亦師亦友的快樂日子。好吃出名的他，也可藉此享受台北市便宜而可口的北方美食。兩老在世時，家產歸兩老所有，張老師靠一份教授的薪水，支付全家生活並供給兩個女兒大學費用，經濟狀況並不富裕。兩老相繼謝世，遺產處分後分到一些，加以師母毋需照顧師妹而投入職場，不多久便升到一家銀行的副總裁，家庭經濟大為改善。以後張老師回台灣吃北方舘子，再也不讓我們花錢了。

　　從前，兩老在時，張老師暑假回來，為方便同我們兩位學生徹夜聊天，天目家裡有房間也不願住，寧願住便宜而乾淨的旅舘。兩老相繼過世，張老師暑假回來，就住天目七十多坪的大公寓。在這裡，我和張虎兄輪流陪他吃北方舘子後徹夜聊天。有一次，張老師不想走遠路吃舘子了，就和我一起，到附近小超市買了一塊進口牛肉，回家做牛肉麵吃。他就把牛肉切塊，放在深鍋裡加水，放一棵蔥一塊薑，幾只八角去燉，水燉得少了再加滾開水，加幾次滾開水後放上適量鹽巴，再燉一會兒就大功告成，方法很簡單，但非常好吃。我回家試做，初次不成功，後來摸索逐漸上道。

　　從我民國六十九年回來，到民國九十一年，這二十二年間，每年暑假都是我們師徒三人的神仙生活，張虎先生和我始終以恩師相待，我們都在台灣受教育，尊師重道是我們的習慣，「有事弟子服其勞」也視為當然。這種情況使張老師特別安慰而受用，他常說，他從沒有想過會在台灣兩個學生身

上，享受這麼多當老師的尊崇和快樂！

　　張老師是教中共問題的專家，他對中共早期「打土豪分田地」以欺騙農民的技倆；「打倒土豪劣紳」以瓦解農村社會秩序的惡毒用意；發動「三反」「五反」運動，藉以沒收城市資產階級財產的詭計；推動「人民公社」以沒收一切農民土地的陰謀；搞「反右鬥爭」以消滅反共知識份子的毒計；發動「文革」消滅黨內反對派，以鞏固毛的萬年權威；特別「三面紅旗運動」以餓死五千萬人為代價，來滿足毛個人「核子強國」的春秋大夢！這些都使張老師同所有自由民主的知識份子一樣，常常是捶胸頓足咬牙切齒。所以大陸雖開放這麼多年，他對彼岸的惡劣印象，一直揮之不去。加以我在一九九二及九四年兩次回鄉探所目睹的農村貧窮，和他們公務機關的荒謬的辦事行為，也對張老師也產生負面影響。這些都對張老師去大陸的興趣缺缺，儘管美國的華人和台胞一窩蜂的往大陸跑。

　　直到二〇〇二年，他最後回來那一次，他才說，人們都說「江南風景如畫」，而且人民生活條件也改善多了，我們不妨也去看看嘛！所以和我約定明年他再回來，要我陪他到江南觀光一趟。我欣然答應，並期盼有這一天的到來。過去幾次回大陸，不是去開會，便是去買書，再不就是回老家探親。但書在北京，會在安徽，老家在河南，都沒有觀賞過江南如畫的風景，更沒有投契的旅伴，假如能跟「情投意合」的張老師暢遊江南，那該是多美好一件事呀！

　　但是，我命沒有這個福份。二〇〇三年，他來電話說，他已決定自政治系退休，暑假辦退休手續、搬研究室東西回

家等事忙了一點，所以今年暑假暫不回來了，明年一定回來並去江南遊云云。可到二○○四年八、九月，張老師仍沒回來，這時，我的心臟也出了問題，陳某以邪惡的手段竊取總統大位後，我和許多愛國同胞一樣，整天在凱達格蘭大道和中正紀念堂示威抗議，逐漸地感到沒有了力氣，到九月初已到，走百公尺必須休息三次的地步。朋友拖我到萬芳醫院檢查結果，已到非開刀的程度不可了。十一月初開刀，兩星期後出院，總記掛著張老師回台灣的事。縱不能陪他去江南，但陪他聊天吃舘子，總是一件樂事！但是到這時候，張老師仍沒有回來，連一通不回來的電話或一封信都沒有，這不僅不是以往的慣例，也不是張老師一慣做人的態度，何況就我所知他兩老留下來的財產尚未處理完畢，按正常的情形，他今年暑假一定會來的。快年底了，既沒回來又無消息，這令我十分著急，打電話到他家總是說這電話是空號。這令我益發著急了，於是一面把事情告訴張虎先生，請他設法連絡；一面寫信到德立華大學政治系詢問。這時我開刀出院已一個月，仰賴萬芳醫院心臟內外科大夫陳亦仁和陳復詮兩位名醫的悉心照料，出院不足一月。身體恢復得很好，已能開車上路了。一天大約上午十一時半，正開車在新生北路高架橋上，載內人到蘭州街診所取藥，接到張虎先生的電話，他問我人現在那裡？我說在開車，他說已有張老師的消息了，十二點鐘左右師妹凱絲雲會打電話給你。

　　我內人取了藥，我們剛在附近一家餐舘坐下，我的手機響了，發話的正是美國的凱絲雲師妹，她很鎮定地先勸我不要難過，然後說她的爹地已在十月十日晚間過世了。我聽到Passed away 兩個字，便哇！地哭了起來，也沒有顧到是在餐

舘裡，倒是內人向大家抱歉說：「我先生聽說他的恩師在美國過世的消息，禁不住難過，請大家原諒！」我哭得正不住，內人接過手機，繼續聆聽老師過世的情形。凱絲雲說，爹地和妹妹小奈娜同住，十月十日那天奈娜很晚回家，發現電視機開著，播著有關台灣的新聞節目，爹地低著頭，端坐在電視機前的高背籐椅上，小奈娜以為爹地看累睡著了，於是叫他就寢，那知扶他時，他竟不能動了，摸摸鼻孔已經沒有氣息，証明他已安祥的走了。我聽完內人的述說，又禁不住大哭起來，飯也沒吃就到車上，把椅背放下來，躺在那兒哭個夠，很久平靜下來才開車回家。

　　我夫婦在電話得知兩位師妹為張老師辦追思禮儀的時間後，內人便積極替我央她熟悉的旅行社，趕辦赴美手續，但當她問說飛機上有無醫護人員及設備時，她很熟悉並要好的業務小姐得知我開刀不滿三月時，居然拒絕賣機票給我，以致沒能給我最敬愛的恩師和最真摯的朋友，瞻仰他最後的遺容並送送他最後一程，深以為憾！差可彌補此一缺憾的是：次年春天，兩位師妹為完成她們爹地生前未竟之事 —— 處理她們祖父母的遺產，連袂來台。我為她倆方便，特別換了新車，請她們享受了張老師最愛吃的館子；尤其內人深愛這兩個孩子，在她們家族遺產處理方面，竟然做到我和這兩個孩子都認為不可能解決，而居然圓滿解決的地步！當我們提到張老師和我的種種，我總禁不住哭泣，當她們說到父親生前的趣事時，我們又開心的笑了。一個月的朝夕相處，我們夫妻和這兩位小師妹，竟也成為好朋友！她們回美，我開車送她們到桃園機場，臨入關時，她倆一齊抱著我吻別，接受這

樣的禮節，還是我平生僅有的一次呢！

　　張老師的一生，貢獻於中外的教育界，聲譽卓著。經國先生在世時，每年舉辦國建會，廣納海外學人建言，作為國家施政參考。張老師每次受邀參加，献替良多。且他人才英武、思慮週密、口齒清晰，每為記者訪問對象。他熱愛中華民國，關心台灣政局，九十三（二○○四）年的總統選舉結果，必令他十分痛苦，在雙十節看著凱達廣場成堆被丟棄的國旗，他能不有捶心之痛？他在心臟病復發中走了，那是無言的抗議！也是一個不平凡的選擇！

懷念政大東亞研究所的父母
── 吳俊才老師

　　吳俊才先生，字叔心，湖南省沅江縣人。早年畢業於政大新聞系，在校學行俱優，且身懷大志，系主任新聞界耆宿馬星野先生，特加賞識。故將美麗賢淑的胞妹─均權小姐，嫁與叔心公為妻。

　　叔心公自政大畢業後，即隨駐印大使羅家倫先生赴印度工作，是以對此一文明古國的歷史，及聖雄甘地為印度獨立的奮鬥精神，皆產生濃厚興趣與崇拜之心，乃於公餘之暇，廣搜資料，並潛心研究，遂撰成「印度史」及「甘地傳」兩本皇皇巨著。其時他決不超過而立之年，有此學術上的非凡成就，十分難能可貴。作者非史學系出身，未知是否尚有比叔心公更優秀的印度史學者，不然，叔心公就是當代唯一的印度歷史及甘地事蹟的權威了。隨後又因工作關係，前赴英國倫敦大學修得碩士學位，為他的學術根底，打下更堅實的基礎，且在英文口語及寫作上，都具備相當的水準，凡此對他此後的事業發展，都有莫大的幫助。

　　在學術上，叔心公大半生的時間，都在台大歷史系教授印度史；在事業上，因受先總統蔣公及經國先生的賞識，故四十來歲，便繼外交界大老魏道明先生之後，受命擔任「中

華民國國際關係研究所」主任的要職。

　　國際關係研究所（以下簡稱國研所），九十年代合併於政大之前，一直對外宣稱是一個獨立的法人組織，實際上它是國家安全局的一個「政治研究室」，負責研究共黨理論及中俄共黨政軍社經統戰等問題。研究人員多來自國安局及其他情資單位。其中不少重量級的研究人員，多有中共高幹的歷史背景，例如國研所首席副主任郭乾輝（華倫）先生，抗戰中期，曾是中共「中南局」的第一書記，故對中共的一舉一動，無不瞭若指掌，是以某些研究人員的「上呈報告」，多被高層採用為對敵政策的重要參考。

　　叔心公高瞻遠矚，認為國研所作為「民間組織」，要想與國內外的學術團體接軌交流，份量上似顯不足，但如亮出國安局的底牌，又怕嚇跑國內外的同道。於是他就商於政大，可否在母校成立一個同質不同名的研究所，一則運用國研所堅強的師資陣容，把原本視為禁忌的共黨理論及中俄共問題，正式搬上國內的學術殿堂；二則藉以培植這一學術領域的繼起人才；三則可以運新設研究所的學術招牌，把國研所的學術研究，與國內外的同類學術機關接軌交流。叔心公的設想，立獲政大當局與國家高層的贊許與支持。這便是我們政大東亞研究所（Graduate School of East Asian Studies, National Chengchi University）於民國五十七年成立的契機。

　　我於民國五十四年自政大政治研究所畢業，旋受聘於陸軍官校政治系為講師。五十七年夏，東亞、法律兩所奉准成立，應劉校長季洪公之徵召，回校以講師名義任其中一所之行政助理。我以往與東亞所新任所主任叔心公，曾有一面之緣，對他儒雅的風度氣質，深為心儀，而季公校長又許我擇

木而棲，當然就選擇來東亞所服務了。經朱教務長建民公的
推薦，並經叔心公的面談，爰被聘爲東亞所的專任講師。七
月底我接聘書時，東亞所尙在籌備階段，叔心公命我參與籌
備工作。事隔四十三年，我諒爲東亞所碩果少數僅存的一個
籌備人員了！

　　十月初，第一期碩士班八人，在金華街母校公企中心開
課，住在麗水街的叔心公，每天早晨八時左右到所，把交辦
和請辦事項，和我作十分鐘的交待和溝通之後，便驅車前往
火車站前中央日報大樓，上國硏所的班去了，除非有非常緊
要的事故，他白天不會再回東亞所來，因爲國硏所是個百餘
人龐大機構，人多事煩，著實難以抽身。因而這邊教務、總
務、訓導和公共關係等事務工作，皆由我受命處理。我早上
七點上班，晚上十一點以後下班。叔心公怕學生通勤上下課
浪費時間，乃由國硏所出資，在中心對面租公寓一棟，作爲
學生宿舍。麗水街距此不遠，叔心公一天晚上到學生宿舍看
他們自習情形，見對面我的辦公室燈還亮著，信步走來見我
還在伏案辦公，便說：「咦！張先生，你怎麼還在辦公呀！可
別累壞了身子呀！」我把一天的工作情形向他報告，他說：
「噢！原來如此！」他命國硏所會計組從十一月份起，每月
津貼我三百元的營養費；並著總務組招考一位會打字的服務
員溫慧梅小姐，配屬到東亞所工作，並書面囑她按我的要求
辦事。她在所期間，我們合作愉快，因她能幹又懂事。

　　叔心公雖然年輕，但他心細、老練又有膽識。說他心細，
他連教授休息室的臉盆、毛巾和肥皂那些小事，都注意到了，
水與毛巾要時常更換，肥皂要用香的等等；說他老練，是我
擬的公文信函稿件，他修改的恰到好處，使我無形中學到公

文技巧，對我以後助益良多；說他有膽識，前述他的宏偉計劃便是一例；此外他常對我說：「凡事不要怕困難，只要是對的，困難是對人的試煉，凡事沒有條件要創造條件。」

　　叔心公在創辦了東亞所之後，聲望驟升，敏銳的美國國務院便於五十八年春，邀請他訪美一個月，在此一個月中，想必他逼會了各名牌大學的名牌教授。說明：一、國研所有堅強的研究團隊；二、有數位早期留俄人士，故有中俄語文上的優勢；三、有庋藏豐富的國際共黨理論實務及中共問題的圖書資料設備；四、即將有新落成的廣大所址及美奐的國際會議廳；五、有國立政治大學東亞研究所的合作單位；六、有充裕的經費支援，美國學者來台往返機票、食、宿、旅遊等，一切免費等等。有這些優越條件，要辦一次中美學術會議，簡直水到渠成。問他們願意來台參加嗎？必都給予肯定回應。

　　叔心公回國後，便積極籌備不在話下。國研、東亞兩所於五十九年七月，同時遷到木柵萬壽路六十四號之後，十二月十五日上午十時，以「國立政治大學東亞究所暨中華民國國際關係研究所」合辦的「中美中國大陸問題研討會」，便在台北市延平南路的「實踐堂」隆重揭幕，由東亞、國研兩所主任吳俊才先生主持，副總統兼行政院長嚴家淦先生應邀蒞會致詞。出席代表中美及觀察員共二百六十餘人，中方代表中，有政大歷史系王健民教授，有國研所的郭華倫、尹慶耀、李天民、朱文琳、汪學文等；東亞所的鄭學稼、劉岫青等；其他機關的張鎮邦、張維亞、姚孟軒、玄默、何雨文、陳森文，共約九十八餘人等等。美國出席代表括史丹福大學胡佛研所長堪培爾（W.G.Campell）、南加州大學遠東研究所長陳

錫恩、密西根大學中共經濟教授鄭竹園、喬治華盛頓大學教授辛頓（H.C.Hinton）、哥倫比亞大學中共史學副教授李又寧、胡佛研究所高級研究員卜遜尼（S.T.Pusanny）、加州大學柏克萊分校教授斯卡賓諾（R.A.Scalapino）、哥倫比亞大學教授韋慕庭（Martin Wilbur）、南加州大學國關研究所長吳克（Richard Walker）等等共二十九人。其中卜遜尼及吳克均曾在東亞所客座。

這次會議產生若干正面效果：一、吳俊才叔心公聲望再度提升，不僅享譽國內士林，也揚名國際學界；二、提升了國內學者專家的知名度，像東亞所的鄭學稼教授，後曾獲英國皇家院院士的頭銜；郭華倫（Worin Kuo）的大名，國際學界無人不曉。他的「中共史論」成為國內外的暢銷書。三、打響了東亞所的知名度，會議以東亞所掛頭牌，且國研所前輩到國外做訪問教授、及後進研究人員出國進修學位，皆是叔心公以東亞所主任的名義推薦的。叔心公的聲望日隆，東亞所也跟著水漲船高，本屬自然，是故錢穆、曾約農、南懷仁、任卓宣、陶希聖、胡一貫、李登輝等大牌教授，樂於受聘到所兼課，就是叔心公和東亞所的名氣大的關係。

東亞所在叔心公從五十七年到六十二年任所主任的六年期間，是它的黃金時代。是一、叔心公對老師和學生呵護備至，大家群策群力，灌注心血；二、我們有一面鮮明的旗幟「東亞季刊」，創刊於民國五十八年四月一日，由東亞所編輯、由國研所出資發行，專載兩所研究領域內的學術論文，其他有學術價值若尚有篇幅也予刊載，每年一、四、七、十月出刊四期。每期裝訂一千本，多有剩餘，六十年我任主編，先擬訂週密的編輯計劃，經吳主任批准實施，我先拜謁撰稿

專家，承諾每期賜稿，稿源豐沛，每年一、四、七、十月一日那天，除非是星期假日，印刷廠必須送來至少一百本到所；出版一週之內，定將季刊一冊及免費抽印本五十冊，連同稿酬掛號寄予作者。口碑上升，銷路日廣，達到千本不夠必需加印的地步。三、是我所有堅強的師資陣容一如前述；四、本所專兼任老師每個鐘點除政大的薪水外，多加發四十元；五、研究生不在外兼職者，每月除教育部的四百元，再加發四百元；六、老師上下課都用轎車接送；七、國研所蓋有男女學生宿舍，免費住宿；八、國研所員工餐廳，本所師生幾乎免費搭伙。凡此皆託叔心公為國研所主任之福，上述額外支出均直接來自國研所，間接來自國安局。此外本所還有來自國研所若干零用金。凡此都為政大及全國所系所無，本所之為政大與全國「第一所」之名，遂不脛而走！

　　五十七年開學之初，叔心公就對我說：「咱們都是大學的老師，深知政府財政困難，待遇微薄並無怨言，在意的是當局對他們的尊重，最高當局每年請大專副教授以上的老師，到中山樓吃復興鍋，發表意見，是對大專老師的尊重；咱們倆是所的當局，我們對老師能作的儘量去作，我支持你！」事實上根據上述各點，他能作的都作到了，賸下的就該我去作了。一、專兼任老師的聘書統由我代表主任親自奉送到家，別所系由人事室寄送；二、我徵得各老師同意，由所代刻木章一顆，由工友把薪水及鐘點費領來，連同國研所的額外津貼分裝登記，造冊鎖在保險櫃，三天內有課者由我或溫小姐親手奉送，三天內無課者，由我奉送到家，老師僅在登記簿上簽字即可，他所系老師必須攜章親自到出納室領取；三、專任老師糧票及煤氣票與薪水並不同時發放，我也按上述原

則處理；四、專兼任老師來所上下課，除非我去大學部上課或因公外出，否則我定站在院中迎送，並替他們開關車門。我擔任行政助理，前後長達十年，可謂「十年如一日」。有一次，全體師生聚餐，各重量級老師都講過話了，輪到鄭學稼老師講話時，他說：「我在大陸和台灣教過那麼多大學，從來沒有見過像東亞所行政業務辦得這樣好的……。」大家都瞭解鄭老師善批評少誇讚的個性，這話出自他的口，特別難得，於是歡聲雷動，叔心公好有面子，我也與有榮焉！

若干年來，叔心公苦心孤詣經營國研、東亞兩所，成績卓著，尤其讓國研所的研究領域，在國際上達到同一領域執牛耳著先鞭的崇高地位。先總統蔣公及經國先生益加賞識，乃於六十二年擢升他為國民黨文化工作會主任，相當於政府的部長。兩所同仁為他開慶祝惜別會，他却哭著說：「如果讓我選擇，我寧可留在這裡，和大家一起繼續奮鬥！」說明他不僅有上面那些優良品格，他還是個有情有義的領袖型人物。有一次我到文工會去看他，他說：「我太忙，沒時間回所看你們，你們怎麼不來看我呀！」「報告主任，這不是來啦嗎？」「太少啦！」說著，眼淚又流了。我趕快轉換話題說：「您要郭老師（華倫）代理東亞所主任，要是郭老師真除就好了！」他問說：「現在所裡怎麼樣？」我說：「新任主任剛上任，就找人代理，自己出國進修了，我以學弟的身份勸他別這樣，他說難得國科會的補助，不能放棄。」他又問我：「找誰代理？」我說：「母校訓導長芮和蒸先生。」他說：「芮先生很好，好好幫助他，像從前幫助我一樣。」「您放心，主任，我會的。」……這一年由於郭副主任華倫先生的大力支持，國研所對東亞所的優惠並未減少，就是少數人在態度上對我

們欠缺友善，因爲叔心公過去對我們太好了，令他們吃味兒，現在給我們點兒臉色看看。

　　一年後新任主任回來了，在此我不願多說什麼，因爲與我崇拜的叔心公無關。我只能說：李校長元簇公隔著一層，直接指揮我，讓東亞所大體正常運作，但「東亞季刊」的編輯計劃被打亂，品質大爲降低。到六十六年初，我獲得美國德拉瓦大學的獎學金赴美留學，同時李校長也在我赴美前幾個月前，升任教育部長，我們都卸下一份重擔。

　　大約我赴美前不久，叔心公被派駐薩爾瓦多大使，於是謠言四起，說他對東亞所的師生太好，有搞小組織的嫌疑，派駐薩國，形同放逐云云。我認爲那是讓他多一份歷練，說不定還有更小的官讓他幹呢！果然，因我到美後，租住在一位公行系副教授家裡，他愛蒐集郵票，手頭已有大陸郵票數張，紙張印刷都不好，兩週後國內親友的回信陸續寄到，房東見我們郵票那麼精美，就問我兩岸同是中國，爲什麼郵票精粗形同天壤？我解釋給他聽後，他對台灣極感興趣，爲此他向某一基金會申請補助，到台灣某大學擔任訪問副教授一學期。我來美前已提出教授升等論文，來美不久升等案已通過，我以正教授身份，竟作他的推薦人。然後我以「郵票的啓示」爲題，寫了一篇短文，寄給中央日報副刊編輯部。兩週後，竟收到來自中央日報的兩封信，一封是社裡的，打開一看沒有信，只有一張一百美元的支票。另一封看字跡就知道是叔心公寫的，信中勉勵、囑咐之後，說這篇文章在中副連載兩天。我才知道，叔心公不久前已自薩爾瓦多回國，擔任我預料中比大使還小的中央日報社長。但我斷定：姣龍不會長臥淺水灘！

　　民國六十八年七月，我獲得第二個碩士學位。此前，我的五門學科成績是三個 A、一個 B＋和一個 B，不算太好，屬於中上；但我的論文資格考試是滿分，論文本身成績不用說也是 A，因我寫論文經驗豐富，我的指導老師英文又棒，改的也好，兩個口試委員，一個是他的至交，另一個是最疼愛我的，具有蒙古血統的老師，三位老師問了幾個問題，我一一作答後，就通過了。照以上推斷，我申請博士班應該不成問題。但是這時「美中（共）」已經建交，在美華裔學者都說台灣的生存不超過五年，我雖不信並駁斥此種說法，但我追隨叔心公這麼多年，我深染上他另一種特質，就是深愛國家！並且深恐中共趁機犯台，我從小吃國家奶水長大，萬一有那麼一天，我怎可置身事外？所以那位最疼愛我的包雅爾（Dr.Boyer）教授，要給我找工作，又要推薦我申請博士班，我都婉謝了。於協助我的指導老師張以淳博士反左運動大獲全勝之後，準備束裝返國。臨行前，隨同張老師參加華盛頓美國政治學會（American Political Science Association）的「中國小組」（China Panel）會議，主席唐德剛教授作結論說：「……總之，現在是台灣同大陸統一的最佳機會，大陸允許台灣保持軍隊、保持警察、保持與外國通商……，只要把青天白日國旗降下來，升上五星旗就行了……」我火冒三丈，乃把中共欺騙國民黨、欺騙農民、欺騙知識份子的歷史，統統搬出來，認為一個史學家說這種話，不是不懂歷史，而是為中共張目……，降下青天白日國旗，形同一千八百萬人頭落地，因為那樣做，中華民國才真正失去了主權，任憑中共宰割，一旦中共統治台灣，過慣自由民主生活台灣人一定反抗，反抗就遭屠殺，反抗到底，殺光為止！反正在大陸，中

共最擅長的就是殺人嘛！謝謝大家！在一片掌聲中，唐教授結束會議。會後，大家步行約十分鐘，到雙橡園聚餐。途中唐德剛教授頻頻向我道歉，我也向他鞠躬謝罪，說我是晚輩後學，不該直言衝撞云云。有人對我說：唐教授說那些話值得原諒，因為他安徽老家父母均在，年事已高，他為便於回去探親，不能不替那邊說點話。我說：「孝子不匱，永錫爾類」，我對唐教授只有欽佩和愧疚，沒有芥蒂。

　　餐會中，我宣稱我是張以淳教授的門生，感謝多年來張老師對我的悉心教導，張老師也向大家介紹說：「這位張先生不只是我的學生，也是我的好朋友，他是國內政治大學東亞研究所的教授！」於是大家都向張老師敬酒，使他好有面子。我和唐教授互相敬酒時，他說：台灣這些年來，總不讓我們去看看，不知道是為什麼？我說：「噢！有這回事兒！」

　　我於九月回來後，先去拜謁叔心公，把唐德剛教授的話，向他匯報一遍，並說，我們遠比大陸進步，叫他們回來看看作個比較，對我們只會有好處！這時他已是中央黨部副秘書長，他很注意我所說的話，但沒有表示什麼。但不久，台灣媒體宣布，台灣對所有海外學人門戶開放，唐教授回來看了農村後，對記者說，台灣農村和美國農村不相上下，比大陸進步太多了！

　　民國七十四年暑期，我奉派到陽明山革命實踐研究院受訓。院主任經國先生身體不好，從未到院致訓，叔心公則以副秘書長兼副主任，坐鎮在院裡代替經國先綜覽全院。我常到他辦公室看他，並改稱他為老師。他對經國先生的健康表示憂慮，對國家的未來感到茫然，與他過去的意氣風發，顯有所不同。

　　兩年不到，經國先生就走了。吳老師的痛苦落寞可想而知。他是有工作狂的人，要他不要工作，他必然生病。經國先再多活幾年，那國安會秘書長或總統府秘書長或中央黨部秘書長三者，一定有他一份兒。然而他多年好友的李登輝，只給一個考紀會主委的閒差事，他不生病才怪！李見他身體不好，又給他一個更閒的差事 —— 中國電視公司董事長，要他光拿錢不作事，根本就是要他的命嘛！

　　於是吳老師身體越來越差，於八十五年六、七月間，師母扶他赴美醫治罔效，遂於八月十六日殯天。我有幸參加治喪工作，並扶棺到陽明山送他最後一程，並燒紙錢給他。回家大哭一場。猶憶我在擔任東亞所長時，處處依吳老師的精神辦事，吳老師創所並撫育她六年，我則一生奉獻於所。有些學生說，吳老師是東亞所之母，我是東亞所之父。我則說：東亞所的父母都是吳老師，誰也不配擔此名，我頂多是一名所的園丁而已。

（民國九十九年十二月完稿，刊載於民國一百年元月「寧鄉文獻」。）

有深交的實中群賢錄

　　我常說，在我一生中，最值得回憶和最感快樂的一段時光，便是在澎湖馬公國小的隔壁，土圍子中的澎湖防衛司令部子弟學校，和後來遷到員林，易名為員林實驗中學裡度過的，計自民國四十年春，到民國四十五年秋，前後共達五年半的時間。論長短，只佔我迄今七十六歲生命的十五分之一，但論這段對我生活的重要性，最少要佔我生命的三分之一！因為在這段時光裡，不僅是艱苦中多采多姿的渡過，最重要的是結識一群終生不渝、親逾手足的朋友！老實不客氣的說，擁有這些「朋友」和擁有一個「老婆」之間，發生無法解決的矛盾，相信很多實中同學，都會選擇前者而捨棄後者！

　　我是民國四十年春天，由省立馬公中學，轉來剛從馬公國小搬到隔壁土圍中的子弟學校，進入初中二年級第三班，展開了所謂「艱苦中多采多姿的快樂」生活，詳細情節，我在「實中生活點滴」中已有描述，此處不擬重複。這裡要說的是，那篇文字篇幅有限，主編玉法特別交待不要超過多少字數，所以本文所說的群賢，就不遑容納在那篇文章裡。

　　說實在的，在我的意識型態裡，山東是聖賢最多的省分，山東人在眾多聖賢濡墨薰染之下，都具四維八德的涵養素質。當然「異化」的品種也是有的，不過比起其他省分米，

比例上就少多了。全國人都管叫山東人為「老鄉」，這「老鄉」二字，實含蘊著豐富的讚美禮敬之意，表示山東老兄是「誠樸敦厚、愛人以德、寬以待人、薄以待己、記人之恩、忘人之仇……」等，種種人間情誼的優良品質！

　　我說這段話的意思，表示實中的同學們，除極少數的異化份子以外，都是我所謂的賢人。只不過我所待過班級有限，未待過班級中的好同學，我不認識，或認識而不深刻，所以無法去寫他們。這裡我要寫的，都是曾和我同班，或雖不同班，而有密切互動關係的。我不是司馬遷，也不是司馬光，寫下的作品，也不會垂諸後世，為他們揚名立萬，只是表示我的一番情誼而已。

一、徐炳憲

　　我來到初二、三班後，發現有個「四人幫」，其中首領似乎是孫英善，下面有張玉法、徐炳憲和潘元民三人。他們四人，一應作息在一起，好不親熱。生活上英善安排，功課上玉法領頭，其他二人奉命唯謹。英善是天鵝，我是賴蛤蟆，沒資格和他攀交，就不去說他。其他三位，依次和我建立友誼的，是炳憲、元民和玉法。

　　炳憲個兒不高，不算胖，也不是像我那時的瘦子，走起路來，似乎有點兒「白卡」，白皙的皮膚有點氾黃，大概是生活艱苦營養不良所致。初二的孩子，應該是活蹦亂跳的年齡，可是炳憲却走路慢吞吞的穩重，說話咬文嚼字的謹慎；額頭上有顯著的條條皺紋，笑起來有溫煦的慈祥神態，因為具備了這些特徵，所以被同學尊稱為「老先生」。

　　當時，我是個活潑好動的孩子，瘦得像隻猴子，這「小孩兒」的暱名，很可能就出自炳憲之口，因為他常逗著我玩，起我個渾號，當屬自然。

　　我和「四人幫」一直同班到高三，我們這班，不用功的同學，在高一、高二時都轉到別班去了，到高三時，在員林醫院借用教室上課，右加入陶英惠、趙彥賓等，幾個優秀同學，共計三十四位同學，大約考取大專的，就有三十一人，只有我和炳憲等數人沒考取。我的數學超壞，根本就存心「降班」，所以四十四年的聯考，我連還不錯的法商學院志願都沒填，然而抱著一試的心理去考試，居然以數學十三的低分，可以錄取到法商。沒填志願，當然錄取無名，遂達到降班的預設目標。炳憲老成持重，不降班，乾脆先就業再說，遂唸了特師，即留校修一年的師範課程，畢業後同另一位河南同鄉，和我也滿要好的張成澤同學，一起分發到台中縣北山坑國小任教。我則運氣超好，遇到數學很棒的梁迺遜學長，和有耐心和愛心、又有超優教學方法單一之老師，使我數學在乙組以超標準的七十八分，在四十五年秋進入政大邊政系。在大學四年中，和炳憲當然是「魚雁往返」。記得在四十八年暑期大專車壠埔集訓時，曾到距此不遠的北山坑，去拜望炳憲和成澤，三人久別重逢，那快慰勁兒就不用說啦！那時他們學校有位女老師，年齡和我相當，胖呼呼的身材，團團的臉蛋兒，大大的眼睛，滿可愛的。炳憲、成澤半玩笑式的介紹給我，他倆問她願不願給我一張簽名照，沒想到她居然給了。我那時傻里傻氣，根本不知道女朋友怎麼個交法，於是回到營房，給他（她）們三人寫了張明信片兒，對他（她）們的招待表示謝意。這下可毀啦！炳憲回信說，那妞兒氣得

吹鬍子瞪眼，抱怨說，你們的同學怎麼那麼不解風情？不單獨給她寫信還在罷了，居然用明信片寫，讓她曝光在全校老師面前，好沒面子！我大概是寫給他倆信道歉，但並沒有給她寫，就此了結。

　　閒話休表，且說炳憲從不以「吃飯」為滿足，他每年都參加聯考，但考運總是不佳，直到四十九年我政大畢業那年，他才考取我們政大夜間部的政治系。記得我們政大的夜間部只辦過這一屆，次年就停辦了。這次考進來的同學，包括炳憲在內，都很優秀。畢業後考上碩士班的比例很高。我服完預官役，回到政大社資中心服務一年，於五十一年考取政研所，與炳憲更親蜜的暱在一起了。此時李超老師自實中母校退休，應聘到景美某私中任教，我們師生三人，吃飯聊天逛風景，真是不亦樂乎的度過好幾年時光！大約是五十二年，炳憲胃病開刀，病因是胃潰瘍。他在五十四年政大畢業後，辭去郵局待遇不錯的工作，轉赴埔心國中任教。當我研究所畢業，到陸軍官校任教兩年，五十七年回到政大東亞研究所，他剛好那年考取政大政治研究所，我們又第三度暱在一起，這回再也不分開了，因為他政研所一畢業，就在苑覺非校長的協助之下，順利留在政大政治系任教。時間約在六十九或七十年，他多年來為考試受盡煎熬，太累了，決定不再考博士班，把時間用在讀書著作上，學術論文寫就發表，任講師四年，有每週八小時以上的課，即可提升副教授；再繼續發表學術論文，四年一到，即可提升正教授。按此推算，他應該在七十八年左右就升上正教授了。這期間，我在忙東亞所行政業務，後又出國進修，東亞所又在校外，平時我們接觸的時候並不多，有之，也是實中同學聚會、同學、同事宴會

或同事集體郊遊等場合。遇此，他和國文系任教的侯志漢倆沆瀣一起，我就倒霉啦！諷我這、刺我那，直到他們樂趴為止！

　　別看他是個溫吞的老先生，遇到堅持的問題，那執拗的勁兒，簡直像頭蠻牛！有次我們為某一問題各自堅持，由說而辯，由辯而吵，最後氣得他摔電話筒。幸虧那天晚上我們同學預定聚會，見面握手一笑泯恩仇，這就是知己！

　　他在副教授任內，在考試院各種考試時，總有人請他做襄試委員，他閱卷緩慢仔細，口碑特佳。升了教授，跟著也升了典試委員。懶的典委，往往就把人家襄委給的分數加減一點兒，把四題分數一加就算啦。炳憲和我都是一個認真的個性，一到暑假，我們在考試院閱卷場見面的機會就多了，閱一陣子，聊一會兒，抽根菸，再埋頭苦幹。內人何華也是認真得出名，故總有人請她做襄委，見了炳憲，總是徐大哥長徐大哥短，而炳憲也是阿華長阿華短，所以內人對炳憲的奮鬥史，經由我的轉告，也瞭若指掌，所以對炳憲十分欽佩。

　　民國八十三年，炳憲因過去胃疾開刀，留下一半的胃，轉成胃癌，住在仁愛醫院化療期間，我幾乎天天去看陪他，內人也常去看他，給他加油打氣，但他自知病況嚴重，乃說：「黃泉路上無老少啊！……」，說著，淚珠子便從雙眼滾滾流出。他的淚不表示他怕死，而是捨不得我們這些好友和他兩個幼兒。不久，他被推到病房外的服務台旁，在他僅有的短暫生存時間，醫院還不讓他安祥的度過。我在病房找不到他，問護士，她說：「這不就是嗎？」我看護士所指的病床，簡直完全不認識了……。他見了我，似乎有人替他撐腰，乃鼓足力氣罵護士的不仁不義，我說，罵得好！該罵！但是當天晚

上就走了。後事由玉法主導辦理，指定由我任治喪會總幹事，不負玉法的付託，我該做的都做到了，包括中央各機關首長、北山坑國小、埔心國中、木柵郵局、政大同學同仁，以及我們實中同學，訃聞全都發到了，可以說辦得很排場。

他走後，玉法、元民和我常常想念他。有一次，我開車到六張犁墓園給他燒紙錢，短短兩三年，因埋葬者多，地形變化嚴重，說什麼也找不到他墓宅的位置，只好在路邊對著他所在方向遙祭了。玉法、元民也遇到相同情形，遂給徐夫人寫了封信，央求他帶我們去一趟，沒有回應也是預料中的事，因為在炳憲生前，她就把我們這些同學視為「狐群狗黨」！

甜蜜的果實，永遠屬於奮鬥不懈的成功者，炳憲和我都屬於天份中下的人，如果不努力奮進，很可能淪為凡夫走卒。但我們都很努力奮鬥，而且愈挫愈勇，把不算好的天賦發揮到極限，終於達到我們最理想的境界。我自己感到欣慰，也更佩服炳憲的勇氣和毅力。如果來生再世為人，當以炳憲為榜樣，在人間作最好的發揮。

二、潘元民

俗話說：「物以類聚，人以群分」，實中在大的方面，有山東、河南、江蘇、湖南、廣東、浙江等族群；在較小的方面，如山東就有嶧縣幫、臨沂幫、膠州幫等族群；在更小的範圍，又有班級的不同形成不同的小圈圈，凡此都是按人以群分的自然原理發展而成，無可厚非。

元民和我在族群的歸屬上，界限都比較模糊。元民屬於大範圍的山東；我屬於大範圍的河南。可是我倆却與所有省

籍的同學相交好。而元民是屬於山東次級族群的嶧縣幫，可是他又活躍在山東各次級族群之中，非常難能可貴。

元民瘦高的個兒，頭形前後突出，屬聰明形的人，挺直的鼻樑，纖巧的嘴形，一雙慈祥的眼睛，兩道粗濃變白的眉毛，加上白額的頭頂，故得了個「道長」的雅號，頗感實至名歸。但元民可不是白蛇傳中法海那號的道長，法海是拆散白素貞和許仙美滿姻緣的劊子手！我們的元民，可是利用他在實中各大小族群中的良好人緣，像黏合劑一樣，把大家結合在一起！你若不相信我的話，請你問問他：某某同學是那省人、那個流亡學校而來的、那個山東分校的、在那個班待過的……等等，他無不如數家珍。他這樣的人，在實中同學中，只有他和孫法彭學長能做到，其他人鮮有這個本事。

正因為元民的人緣好，滲透力強，故能打入鋼鐵般堅強的「臨沂五人幫」之中，而且和他們水乳交融，毫無異類之感。「臨沂五人幫」的原始成員，是以李實馨為首，下有劉秉義、符秀歧、王其文及王露蓮等。元民打進去以後，也變為核心份子之一，故原來的「五人幫」又擴大為「六人幫」。因為該幫領袖李實馨屬幹練而有魔力（charismatic）的人物，吸收及組織能力都很強，故又把張友謙、鞏培超、王澤洪、黃人英和我等異質份子，都網羅進去。直到現在，核心份子符秀歧和外圍份子黃人英兩位兄弟都走了，但這個組織在實馨、元民和秉義的領導下，仍然強固如昔，其中，以元民那黏合力發揮了關鍵性的作用！

元民另一個特點，是他性情溫柔，講話輕聲細語，從來不發脾氣，也不講粗話和穢語，修養非常好。你開他玩笑過度，他頂多說你一聲「你這個臭小子！」了事。

　　前面我曾提到，看他的頭型就知道，他是個聰明人。但是却沒有炳憲那樣的苦功，但却仍然考上不錯的測量學校。該校在大陸上名氣很大，到台灣仍然勝過很多公私立院校。我堂兄張鳳林就是該校在台第一屆畢業生，數學、英文都很棒。元民、秀歧能考上該校，證明都非等閒之輩！

　　元民在測校畢業後，在軍中服務若干年退伍下來，便被工科名校大安高工延攬，教授地籍測量的課程。秀歧也畢業於測校，退伍下來任職於台北市政府地政局。元民在學校講理論；秀歧在市府做實務，兩人相得益彰。

　　元民好的人際關係，不僅發揮在我們實中同學之間，而在大安高工也是很出名的。有一事可以說明這一點，即他在大安高工退休這麼多年了，可是該校每年的招生考試，命題和閱卷每年都有他的份兒，十分難得！

　　元民對同學的熱心幫助，當然是竭盡所能，不遺餘力。以我個人為例，民國九十三（2004）年十一月初，因心血管堵塞嚴重，非進行「繞道手術」（by-pass operation）不可，即把腿部暢通的血管，移植到心臟部位，使全部心臟血流暢通。這是一種大手術，事前醫生告訴我和內人說，這手術失敗的機率高達百分之三十，叫我們早作心理及其他方面的準備。內人一聽就緊張得難以自持，我看必須要人協助的固然是我，尤其是內人在此時此刻我不能獨立自主的情況下，必須有人協助，不然她會被嚇得神經崩潰，因為我們「幫主」實馨在大陸，遠水救不得近火，遂打電話給我們幫的「秘書長」劉秉義，秉義又將訊息傳達給元民和龔培超。因為秉義和培超距萬芳醫院都很遠，乘公車到此要在路上花很長時間，他倆每天來看我，但在此所待時間都不能太長。相對的

元民距此較近，他不僅每天都來，而且一天大部份時間都在看顧我，並作我內人精神上的支柱。據內人說，我在手術當天下午兩點鐘被推進開刀房，一直進行到深夜十一點半，方被活著推出來，其間長達九個半小時。在這麼長的時間裡，內人嚇得直哭不停。元民這時的安慰和鼓勵發揮了最大的鎮定作用！走筆至此，我對元民、秉義和培超的恩情，直讓我感懷落淚！

三、張玉法

　　玉法是位老夫子，沉默寡言，除了吃飯睡覺之外，整天坐在小杌子上，在雙腿托著的圖板上，埋頭做功課。在初二到高三，我似乎不曾跟他說過話，直到我們都過了不惑之年，才有接觸的機會。

　　他個子不高不矮，不胖也不瘦。頭形前面飽滿，後腦突出得很顯眼，雙眼炯炯有神，面色紅潤，毛髮稀疏，一看就知是個非常聰明的人，走起路來，兩腳像拖著百斤重物似的，真所謂一步一腳印。手掌特別大，指頭長而粗，按常識的說法，是個有福氣的人。可不是嗎！直到現在，我們都快八十了，一般人不是這病就是那病，天天靠一堆藥維持生命，但從沒聽說玉法生過病，這就是他最大的福氣。

　　玉法超好的健康，得力於他沉靜的個性，四十歲之前，不曾和他說過話的同班同學，可能還不止我一個人，可以說，真正達到心無旁鶩的境界。因而考大學在我來說是登天梯，在他來說是吃冰淇淋，不費吹灰之力，便以第一志願進入國立台灣師範大學史地系，服完兵役後，即考上政大新聞研究

所。研究所畢業，被中研院近史所延攬，從助理研究員一路晉升到正研究員。其間，他在清末明初的現代史領域，著作甚多。我在許多博碩士生的讀書報告和畢業論文上，看到他的著作被引用，內心有無限的驕傲，直覺得我有這樣傑出的同窗，似乎比人高了一節！這些超高份量的著作，終於將他推上學術地位的頂峰—中央研究院院士，他把聰明智慧，努力用功發揮到極限，有這樣的榮譽，當屬實至名歸！

　　大約在民國六十三年暑假，莊惠鼎、孫法彭等學長，及李實馨、范貽皋、張玉法、陶英惠、陳永昭、潘元民、劉秉義、符秀歧、黃人英、張煥卿等同學及劉彭佛學弟，共同決議：在青年公園舉行實中同學四十歲慶生大會。當時我們這一群，除貽皋較大一點，彭佛較小一點外，其餘都在四十歲左右。大家決議：為了共襄盛舉和熱鬧起見，不拘年齡也不分地域，凡能連絡得到的，一律發函，邀請踴躍參加！日子我已記不得了，反正那天出席的，可能有好幾百人，全台灣不分東南西北，凡收到邀請函的，絕大多數都來了。會議的性質已由四十歲慶生會，轉變成「校友會」。會中除惠鼎、法彭學長及實馨同學致詞外，有切大蛋糕、跳舞、歌唱等餘興節目。那時青年公園剛平了地面，尚未種樹，那麼大的範圍，竟然坐滿了人，真是盛況空前，極可能也是絕後！在歡呼聲中，「台灣省立員林實驗中學台北校友聯誼會」誕生了！前面所說的幾位，統統被大家公推為幹事，在幹事會中，又共尊惠鼎學長為榮譽會長，法彭學長為榮譽副會長，李實馨同學被公推為會長，總攬會務，實馨又命張煥卿為總幹事，佐理會務。我當時紀錄會議全部過程，會後並出刊小報乙張，將紀錄公佈其上。謹借恭寫玉法之便，將「聯誼會」成立的經

過，公諸於世。六十六年我出國進修，六十八年回來後，聽說有人「鬧場」，說惠鼎學長「把持」會務云云，弄得大家不歡而散，「聯誼會」又不是什麼權力機構，無權又無錢，有什麼好把持的？真是天大的誤會。為了維護我們的清白，在現任會長孫崇文學姐任會長之前（民國九十八年），我們形同退出了聯誼會，即每年收到集會通知，我們都不出席。崇文學姐，是我們由澎防部子弟學校遷到員林，易名「員林實驗中學」，第一屆畢業的高材生，人長得漂亮，又有「三鐵皇后」的榮銜，我們為捧她的場，大家也都陸續「歸隊」。這位大姐也真厲害，她摸清了我是原始幹事會的總幹事，人緣不錯，於是又讓我重作馮婦，當她的「備位總幹事」，唯一任務就是請原始創會人員歸隊，其餘什麼事都不讓我幹，指揮一批學弟學妹們去操勞。

　　玉法是史學大師，這段歷史由我寫出來，諒有些許參考價值，老夫子定不會怪我離題嘮叨吧！

　　就是在這個「聯誼會」的幹事會，玉法和我才由初步交往，而變為來往密切的朋友。再由一般的朋友，最後成為莫逆之交。這中間的媒介有三：一是幹事會的活動；二是前述的炳憲兄，炳憲知我很深，自然影響玉法對我的觀感；三是「新知」雜誌的發行。前二者毋容細表，茲簡述「新知」的創刊情形。

　　玉法和英惠在中央研究院近史所，是在同一間研究室作息。他倆和其共同好友，在國民黨黨史會任處長的李雲漢兄，約我創辦一本純文藝及學術性質的刊物，絕口不提政治，以發表我們自己或其他學人的作品為目的。我們三人共請雲漢兄任主編，初步由四人共同出資、共同撰稿。俟將來有了廣

泛稿源和銷路，再作其他打算。玉法是個老夫子型的理想主
義者，當時我就悄悄的想，可能沒有沒說出口，純學術、不
沾政治，又沒有相關奧援，恐怕難以持久。這本小巧的刊物，
在雲漢兄心血的灌注之下，於民國五十九年問世。玉法清季
政黨的研究純學術論文，連續在「新知」上發表；我的「第
一屆中美『中國大陸問題』研討會」記實，長篇半學術性的
文章，也在創刊號上刊出。玉法的論文，奠定他此後中國現
代史權威的基礎；我的文章，也有些許的價值，記得在文章
發表不久，一位香港作家，曾在傳記文學刊載的文章中，引
用我該文中的資料。又最近我撰寫「懷念政大東亞研究所的
父母—吳俊才老師」一文時，曾到政大國際關係研究中心，
去查閱有關上述研討會的資料，發現這麼重要的一次會議，
其檔案中竟然沒存有中、美出席學者的完整名單，僅有一份
記者的採訪文中，有美國出席學者的中文名單，其中連一個
英文字母都沒有。但在我的「記實」中，却將中美出席學者
的中英文姓名，完整的記錄下來。正如當初所預料，「新知」
只辦了一年，便宣佈停刊。原因不出在稿源，而出在經費難
以為繼，正因為沒有經費支持，雲漢兄雇不起助手幫忙，由
個人料理一切，也實在太累了。在此，謹向雲漢兄一年的辛
勞，致最高的謝意與敬意！

　　且說玉法和我經由一連串的互動，逐漸對我有瞭解和信
賴，所以在料理炳憲的後事時，才指定由我任總幹事。

　　從此，我也發現他並非古板的老夫子，有時還會說些輕
輕鬆鬆的笑話，只是像個大姑娘，人家笑的時候，他臉却紅
了。

　　玉法編著的書，我都拜讀了，受益良多。我的學生引用

他的著作撰寫論文，我也不遑多讓，尤其到香港參加國際學術會議，所提有關「第五次圍剿」那篇論文，引用他所編「中國現代史論集」第五輯中，關於廣東陳濟棠，廣西李宗仁、白崇禧，桂州王家烈，雲南龍雲，四川劉湘、劉文輝，西北馮玉祥、閻錫山及東北張學良等地方軍人，在蔣委員長剿共過程中，所起的負面作用等等，使這篇論文增色不少。新聞系的李瞻老師在回程時對我說：「煥卿，你這篇文章寫得最認真，其他的我都丟在旅舘房間自紙簍裡了，只帶你這一篇回來。」依照美國學界的習慣，引用人家的資料，事先要打電話徵求人家的同意。我們師生那個也沒徵求過玉法的同意。在此謹向玉法表示謝意，並說聲對不起，並祝夫子萬年長青！

四、劉秉義

　　秉義長相有兩大特點，一是皮膚黝黑，二是嘴唇特厚。皮膚黑的人，多富正義感、講公道、明是非，包拯就是這樣；嘴唇厚，表示為人厚道仁慈，不會苛薄寡恩。

　　秉義為人，富有強烈的熱情和正義感，你請他幫忙，只要是對的，他便說一聲「好！」，便立刻幫你辦到，不打一點折扣。他師範畢業，大半生任教於台北市天母國小，就因為他公正無私，熱心助人，故被歷任校長任命為訓導主任。他有權管教學生，無權管教老師；他有輔導學生的義務，卻沒服務老師的責任。然而學生們被他管教得乖巧端正，受到家長們的肯定和尊敬，常聽說他被某家長請客，某家長邀宴。一位沒權沒勢的訓導主任，能受到這麼大的尊敬，在教育界並不多見。可以想見的是，某家的孩子一定是冥頑不靈，被

秉義的愛心和耐心，管得變為乖孩子。老師們的問題和困難，有時連校長都沒有過問或解決的義務，但是大家都知道秉義有熱心有本事幫他們解決，而秉義也樂於幫他們解決，只要一聲「好！」，很快就迎刃而解了。所以老師們有時把秉義看得比校長還重要。秉義家藏很多中外名酒，據他說，都是各老師暑假出國觀光回來送他的，他個人不大會喝酒，但會喝酒的同學們可有福了！

民國八十三年，我心臟手術前，醫生說：這手術有 30% 的失敗風險，內人聽說如此危險，便嚇得哭個不止，我怕自己萬一在手術台上走了，她會熬不下去，遂打電話給秉義，要他幫內人加油打氣。秉義通知了潘元民和鞏培超，我受醫生的悉心治療和天主的慈愛保佑，存活下來。加護病房十天，普通病房五天，三位同學和內人日夜守護，大恩不知如何得報？只有祈求天主，保佑他們福壽康寧！

秉義疼惜符秀歧的程度，勝於疼自己的兒女，所以秀歧生前被稱為是秉義夫婦的「乾兒子」這回事，秀歧似乎並沒很反對，似乎是認了，一年數節，秀歧一定在秉義家過。春節不僅在秉義家過年，而還邀一群同學作陪，人數通常是兩席，麻將兩桌，一桌是十三張的老麻將，一桌是十六張的新麻將。上午兩桌同時開打，中午十多人分兩桌同時享受秉義主廚的年菜大餐，大、小炒每桌十幾道，洋酒、白乾、金高、紅酒全上，呼魯喝赤、笑叫玩鬧齊鳴，堪稱過年最熱鬧，天下快樂第一家，通宵達旦，一累方休！把秀歧快樂得精疲力竭，我開車送他回公家宿舍，倒頭便睡，絕對忘記自己孤家寡人的冷清和寂寞！

我退休前，教課和行政業務兩忙，白天沒空讀書寫作，

晚飯後睡上一個多小時，起來熬夜讀書寫作，咖啡兩大杯，香菸兩三包，一夜很容易過去。就這樣，從民國五十七年到八十九年，三十二個年頭很快的過去，開始時，國際關係研究所兼東亞研究所主任吳俊才夫人—馬均權女士，首先叫我張講師，三年後改稱張副教授，四年後又再改稱爲張教授。全體兩百來位國研所同仁，都隨吳夫人這麼稱呼我。中間，吳夫人也是我敬愛的吳師母走了，不久我被稱爲張所長幾年之後退休，內人怕忙慣了的我，忽然閒下來不能適應，便教我打十六張新麻將，與同學和朋友消遣。年輕時，以李實馨和劉秉義爲中心的臨沂幫，叫我去實馨府上作客，見他們在打麻將，我曾嚴詞訓斥他們年輕輕不求上進，整天坐在牌桌上幹那種浪費青春的事兒。自己退休，竟也幹起這種自認腐敗的事來，真是風水輪流轉，還上了好多年的癮，沒牌打的時候，手還癢的難耐呢！後來內人見我找不到搭子，坐立不安的可憐勁兒，遂又把我引到酷愛京劇的路上！內人說，她小時在上海隨父母到戲院，在包廂坐不住，跑到臺前，看梅蘭芳精彩的表演，謝幕時，滿場的闊太太把金鐲子、金項鍊撒滿舞台，我聽了，不禁神往，自嘆生不逢「家」。其後隨內人到木柵國光劇校、中正紀念堂、城市舞台、國軍文藝活動中心等處，觀賞京劇回家，不懂的情節，經內人解說，逐漸入門，並發生濃厚興趣，甚至到上癮的程度。戲癮遂沖淡了牌癮。至今是有適當搭子就打牌，有京劇或河南梆子就看戲；沒牌沒戲就讀歷史文學一類的書，遇人逢題，還比葫蘆畫瓢寫詩弄詞，晚年生活還算多采多姿！

　　閒話休表，且說秉義在秀歧四年前臥病期間，幾乎是日夜守候在病褥，他能吃什麼，便叫太太在家做什麼拿到台大

醫院，秀歧能自己吃時，便看著他吃下去，到秀歧病重，不能自己吃時，便把他病床搖高，一口一口的餵下去。那疼惜的情誼，不異於自己的妻子和兒女。和秀歧有交情的同學，也都分別打電話告知秀歧的病況。我在桌上接到秉義的電話，次日一早便寫下一首加油打氣的詩，去台大醫院了，並經告知秀歧有多處癌細胞，包括肺癌，我聽到有肺癌，想必吸菸所致，遂立刻把香菸熄掉，從此戒掉吸菸。我在「實中校友頌」那首詩中所說「休煩年邁無人扶，眼前總有杖一根」，就是有感於秉義對秀歧平時的照顧，和病中不眠不休的疼惜，有感而發的。秀歧走了，秉義又把他骨灰託同學捧回臨沂老家，交給他的家人安葬，這種蒼海深的情誼，把人性的善良、朋友之間的情誼，發揮到無以復加的地步！

有人說，嘴唇厚，不善言辭，非也！秉義可是滔滔雄辯之人，得理有饒人的雅量，不會洋洋得意，不得理也不會硬拗，難為情的笑笑而已，證明是個很有理性的君子。

五、鞏培超

我在實中，沒有和培超同過班，記得在四十四年第二個高三二班，培超是一班，他常常習慣的站在教室門口，看椰子樹上碩大的成串椰子，似乎想摘一串下來，過過癮，但不會爬樹，只有羨慕松鼠自由馳躍於樹上的份兒。

嗣因培超也是「臨沂五人幫」外圍份子之一，同時它也是唸政大國文系的，有這兩層關係，我們倆遂由認識而熟習，由熟習而結為好友。

前述劉秉義學長，為符秀歧每年春節設大宴擺大局的時

候，培超也必是座上客之一，他在牌局中是十三張老麻將的高手之一。後來我們和已故宋江濤老師，也師生無分老幼的玩在一起。培超、元民、秉義、已故的黃人英和我，不是在宋老師家，就是在培超家，再不就在深坑我的空屋中，玩十六張的新麻將。我們不論在誰家玩牌，都不同流俗，不收頭錢，純由主人招待一切，有時由大贏家請客吃小館，好不快樂的過了好幾年。

培超高三一班的好友，宮丕章同學的尊翁宮伯伯，是先父三十九師的同袍戰友，我們唸大學時，兩家也同住台南眷村，我們可說是關係密切的眷村子弟，彼此雖無親蜜的互動，但都敬重彼此的為人，丕章數理極佳，台大畢業，即負笈加拿大留學，得工程博士學位，在加國事業很有成就，宮伯父伯母在台南相繼過世後，他回國都來台北探望舅父，順便看望同窗好友的培超。培超知悉丕章和我的關係，乃約我及三五好友，陪丕章聚餐喝咖啡，快樂的過上大半天。

培超和秉義一樣，膚色稍黑，額頭寬高發亮，雙眼炯炯有神，一望即知是個很聰明的人，走起路來，四平八穩，聰明而穩當，說話慢條斯理，從未見他慌張過。十六張麻將在同學中，無人能及。有一次在光復南路鍾小姐家裡，在座有孫景鎮學長、培超和我四人，景鎮說他在某處有連放九砲的紀錄。我說，今天我可能追隨學長，連放九砲，真是一語成讖，真的連放九砲，其中八炮是放給培超的。後來培超見我快輸光版了，再放他炮，籌碼也不要了。從此嫌我麻將技術太差，上駟對下駟，頗感委曲，從此不跟我打麻將。

九十三年十一月四日，我心臟手術住院那半個月，秉義通知了培超，從此他和秉義、元民三人，每天到醫院看顧我，

頭次來時都提一盒雞精，並囑咐我出院一定要喝下去，不可嫌味道不好，棄而不用。我出院後，食慾欠佳，從八十公斤瘦到六十五公斤，體力很差，想到培超的囑咐，乃將他們好心送的雞精，一瓶一瓶的喝下去。結果食慾大開，體重逐漸升到現在的七十二公斤，而且精神飽滿。這幾年每年隨團去大陸觀光一趟，江南遊時，中山陵中間只休息一次，便能上去向國父行禮；去年（九十九）三月，又去湘西張家界，那九百九十九梯的「天門洞」，我也咬緊牙關一梯一梯的爬了上去，證明我的體力和五、六十歲的人相差無幾！想來都是拜培超之所賜，內心的感恩，實非筆墨所能形容，原來培超雖非醫學出身，但他重視養生之道，舉凡報章雜誌上有關醫學常識，及保健方面的文章，他都廣事蒐集；那裡有關於醫療保健方面的講演，他也多所聆聽。所以雞精對剛出院病人的滋補作用，想必早已了然於胸。我遵囑食用之後，竟有這樣好的效果，所以我的親朋好友生病住院，我都送他們這種禮品，並說明它的奇效。

培超是國文系出身，並在高中教授國文多年，照說應該寫點東西，可是他却藏拙的述而不作，見我老在這方面賣弄文墨，不只不笑話我，還鼓勵我繼續筆耕不綴，想來也是君子愛人以德的表現。常想，生平有這麼好的貼心朋友，真是太幸福了。願培超把養生之道，多用在自己身上，長生不老！

六、劉鵬佛

在這篇「實中群賢錄」中，鵬佛是最年輕的一位，起碼比我小十六、七年歲，台灣出生的外省軍人子弟，祖籍湖南

寧鄉，馬英九總統尊萱馬老夫人的小同鄉。文化大學歷史系
畢業後，先到台大擔任職員工作，並累升至組長。鵬佛這個
經歷，和我頗為類似，均感在大學裡，是教員的天下，職員
不過是服務教員和學生的下人而已。所以力求上進，考取文
大歷史研究所，獲碩士學位。大約是在台大組長任內，公餘
之暇，在文大歷史所進修碩士學位的，獲學位後，一方面仍
在台大任組長，另方面在文大歷史系兼課，並不斷孜孜研究，
發表著作，由講師而副教授，由副教授而教授。及至台大職
員年資屆滿退休，拿到一份公務員終身俸，而繼續在文大擔
任教授，等於是工作上的第二春，這是最妥善的人生規劃。
不僅在經濟上有所助益，而晚年的歲月打發上，亦較充實。
此蓋文大實比較教育部聰明，人在六十五歲這個年紀，是學
識思想達於成熟的階段，教育部強令公立學校教師六十五歲
退休，不啻是人才的浪費和學術的蹧蹋！說文大聰明，是它
的教師可以專任到七十五歲，整整比公立學校多十年的黃金
教學歲月，把教師最精華的學術思想灌輸給學生，學生程度
提高，是為必然。以我在東亞研究所服務三十多年的經驗而
言，文大大學部畢業考取東亞所碩士班者，以及碩士班畢業
而考取東亞所博士班者，比例都很高。究其原因，乃各名牌
公立大學教師被迫退休，皆為文大延攬禮聘而去，把十年的
黃金歲月，都獻給了文大，使文大的水準不只為私校之冠，
還有超越許多公立大學的趨勢！我家住一所私立大學旁邊，
常常看到教師坐在講台上低頭在看什麼，下面學生有吃東西
者，有交頭接耳談笑風聲者，可是校門口懸掛著巨幅廣告「教
學優良學校」。我真不知道它優良在那裡？寬敞優美的校園，
幾十年沒看過一個學生在校園看書，忽然有一天我在該校校

園看到一學生在專心的唸書，覺得好開心，終於看到該校一個用功的學生，過去問他是那一系的，他說他是清華大學的。該私校學生之不用功，與此可見一般！據云，該校聘請教師與文大剛好相反。文大是專門撿公立大學退休成熟的優秀的碩彥；而該私大是專門聘請有博士學位的年輕教師。博士是一種頭銜，在他的專業範圍內，下十年以上的苦工，才真正算是有學問。剛出道只不過是個教師中的「菜鳥」，絕對不能同下一輩子苦工的學士出身的教師相比！

我些這些話，是說明鵬佛現年不過六十來歲，從他編輯「湖南文獻」和主編「寧鄉文獻」兩本雜誌的學術根底，和成熟而流暢的文筆來看，鵬佛是下過苦工的，以後還有長達十五年的黃金歲月，可資利用。繼續深耕鑽研，不難成為一方大家！

鵬佛在實中同學聯誼會方面，自始就是個熱心的參與者。他熱情、隨和又勤快，見人總是笑口常開，稱人不是「學長」就是「老師」，在同學中的人緣極佳，聯誼會的幹事一定不能缺了他，否則不只湖南同學可能失聯，而幹事中缺少他這樣有經驗的骨幹，會務推行必欠順利，何況他還擔任過若干年的會長呢！

年前，我曾花了近一年的時間，為我在美國德立華（Delaware）大學的恩師，已故張以淳教授，寫了篇長達兩萬字的紀念文，就商於鵬佛，他誠懇的告訴我，「湖南」及「寧鄉」兩本文獻刊物的編輯原則是，湖南人寫湖南人和事物為最優先；湖南人寫外省人和事物次之；外省人寫湖南人和事物又次之。至於外省寫與湖南不沾邊的人和事，那就不便刊載了。我聽後覺得合理，且心目中一直有一位湖南籍的偶像

人物，值得早應該寫，只是覺得人微言輕，我寫了也不足彰顯他的偉大，所以不敢下筆。鵬佛說，文章所寫人物的角度不同，只要是真實的，都是有價值的。我接受鵬佛這一提醒，立刻用一天二十四小時間，寫了「懷念政大東亞研究所的父母--吳俊才老師」這篇七千字的文章，因為我是局中人，寫來不需多加思考，只要鋪陳事實足矣！該文在民國一百年元月「寧鄉文獻」上刊出後，寄給吳老師的令婿王壽南教授一本，立獲他的謝函，表示還算恰如其分，聊以自慰！感謝鵬佛。

七、袁時中

　　時中，河南南陽人。原名澤東，民國三十八年，中共蓆捲華北，華中亦將不保，河南南陽各中等學校聯合編組，向南流亡，途經湖南衡陽，又有部份衡陽師生加入，遂合組為「豫衡聯中」，隨黃杰將軍之九十七軍，向南遷逃。中經中越交界之十萬大山，前有崇山峻嶺之阻滯，途有無底之深塹，後有共軍機槍之掃射，這批流亡師生命運之坎坷，就可想而知矣！是以三千餘師生之中，遭共軍追擊打死者若干，黑夜逃亡踏空陷塹而死者若干，饑餓和病死者又若干，是以到法國殖民地越南境內時，三千餘豫衡聯中師生，只賸下兩百餘人了，這兩百餘人中，袁澤東是其中的一個倖存者。黃杰將軍基於對國家的忠誠，及對民族幼苗的愛護，乃與法國殖民當局的折衝交涉，將倖存的兩百餘人豫衡聯中師生，展轉的安排到越中富國島金蘭灣地區。在這裡他們算是得到喘息的機會，住的是軍隊和師生一齊動手蓋的茅蘆，吃的是法國殖

民當局供應的糧食。基本生活問題解決了，絃歌之聲悠然而起，北大文學系出身的張子靜老師，被公推爲校長；史學精湛的甯長信老師，被敦聘爲教務主任；處事穩健的程恆甫老師被敦聘爲訓導主任；人緣好善交際的宋江濤老師，被敦聘爲總務主任。初高中國文課由張校長教；英文由深具程度的高年級學長劉岱先生教；數學由宋江濤老師教；史地由甯長信老師教。有課本的可能性不多，因爲流亡過程中，保命之不遑，課本多所散失，各任課老師多嘔心瀝血，從肚裏挖給學生。就這樣，從民國三十九年，到民國四十二年，由在台澎金馬地區安定下來的中華民國政府，把這批流落在越南的軍隊和豫衡聯中師生，接回到台灣祖國，分別妥善安置。其中豫衡聯中高年級同學進了大學；中低年級的二百人左右及老師，被安排在我們員林實驗中學就讀和任教。

　　就我所知，豫衡聯中被安排到實中之後，與實中原有的師生，可說是化爲生命共同体，沒有發生過任何隔閡或失調現象。其中甯長信老師的歷史教得極爲出色，有口皆碑。甯老師似乎還當過教務主任，程恆甫老師曾當過總務主任，郭俊生老師也當過事務組主任；而音樂的沈樂老師也曾與王忠志老師合作，爲莊仲舒老師作詞的「實中校歌」譜曲。這些都說明兩個事實：其一，以山東師生爲主流的員林實驗中學，像大海之不拒細流，而廣納百川，故能成其大也。這說明山東人心胸之廣擴，而沒有嫉賢忌能的狹隘心理；其二，說明豫衡聯中的師生，經過更艱苦的流亡歲月，磨鍊出他們金鋼般的優秀品質，在實中這個溫暖的大家庭中，都一一展現出來！

　　以上是作者對豫衡聯中由越南來台，及加入員林實驗中

學的過程，作了個一麟半爪的交待。

　　且說我們在高二三班的時候，在員林公園一所廟宇的廂房上課，班裡來了幾個河南和湖南的同學，其中我現在還能想起名字的，包括袁澤東、張成澤、南敬文、劉智亭、王瑛、張炳、邢邦耀……等等。

　　其中，和我建立深厚關係的，就是袁澤東。澤東個子大約在一百六十五公分左右，身材微胖，頭型和玉法頗為類似，後腦突出，前額高寬發亮，雙眼炯炯有神，厚厚的嘴唇上有顆豆大的黑痣；背微駝，走路低頭穩健，從不東張西望，反而略顯若有所思。論事析理，總是根據邏輯，雄辯滔滔，及別人服理認輸時，他却難為情的笑了，表示對自己得理不饒人的歉意。

　　我那時有寫日記的習慣，且有冥想的傾向，每將冥想而歸納出來，類似哲學的結論，記在日記簿上，這種類似哲學的想法，參與同澤東與其他同學的辯論上，往往能獲得澤東的共鳴。這種對事情觀點的契合，是我倆感情建立的基礎。

　　澤東的功課，在臥虎藏龍的高二三班，並不十分突出，但是他勤奮用功不在話下，各門功課雖無拔尖的，但都在平均水準以上，特別是數學，只要有平均以上的水準，在大專聯考中，必可得五十分以上，而進入國立大學。所以在次年的高三三班，澤東對擅長數學理論的王老師，多能心神領會，而對我來說，王老師寫黑板的數學理論，可就恍如鴨子打雷了。這便是澤東在民國四十四年順利進入台大法律系，而我在四十五年始能進入政大邊政系的基本原因。

　　然而和我同榜進入政大的，起碼有六、七人之多，有的還在實中同班多年，但除與韓景春頗有交往之外，與其他幾

位並無互動關係。倒是與台大比我高一屆的澤東，由於前述
的氣味相投，又屬河南同鄉，自然來往頻繁，感情日篤。那
時我們都很窮，我去台大看他時，他給我買一份白菜豆腐，
外加一個鹵蛋的「豪華大餐」，招待我之後，在假期空無他人
的台大第四男生宿舍，一聊就是半天，這就是我倆僅有的娛
樂！他來政大看我時，我也只能招待他青菜豆腐加鹵蛋，然
後拾級爬指南宮，看熱鬧、觀風景，快樂的過上一個星期假
日。

　　大一時，我以六門功課，以四門九十分以上的成績，轉
入僅有兩名空缺的新聞系之後，頓覺自己性情過於內向，不
適合幹需要性情必須活潑的新聞這一行，故又受副教務長鄒
文海老師痛責一頓之後，轉回到邊政系來。然而，明眼人都
知道，反共大陸是渺茫無期的，邊政系畢業，在就業問題上
的坎坷，是可想而知的。於是便冒著荒廢邊政系學業的危機，
一方面到木柵教育部檔案室打工抄檔案，賺錢購買整套法律
書籍，企圖效法澤東，經司法官考試，畢業後妄圖做一名法
官；另一方面，則是到圖書館，閱讀一些有關哲學方面的書
籍。對於邊政系的本科功課，所持態度是應付，平均成績不
到八十分，甚至還有一門因翹課太多，被老師當掉的紀錄！
對於法律書籍來說，國文程度不好、自修看不懂是搪塞之詞，
覺得枯燥無味，不感興趣才是真的，於是這整套法律書籍，
便被束諸高閣。回過頭來，注意邊政系的功課，把本科成績
逐漸恢復到平均八十分以上；行有餘力，便繼續閱讀有關思
想哲學方面的書。只想畢業後，謀個中學老師的工作，教一
輩子書就算啦！

　　澤東的法律系，是不是他的第一志願，以及他是否對法

律真有興趣，我似乎不曾問過他。我猜想，他是有興趣的，因為他從沒說過有轉系的念頭，更沒有轉系的行動和事實。民國四十八年，他順利自台大法律系畢業，我把塵封的整套法律書籍，送給他作為賀禮。他喜極而泣，擁抱著我久久不能自已！從此我們的感情又更加親蜜，在我來說，他是我生命中，繼李永璧之後，第二位無話不談的摯友！他服完兵役後，首先在台北市地方法院，做過短時間的錄事，而後奉調到新竹地院任書記官，在這裡他結了婚，嫂夫人是賢慧的客家人。生活安定了，他便在工作之暇，努力用功，決心考上司法官。以他的功夫和程度而論，他絕對可以一試而中，因為，就我所知，員林僑信國小的一位老師，居然自修便能考上司法官，然而澤東程度既高，學業又專，鑽研又勤，竟然屢考屢敗，連考三年，今年國文八十分，三民主義卻是十幾分而落榜！明年三民主義是八十分，而國文卻是十幾分又落榜！後年又歷史重演一次，我腦中劃了很多問號，想必他更是如此。我們終於有了共同的結論，那就是：他是受他自己「盛名」之累！

於是他決心改名字了，怎麼改，我沒有參與，他也沒有徵詢過我的意見，因為那時（民國五十二年）我只不過是個政大政治研究所二年級的研究生，實在沒有充分的學問，來置喙他改名字的知識，但猜想他一定是請教張子靜校長，或甯長信老師的意見，而改為「袁時中」的。哈！這一改，可妥啦，就在民國五十二年夏秋三個月之內，他屢考屢中，竟在司法官、律師及警察特考，連續三元及第，真叫人拊掌稱快！

考取司法官，經過短期訓練，被奉派到虎尾「雲林地方

法院」任推事；大約兩年後，又奉調到台中地方法院，擔任推事。在這裡，他展現了超優的辦案能力，使多少貪官污吏得到懲罰，使多少橫遭污陷的官、民獲得昭雪，使多少玩法弄權的莠民及地方惡霸遭到懲處！在報紙上，就我記憶所及，最少有五次以上，出現袁時中法官的大名，內容都是說：他將收到的紅包賄款，原封不動的奉交給他的庭長或院長，我每看到這個消息，逢人便自豪的說，這位法官是我的同窗好友，既得意又驕傲！

　　時中告訴我，他辦案之所以公正有效，有一個不足為外人道的竅門兒。他說，法官雖然貪污收賄者有之，而且比例還不低，而貼身的書記官或錄事又何嘗不是如此？所以他到別處蒐集犯罪證據或相關資料時，事先既不口頭告知書記及錄事，也不向庭長或院長作口頭和書面的告假，完全單槍匹馬，把犯罪證據或相關資料蒐集齊全，而後才將請假辦案事由向庭長轉呈院長核可。這樣，消息不會洩露，不會因串供而湮滅證據，犯案者無所遁形，受害者立獲昭雪。如此這般，「袁青天」之令名，在大台中地區，遂不脛而走，廣為人民所傳頌！

　　他說，在他辦案過程中，若有意圖以威脅、叫囂或以其他不法行為，搗亂法庭審訊秩序，他會立刻命法警逮捕，判他應有之罪，絕不寬貸。

　　他這樣公正無私、清廉無暇，以國家、社會及人民福祉為己任的胸懷和作風，雖是社會道德和國家道統的主流價值之展現，然而卻不見容於某些反其道而行之同事與長官。因而他在台中地院幹了將近十年推事，雖有「袁青天」之名，在民間響徹雲霄，但是卻升不上一個庭長，司法部長李元簇

先生，曾商請調他到台北院任首席檢察官，台中地院也不肯放人（此爲李副總統在卸任司法部長後親口告訴著者的）；每年保薦優良法官蒙總統召見時，張三李四輪流上榜，可就是沒有他的名字。人非聖賢，他不圖利，也不圖升官，該他有的一個幸蒙元首召見的榮譽，總該有的吧！但就是沒他的份兒。於是他失望了、灰心了，他問我：「你看，我該怎麼辦？」我說：「你下來幹律事嘛，以你的法律素養，絕對是名利雙收！」他說：「我也曾這麼想過，但是，我常想，我們在逃難流亡中，那麼多人死於非命，上天要我倖存下來，一定賦予我某種使命，我如果爲錢而改變爲國爲民的初志，豈不有違上天的保佑？」我說：「是啊！孟子不是說過嘛『天將降大任於是人也，必先苦其心志，勞其筋骨，餓其體膚，空乏其身，行拂亂其所爲，所以動心忍性，增益其所不能。』你目前的景況，也許就是上天對你的試煉，再忍耐一陣子，也許會有由剝而復的轉機！」

　　我在東亞研究所的工作很忙，沒有太多的時間和他面談，而他更忙，似乎還不曾到台北看過我。但是，他每換一個崗位，我總到他新任所的家看他，他都讓夫人炒兩個下酒菜，泡茶一壺，作徹夜之談。上面一段話，是他最感落寞時所說的，事後的發展，算我有幸而言中！

　　大約是我們四十八歲那年（我倆同年），也就是民國七十二年的光景，總統經國先生提名重量級大老黃少谷先生，擔任司法院院長，少老平時一定對報紙有關司法界新聞特別注意。他見當年提報優良法官名單中，並無袁時中其人，再查過去受召優良法官紀錄，也不見袁時中的踪影，於是他拿起電話，直播台中地院院長，以責備的口吻說：「你們爲什麼不

提袁時中？」「報告院長，我！我們疏忽了！」「趕快專案補報上來！」那院長敢不辦嗎？時中那年蒙總統經國先生召見過以後，他過去清廉、公正、認真及心懷國家社會的形象，已深印在經國先生腦中，這就是他自己的化身！一定是他交待黃少谷老院長，趕快拔擢這難得的人才。沒有多久，時中便升了台中地院庭長；又沒多久，又調升為台中高等法院霧峰分院推事，在這裡，他受命承辦「霧峰土地官商勾結案」，轟動全國，他在一審，把涉案四人全判死刑！他說：「治亂世用重典」，像這樣狼吞虎嚥，不避耳目的官商勾結，如不加以嚴懲，任其泛濫，中華民國除了跳海，還能退到那裡去？這一事件，相信除涉案不法之徒外，全國人都在喝采！

　　但是，他多年來認真辦案，每天閱卷至深夜三、四點鐘，終於積勞成疾。有一天下午，我剛下課回到東亞所研究室，電話鈴響了，我拿起聽筒，講話的竟是袁大嫂，她說：「時中本來說你太忙，叫我不要告訴你，但是我覺得你是他最好的朋友，不告訴你似乎是不對的，他病了，病得不輕，是肝癌，你如果忙，就不要來了。」「大嫂，我一定會去的，明天就去，他住在那裡？」「在台中榮總○○號病房。」次日上午我乘早班特快火車南下，十點鐘下火車，轉乘計程車趕赴榮總。這是十月秋天，一路上見到中港路安全島上，整齊而矮小的欒樹上，盛開著串串的黃花朵朵，惟我無心賞花，快馬加鞭趕至病房，見時中盤坐床上，邊吃饅頭，邊與成澤兄閒話家常，見我來了，二人皆喜不自勝。

　　或是檢查甫有結論，尚未進行化療的關係，我在台中榮總所看到的時中形體容貌均無太大變化，略為寬心。但他卻懷有杜工部「王師北定中原」的渴望，撇開他的病情不提，

竟問我「光復大陸有希望嗎？」我分析說，反攻大陸有各種不同的方式，軍事、政治、經濟三種方式中，軍事反攻最不可取，蓋因一、在軍事量的方面，中共擁有海陸空軍五百萬，我們僅有六十萬，這六十萬用於守勢有餘，用於攻勢作戰即顯不足；二、美國基本國策，是不希望有一個統一的中國，故它在甫與中共建交公報上，雖認可中共是代表中國，台灣是中國的一部份，但海峽兩岸誰統一誰，都必須用談判或和平的方式為之，亦即說，台灣軍事反攻，固為美國所不許，而中共若以武力犯台，美國亦決不坐視，「台灣關係法」是一個有力的保證（或障礙）；三、即使沒有美國在海峽中間作梗，兩岸領袖皆不應再心存以武力解決問題了。憶自鴉片戰爭以來，中國已處在戰亂幾達一個半世紀之久，其間人力之消耗，經濟之損失，實難估算。海峽兩岸再起戰端，不啻是中國人自取滅亡的蠢事，徒令列強拊掌稱快而已。四、中華民國在兩蔣先後努力之下，民主憲政及自由經濟發展，已具堅實規模，並已為全世界公認為亞洲的楷模與燈塔！中共若不改其共產極權及落伍經濟制度，則必趨自斃而無疑，若欲改弦更張而自存，則台灣政經發展之正確路線，必為其所取經而無疑！到那時，中華民國不是兵不血刃，反攻不是成功了嗎？這便是有識之士所謂的政治反攻和經濟反攻，其威力非彼等五百萬大軍所可抵擋的呢！

　　時中聽了這一席話，頓覺精神抖擻，義氣風發，似乎什麼病也沒有了，遂把話題轉到他的司法領域，他向我們透露，他胸中整套的司法改革案業已成型，一旦病癒，他將呈報當局參考。

　　我們實中同學中，在警界積勞成疾的就有劉玉堯、李珖

和孫景瑤三位，罹患的都是肝癌，都早早的走了。時中的病，我心裏七上八下，希望有奇蹟出現，但是希望落空了。不久他自台中榮總轉來台北台大醫院，我沒課時，天天守候在病榻，見他精神日漸萎靡，肚子日漸膨脹，需要抽水始可稍適，食慾日漸衰退，不久，護士便在床頭掛出病危的牌子，我和他及嫂夫人三人哭成一團，我怨蒼天之不仁，竟奪國之棟樑！時中不畏死亡，却恨大志之難伸！並謂妻子說：我的行事作風，死後會給你帶來困擾，妳要堅強忍耐，切勿與人爭長論短，把孩子撫養成人，我在九泉之下定會保護妳、感謝妳的。此刻，正有行騙之徒伺機而動，果然有一歐巴桑對袁大嫂說，艋舺有一神明中醫，專治癌症，並拿出一本癌症患者病中癒後的照片，証明其言之鑿鑿！說藥價不高，不過六萬元而已。我清礎，這是行騙技倆，中醫要有本事治癒肝癌絕症，台大醫院豈不關門大吉？嫂夫人也心裏有數，但為求一個心安，對夫君表示一個天人的愛，也不惜花巨資姑且一試，我明白一切，故不放言阻止。吃了「神醫」的藥，並無絲毫效果。當天，我與大嫂寸步未離，直到時中安然嚥氣！

　　時中走了，我和嫂夫人商量，後事若在台北辦，自由我們實中同學擔綱，會辦得很好。但是冷落了他的服務機關--台中高分院，似為不宜。於是決定由大嫂打電話給台中高分院告知一切。分院隨即來人雇專車將時中大體及夫人載回台中。不久，我們台北同學接到訃聞，平時和我有來往的詹相芳和李彩霞同學，乘我的車赴台中靈堂致祭，見輓額有總統、副總統的，各院長的，各部長的。至於各級法院院長及相關法官同事的，各台中有關機關首長的，也都是用輓聯的形式，安排在靈堂四週牆壁。赴祭人之中，以黃少老為首的各法界

首長，各院會代表、各台中地方首長，實中師生等等之外，最難能可貴的，是成群的平民百姓，有的行叩頭禮，有的泣不成聲……。總之，是我平生所見儀式中，除兩蔣之外，最具規格的一次。時中生前用心血灌溉司法巨樹，於此開花結果，袁青天之名，將永垂不朽！

八、孫法彭

法彭是我的學長，自然沒有同過班，民國四十四年「太平艦復仇」運動中，他和好多同學志願從軍報國去了。記得我們實中的同學，在這次運動中，從軍報國的，可能是全國之冠，總有百位以上吧！我也不自量力，報了兵工學院，即今天的國防科技大學，也許是學院調查過我的數理成績不佳，不予錄取。我有志不遂，只好在那三二九青年節那天，跟著全校師生步行至彰化公園，參與從軍同學的歡送儀式。那場面真是感人極了，老師同學擁抱著從軍同學，哭成一團！唐廷元老師平時對學生最嚴，這時他老人家哭得最痛，簡直可用「涕泗縱橫」來形容。

法彭從軍後，進了海軍官校，據他告知，我們實中同學文史較強，數理較弱，海官需數理的地方多，對不善數理者，先施以補習，補習後跟得上者，就按步就班畢業，分發到海軍服務；補習後仍跟不上的，就被淘汰下來，由教育部免試分發到各文法大學就讀，顯見國家愛護青年，可謂無微不至，而青年學成，也在各不同領域報效國家。中華民國從六十年代，到九十年代的輝煌發展，就是國家愛護青年、培育人才的正確國策中，所獲得的自然結果，歷史已經寫下紀錄。

　　法彭是在海官畢業了，他曾先後在「太字號」的太倉艦、太湖艦擔任各種不同的幕僚軍官，也在「中字號」的中海、中程等軍艦上，擔任各部門指揮軍官；更在湘江及湛江號軍艦擔任艦長要職。曾先後率艦隊訪菲、日、韓等國，在藍海白雲中遨遊四方！最風光而津津樂道的是，曾載運蔣經國總統視察金馬前線。法彭的盡職、熱誠、隨和及口才奇佳等優點，必給經國先生留下深刻印象！

　　法彭自從升到艦長，又曾載送領袖視察前線，等於「天子門生」，前途似錦不在話下！但作為海軍艦長，生命已不屬於自己和妻子兒女，而屬於國家、社會和全體同胞。逢年過節，其他官兵或許尚可輪流回家探親，享受短暫的天倫之樂，就是他這個艦長不能，一年兩年不能尚可忍受，無限期的不能，不免就從最初的驕傲，變成以後的自慚形穢了。從小流亡的歲月，不知流過多少思親的眼淚，終年不見妻子兒女，叫他如何忍心？如何消受？於是，法彭在升為艦隊司令甚至海軍總司令，與妻子兒女的親情溫暖生活之間，不免產生難以兩全的心理矛盾。過往的坎坷，加上長此以往可預見的悽涼，使他不可抗拒的激流湧退了。

　　不消說，法彭對船舶構造的瞭解，有甚於人類的五臟六腑。是以中年軍中退伍，自以轉業於船舶事業最為理想。恰逢國家十大建設，造船事業適逢其會，中國造船公司隨即應運而生，法彭遂以專業人才接受徵召，從最基層的設計，一直累升至廠長的最高峰，三十餘年資深榮退，享受公務員優渥薪俸，可說實至名歸。

　　法彭與我相識，是在前述青年公園的實中同學四十歲慶生大會上。他閱歷深、口才好，什麼話該說與不該說，拿捏

得極準且佳，是主持節目的不二人選。記得這次慶生大會，就由他初試啼聲，爲大會增色不少。「台北實中校友聯誼會」在這天誕生了，他被推榮譽副會長，也屬自然。其後，凡任何同學聚會或辦喜事，法彭便是不拿分文酬勞的專業主持人。可以說，實中的任何聚會，沒有法彭的主持，都會黯然失色！此外，他也公正無私，遇有不合理的事，他會立爭到底，與馬虎的鄉愿作風，不可同日而語。

我是個「小番薯」（small potato）的人，不會做事，也拙於爲人，但蒙法彭學長不棄，處處抬舉我。猶憶實中校友聯誼會在植物園國立藝術館舉行春節團拜那次，法彭主持節目，要我上台唱了兩首江蕙的歌，似乎有板有眼，讓在座的老師同學賜予掌聲，至今難忘！前年孫崇文學長當選聯誼會長，收到通知，去她府上參加會議，赫然發現幹事會員名單，我與崇文學長素昧平生，竟被欽定爲總幹事，不是法彭推薦才怪！兩年任期屆滿，總算功德有量的結束了！感謝他。

九、陶英惠

英惠本來是高一屆的學長，高三在員林醫院上課時，與趙彥賓、梁遒遜等學長，加入到我們高三三班。論實力，他們都能在上一年考上大專，但不一定是國立大學，就是決心要唸國立大學，才忍痛降到我們這一班來。他們都很優秀，也很用功，平時悶聲不響的埋頭苦幹。比較起來，英惠算是這幾位新來者（New commers）中，比較隨和肯開口說話的一位，如果這一年中和他說過話，也是很少的；至今不記得和趙彥賓說過一句話，據說他人在加拿大，等於雖同班，一

輩子很難 change a word，真是遺憾！迺遜也是用功而不多話的人，所幸他考取相當於麻省理工學院的台北工專，未入學之前，我拜他為師，請他教我數學，才有較密切的互動，此事已在「實中生活點滴」中有所交待，在此不作重複。

且說英惠個子不高，全身和臉型，都是團團圓圓的，再加上那柔和圓融的個性，你想害他都找不出破綻，更不忍心，真是天下最和平最可愛的人。法彭、英惠和我三人，娶的老婆都是湖南騾子，法彭我不清楚，反正我被踢的遍體鱗傷，英惠却是完好如初。民國八十二、三年，我們曾組團暢遊三峽及山東，英惠和嫂夫人那恩愛的勁兒，真叫人羨慕！看來陶大嫂也不脫湖南人的脾氣，但碰到英惠，可就變成繞指柔啦！

我和英惠交往，也是在四十歲慶生大會上開始的，他也是這次大會的積極參與者，會後也是校友會的幹事，我被會長李實馨指定為總幹事，替大家服務的機會漸多，也被大家所信賴。玉法想辦雜誌，他的師大同窗好友李雲漢兄、中研院近史所同室的英惠等三人，拉我入伙，我也欣然奉陪。自此與英惠交往日多，深知他這位老夫子，真是溫柔、坦蕩、白璧無瑕、可敬可愛的真君子，而且還適度的詼諧而不古板。所謂「和而不憂、樂而不淫」，正可用在英惠身上。我不曾問過英惠山東老家的事，但看他的為人風格，必是出身書香門第，才有如此的涵養品質。他最先唸的台大國文系，想必那四書五經諸子百家，小時候都唸過了，再唸也沒啥意思了，遂轉唸台大最強的歷史系畢業。最近還聽一位同學（好像是志漢）說，英惠是深藏不露的大學者，國學、史學皆深不見底！據謂：劉紹唐先生生前最理想的「傳記文學」接辦人，就是英惠！可惜英惠素稱忝淡，視名利如浮雲，連大學的歷

史課都懶得兼，何況是累人的編務工作呢？

　　英惠對做學問，可是樂此不疲呢！我們都退休這麼久了，對正而八經的學術工作，早就歇手了，但他還是孜孜不斷的在鑽研。不久之前，我還在學術雜誌（好像就是傳記文學吧）上，拜讀他為某泰斗級學者，所連載的年譜呢。年譜的創作可是最艱鉅的工作，兼具歷史、文學、傳記與考証工夫，具備四大條件者鳳毛鱗角。英惠擔此重任，証明他國、史二學深不見底，絕非虛譽。

　　年前，為我的長官兼恩師吳俊才先生，寫一篇紀念文，以充他們湖南文獻的篇幅，尋找有關吳先生所主持的民國五十九年「第一屆中美中國大陸問題研討會」的有關資料，國際關係研究中心是當時的主辦單位，所藏有關資料，竟然殘缺不全。後來我想起，自己曾為這個會議，寫過一篇「記實」，並經當時吳先生的審閱核可後，刊載在我們的「新知雜誌」上。我猜所需要的資料，這篇「記實」上或許有，找我所保存的「新知」不得要領，遂打電話給英惠，三天後收到他寄來一大疊複印品，什麼「中美第一、二屆」和「中日第一、二屆」中國大陸問題研討會的「記實」的文章，都寄來啦。我需要的中美出席學者名單，皆有完整記載，這資料的獲得，不僅幫助了我個人，同時也嘉惠了國際關係研究中心，更延伸的說，這寶貴的史料，不知要嘉惠多少「學術採礦人」呢？真感謝英惠老夫子呀！

十、莊惠鼎

　　山東出聖人，像孔子和孟子；又出賢人，像孔子的門生

有七十二大賢人；更出賢人兼智者，如管仲和晏嬰；大家常忽略的一位大聖人，就是諸葛亮。孔明先生在道德的義理方面，發揮得雖沒有孔孟那麼專精，但在實踐方面，並不遜於孔孟，而且他上知天文，下知地理，中知人事，在軍事韜略和指揮上，亦非孔孟可比。

我們的學長莊惠鼎，在我看來，就是兼有管晏的智慧，子貢的億哉屢中，和孔明先生的韜略等優點。

在德行上，惠鼎絕對是位白璧無疵的賢人，有一個實例可以說明這一點，就是在公眾場合，分明請他出來給大家說幾句話時，他却不肯出來，把機會總是讓給張三或李四，及至大家鼓掌再三，他才出來時，他總是說：這個說話機會本來是屬於張三或李四的，既然張三或李四讓給小弟我，那麼小弟我只好代他們說幾句話吧！其實他所說的張三或李四，任何方面都不能跟他比。他的話是虛懷若谷的美德，賢人的形象，一覽無遺！

還有個例子，更可說明這一點，就是他一生助人無數，特別是我們的同學有了困難，都會請他幫忙，他從不推辭，絕對幫到底，問題解決了，從不在第三者面前說他幫過誰，一般人不自伐其功者幾稀，惠鼎能做到這一點，証明他的賢人本質。

更有甚者，他幫助困難中的同學做生意，賠光了，他連一個字都沒對第三者說過，這種道德修養，豈是常人能做得到的？

惠鼎是台大政治系和政治研究所畢業，有這個學歷的實校友不少，其他人如我者，只能在學校混口飯吃，沒有「吹台青」的優勢，又沒有權貴子弟的身份，又沒有惠鼎那種超

凡的智慧，也就只能如此。但是惠鼎就大為不同了，他研究所一畢業進入中央黨部，馬上被張寶樹秘書長發現，這個年輕人的智慧超乎常人，於是立刻調他到自己的辦公室擔任機要秘書；沒有多久，惠鼎的智慧又為內政部長邱創煥先生發現，乃請求張秘書長割愛，把惠鼎挖到內政部擔任主任秘書。後來邱部長高升台灣省主席，要惠鼎先做他的副秘書長，然後再徐圖升遷，惠鼎沒有理由拒絕。但是這時曾受惠鼎幫助的辜振甫先生，非要惠鼎去台泥幫忙不可！詳細情形我不知道，我猜一定是惠鼎運用他超人的智慧，幫過辜老的大忙，讓辜老覺得，自己終日為國家經貿發展奔走全球，沒有惠鼎這樣的智者襄助，他的老本台泥公司豈不垮台？辜老堅決要人，惠鼎只好請他向邱主席去要，邱主席基於國家的利益，也只好忍痛割愛。這便是惠鼎去台泥的邏輯推演。

　　惠鼎在山東老家是書香門第，莊老師仲舒公，曾負笈日本早稻田大學習法律，早年為同盟會員，隨國父奔走革命，來台後在咱們實中教國文，同學們私下給莊老師取個「老會員」的外號，沒有不敬的意思，反而是一種禮敬與讚揚。本書首篇寫的就是這位莊老師，他是惠鼎的族兄，顯見惠鼎在老家沒有接觸過做生意這一行業，但是「智者不器」，不會拘限在某一格局。他到台泥在辜老身邊，不需一年半載，便可熟習各項業務，到他四十多歲，便以副總經理身份，掌管台泥集團十一項業務中，關鍵性的八項，包括人事、財務、政治及公關等在內。也就是當辜老為國家經貿周旋於國外的時候，由惠鼎的坐鎮和運籌，台泥大可照常運轉，絲毫不受影響。我們還記得，有次辜老在國外，台泥花蓮廠區發生污染事件，惠鼎竟以實際負責人身份，自動跑去花蓮地檢署坐監

一個月，其間地檢署曾在吃住各方面優待爲人受過的惠鼎，但均爲惠鼎所婉拒，他說「法律之前人人平等，台泥一天沒有改善污染情況，我就坐監一天，直到完全消除一切污染，我才依法出監，不接受任何優待！」真是「勇者不懼」的形像，表露無遺！與犯了法到處鑽門路以圖脫罪者相較，何止天壤？

　　辜老是位有德有術又有學問的長者，自然懂得「易子而教之」的效果，除了把台泥集團最重要的要務，交給惠鼎掌管以外，並將他的二公子成允先生，交給惠鼎悉心調教，及至辜老晚年爲國辛勞，爲海峽兩岸的和解，油盡灯枯的時候，惠鼎也已年屆花甲，以不克任事爲由要求退休，台泥新任當局卻要他退而不休，轉至台泥集團的船業公司，擔任董事長的職務。其時正是李登輝政府後期，上一波經濟不景氣的時代，連長榮船業公司都賠錢苦撐，我心想惠鼎的公司，怎麼撐得下去？於是我在一個機會問惠鼎，他說：「煥卿兄，你不瞭解，台泥在大陸投資千萬噸級的生產線，光是運我們自己的產品，都忙不過來，那有空去賺別人的錢？」我說：「現在經濟不景氣，蓋房屋的公司都倒了，誰還用你們的水泥？」他說：「水泥種類繁多，蓋房子的只是其中一部份，比例不是很高，它如修高速公路、蓋碼頭、造機場、蓋核電廠等等，都用我們所生產的高品質水泥。現在大陸正加速進行這些建設，我們的產品供不應求，而且我們把南方產品用船舶運到華北和東北，成本較其他運輸工具低廉……。」這段話真給我們這個外行人上了寶貴的一課！

　　惠鼎是高我三屆的學長，民國四十年，我由省立澎湖馬公中學轉到澎防部子弟學校，就聽到惠鼎的大名，據說只要

有作文比賽，冠軍總是惠鼎！但到員林他畢業考取台大，我始終是只聞其名未見其人，直到民國六十三年春，我敬愛的恩師仲舒公逝世了，我們在替老人家辦後事的場合，才和他初次見面。我早先對他的崇拜，經過此後不斷的互動，逐漸化為親切，發現他睿智幹練之外，還有輕鬆、活潑的一面，偶而對我們這群小學弟幽上一默，直叫我們開心的樂上好久。那時他還是中央秘書長的機要秘書，西門町的大新戲院歸他管，有好的電影，他會安排我們免費去觀賞。後來我們澎湖從軍學長王文燮將軍大哥，高陞澎湖防衛司令官，由趙汝生同學接洽，邀我們一群學弟學妹回澎湖參觀訪問，不久王將軍大哥又高陞台灣南區第二兵團司令官，又邀我們一群學弟學妹參訪小琉球，都由惠鼎領隊並致謝詞。又後來，王將軍大哥高陞上將聯勤總司令，我們學弟學妹們不知如何祝賀，遂由惠鼎召集大家開會商議，最後決議：大家集資訂製六顆金質將星，在慶祝餐會上，由惠鼎代表大家奉送將軍大哥！

　　惠鼎學長一家，也是我們木柵居民，我不免常去他府上聊天請益。大約民國七十九年夏初，我去看他，談到我們東亞研究所的專業性質，經國先生在世時，所長一職皆由經國先生親自遴選專業學者擔任，經國先生逝世後，東亞所像是孤兒，所長一職，任由政大校長所中意者空降而來。空降來者，不是政治系的，就是外交系的。更令人不解的一次，是某位教育部長，竟欲命政大校長陳治世博士，把他歷史系任副教授的公子，空降到我們所來任所長，事為陳校長所拒絕，並聘請我們東亞所的趙春山副教授代理所長。陳校長會做事不會做人的作風，遂得罪了部長大人，所以只做了一任校長，便鞠躬下台了。

　　趙春山先生當了兩年所長，便被國際關係研究中心挖去做副主任，東亞所長又從外交系空降一位教授，這位教授任所長一年，便屆退休年齡，據云校長又在物色空降人選，這時所內師生反彈聲音不小，校長空降人選遲遲不便發布……。

　　惠鼎學長聽了我的話，說：「煥卿兄，你在貴所擔任行政助理這麼久，又是留過學的正牌教授，有充分資格擔任所長職務！」我說：「我在河南老家放牛牧羊，來台蒙祖先庇佑唸了大學，能做個老師就心滿意足了，從沒想過要當什麼所長！」惠鼎說：「話不能那麼講，俗話說，將相本無種，男兒當自強。沒資格去強求固然不可；有資格不爭取也是不對的……。」我把爭取可能的障礙，一一向惠鼎做了簡報。惠鼎學長便用他諸葛武侯式的錦囊妙計，把我走上所長之途的諸多障礙，一一加以排除！七十九年八月一日上午八時，我戰戰兢兢的坐上我所崇拜的吳俊才主任，所坐過的那張金交椅，冷靜的思考下列各事：

　　（一）不合理的課程必需作合理的調整，但絕對不能損
　　　　　及專兼老師的權益。

　　（二）儘量留住重量級兼任老師繼續教課，必要時不惜
　　　　　趨府下跪。

　　（三）努力展開兩岸學術交流。

　　（四）委由專任老師，加強「東亞季刊」的編務，恢復
　　　　　季刊的聲譽。

　　（五）所內重大決策，由專任老師共同參與的所務會議
　　　　　決定，不由所長一人獨攬。

　　（六）其他。

前兩項計劃，操之在我，很快付諸實行。第三項於一九

九三年應中國人民大學之邀請，在安徽黃山召開「國共關係史學座談會」，本所全體專任老師、歷史系幾位老師，由陳前校長治世博士率領參加。會後並遊黃山及九華山。次年夏天，並舉辦東亞所空前絕後的「兩岸關係」國際學術研討會，並禮聘兩位中國人民大學教授在所客座等等。

我有感於各系所都已實行「民選系所主任」，東亞所也不能抱殘守缺，乃親自草擬「所長遴選辦法」，由所務會議通過實施。一九九五年，我任滿五年，有同仁願意競選，我便趁勢讓賢。所做各事皆符合當初設想，也給惠鼎學長爭得許多面子，例如：舉辦國際學術研討會相當成功，與大陸各相關大學及學術機構交流，在我任內展開；為學校募捐近三百萬學術基金；該項所有捐款，應捐者要求留所者六十萬元，每年春節，專任老師員工各發獎金三千元；所慶支援及其他零碎支出後，尚餘四十萬元，全部移交下任所長使用。

八十一年接受陸委託，恢復設立「東亞問題研究班」，接受政府各機關推薦幹部人選，由本所老師授課，灌輸共黨理論及大陸問題相關知識，給予學分，不授學位。學員皆屬政府各機關優秀幹部，為東亞所增加許多生力軍！其中首屆學員班長劉聖龍學長，人緣極佳，口才便給，又特別熱誠，把全班同學連繫得非常好，年年舉辦康樂交遊活動，邀請當年授課老師參加，堪稱東亞所的模範班！

最永誌不忘的是，為充裕國際學術研討會的經費，特奉函台泥公司，請求十萬元的補助，由惠鼎學長從中促成，辜老竟加倍贊助二十萬元！老人家對兩岸關係改善的苦心，以及對後進的獎掖，真令人感動萬分！一切成就，都拜惠鼎學長之所賜。人恩無以言謝，願他永遠福壽康寧！

貳、非詩篇

張金鑑恩師輓辭

明誠吾師千古

學貫古今中外，盡瘁行政經典，

終年但有撰寫不完之書，痛一代哲人其萎矣。

道德舉世同欽，竭智提攜後進，

平生却無不可告人之言，懷遺愛常留在人間。

受業　張煥卿　叩輓

政大政治研究所業師張金鑑教授，字明誠，河南安陽人，為政大最早前身中央黨校出身。後負笈美國加州大學（U.C.L.A）留學，獲公共行政學碩士學位，回國任河南大學任教，曾為河大校長劉季洪先生之訓導長，故與季公私交甚篤。我政府於抗戰勝利後，制定憲法，推行憲政，明誠公以行政學先驅之聲望，被選為河南省第一屆立法委員。大陸棄守，政府播遷來台，除立委身份外，並在民國四十二年，在台復校之第一所國立大學—國立政治大學政治研究所擔任教授，講授公共行政學，未幾即出版經典巨著「行政典範」一書，爰被國內學術界奉為公共行政學之先師與泰斗。明誠師

除出席立法院院會及相關委員會、政大上課外，甚少參與不必要之應酬，全部時間皆蹲坐在書房讀書、寫文章。將系統文章集而成書，幾乎年年皆有新書出版，總計有五十冊之多，謂之「等身」名符其實。明誠師在政界，為重量級之立法委員，與政界之各部會首長，皆有極佳之人脈關係；在學界亦被奉為泰斗與先師。是故凡政大早期政研所及公行所主任之職，均曾擔任多年，所教門生出類拔粹者，不計其數，此輩優秀門生在政界為部會首長以上者，不知凡幾，在學界任教授、校長亦難計數。此外凡學生請求推薦至黨政學界任職者，更是不計其數。故明誠師生前聲譽之隆，除先總統蔣公、經國先生、副總統兼行政院長陳辭修先生之外，恐無出其右者。以故每年明誠師華誕，皆由最年長之學長邱創煥先生領銜舉辦慶生會祝賀大會，出席門生均在數百人至千人不等。凡出席慶生會者，均可獲明誠師出版新書一冊，空手而回者幾稀！

　　明誠師上課，把他的行政學應講內容告一段落，即說些為學做人道理、官場經驗、家庭秘辛，以及輕鬆笑語之類，使我們懂得側身社會妥善自處，也使我們無論為官與否，總要在與官方接觸時，有較好的因應效果；他不諱言的說，他與師母的結合，是雙親依傳統習慣，未經他的同意，依媒妁之言而成婚的，師母是未經過洋學堂的纏足女性，明誠師婚配時業已大學畢業，有自由戀愛的新觀念，對雙親之命、媒妁之言的婚姻，當然是不滿意的。為表示抗議，曾拒絕與師母同房。然而賢德、溫柔、明理又美麗的師母，卻把明誠師當作自己的天，不僅沒有任何怨懟，且每天早起晚睡，給明師倒茶、端飯、擦背、洗腳。明誠師在留學之前，並不因受師母週到體貼之事奉，而有心動。及至學成歸國，師母體貼

之事奉一如往昔，又見胡適之夫人江冬秀亦是纏足而未進學之傳統女性，但適之先生並未有所嫌棄。師母的溫柔加上自己的反省，這才有了發自內心的感動，而與師母同房了。這故事是千真萬確的，因為按年齡推算，明誠師的長公子潤書學長，應是明誠師四十出頭才出生的，如果明誠師與師母一結婚就同房，潤書學長起碼要比我們政大第二十屆同學的年齡，要大十幾歲之多！這個年齡數字的計算，並不重要。重要的是一個女人對丈夫要溫柔體貼，也就是要抓住他的心，不然妳要在丈夫面前做女強人，或老在別人面前揭丈夫的短處，或在公眾場合喝斥自己的丈夫，除非妳的丈夫是武大郎，否則丈夫是不會終生吃妳那一套的！不吃那一套，不是乾脆離婚，就是冷戰終生！我的同窗女同學說得好，凡是夫妻離婚，責任男女雙方都要負，光怪罪男人是不公平的！我們張師母的美德，感動了明誠老師，他們一生的恩愛，我們都看在眼裡。明誠師無一絲後顧之憂，故能專心著書立說，在事業的成就上，劃下最完美的句點兒！尤憶民國七十七年間，師母中風坐了輪椅，感情很脆弱。見我們夫妻去看望她，老人家一見我們，就感懷的哭了。老師哄她說「太太，乖！別哭，妳一時不能走路，還有我呢！…」但萬沒有想到，明誠師卻於師母之前先走了，留下坐輪椅的師母，雖有兒孫繞膝，但沒有老師的疼愛與呵護，日子一定過得孤獨與痛苦。走筆至此，我禁不住哭我的恩師，也哭我敬愛的師母！

　　明誠師除在立委及教書，享有盛譽之外，並在兩件小事上，有深遠的影響：其一是，他在民國六十年代，創辦了「中原文獻」月刊，原則上是讓河南鄉親，有發表文章的園地，但他省人士有好的作品，也予以刊載。明誠師獨力支付出版

費，既不合適也力有未逮。故每年都請他所教的河南門生吃飯，首次把吃飯動機由主編葉祖灝教授宣佈，我們聽了便慷慨解囊，最少要捐五千塊。以後他老人家不請我們也要催他，因為我熱愛這份刊物。後來不知何時改成雙月刊，也很好，一來經費壓力輕些，稿源也不那麼緊迫。現在文獻董事長由熱心而慷慨的王廣亞老鄉長擔任，是最適當的事，每期所收捐款想必非常有限，一切都由王老鄉長包了，我在此謹表達對王老鄉長的尊敬與感恩，因為我也常在文獻上發表分量不夠重的作品，打算在有生之年，給文獻寫些像樣的作品，以示對王老鄉長實質上的報答！

　　第二件事是，明誠師對豫劇發展的貢献。大約是民國六十年前後，國民黨在陽明山中山樓召開黨代表大會，中間有娛樂節目表演，以舒解與會者連日來開會的疲勞。明誠師乃事前向大會主辦單位，建議娛樂節目應由口碑不錯的飛馬豫劇團擔綱演出。事經主辦單位接受，乃由該團總教師張岫雲女士大膽起用得意弟子王海玲小姐主演楊金花一角。有天份又好學的海玲小姐，真不負老師的教導和信任，把那楊金花一角演得十分精彩，通常先總裁蔣公，在大會觀賞此種娛樂節目，演不夠好的，老人家幾分鐘就走了，演得好也只看半場。但這次王海玲卻能吸引先總裁看全場，老人家高興極了，乃親賞全團加菜金新台幣六萬元！這個數字在當時可買兩棟公寓房子。從此，飛馬豫劇團在台聲譽日隆，加以唱詞身段經過改良，今天已經能與京戲分庭抗禮！王海玲個人的劇藝地位也於此確立，未悉她是否知道這件事？

　　記得有一期「文獻」上，有一篇明誠師所撰有關豫劇特色的文章，真把梆子中悲喜劇表演的精髓，描述得萬分真實，

說明明誠不僅是豫劇的觀賞者，也是最好的宣傳家。今天豫
劇的觀眾，已不單是河南人，河南鄉親如果手腳慢了半拍，
戲票早被「外省人」搶光了！

　　明誠老師以八十五歲的高齡過去，葬在新店河以南的一
個墓園，我每開車赴安坑朋友家作客，總要事先準備些香及
紙錢，給老人家叩頭祭拜一番，以舒發對老人家的懷念感恩
之情。

鄉兄韓清溪先生

　　清溪先生，河南博愛縣人，爲大唐文聖韓愈第四十代之嫡孫。余與清溪先生結識，約在民國八十八年左右，據謂他在政大公行所進修時，所長張潤書教授，即禮稱清溪先生爲「韓文公」。潤書教授爲余之同屆學長，其後榮任政大第一大院—社會科學院院長之重職，余時忝爲大院東亞研究所所長之職，辱蒙潤書院長之垂愛，使余受宵小誣告誹謗之事，得以公正召雪，故余於潤書院長之感戴，常懷於心。今潤書院長既稱清溪先生爲「文公」，余自當追隨於後，稱清溪先生爲「文公」了。「文公」者，乃韓愈公卒後謚號也。

　　潤書院長與余所以咸稱清溪先生爲「文公」，一則爲禮敬韓愈，此一大唐文起八代之衰之輝煌業績，二則清溪先生本人，腹內所裝詩詞文章之多，恐怕較其先人尤有過之！人稱他在二十來歲，參加國家考試，不僅爲當年之榜首狀元，且國文科竟得九十八分，諒爲空前而絕後矣！

　　公教人員享受退休生活，方式不盡相同。清溪文公爲與好友麻將桌上游泳爲樂，余亦有相同嗜好。所不同者，文公較余年長數歲，且有頗爲嚴重的糖尿病與高血壓，除玩牌之外，別的活動似皆不便，而余却似螳臂擋車，不自量力，腹內貨色，不及文公萬分之一，惟偏在玩牌之外，尙喜舞文弄墨，孤芳自賞。詩的寫作，講求平仄音律；詞的創作，注重

調門格式。余於詩詞，可謂門外之漢，然亦不懼羞赧，逢見對味之男女朋友，便隨興謅上一首「詩」，博人之樂，亦聊以自娛也。其間，舉凡生疏之字辭及適切運用，均向文公請益。多年來，請教不計其數，還從無難倒過他的紀錄！

文公因為腹內的詩詞文章，撐得肚子發脹，牌桌上一會兒背上一段古文，一會兒背上一首詩詞，別人感覺如何，未可知也，就余而言，可謂垂涎三尺！余嘗謂文公曰：「文公，你當初何以不讀中國文學系？以你那滿腹經綸，經過國學專業訓練，不難成為當代的國學大師！你反唸了八竿子打不著的地政系，做遍了台北市各區地政事務所主任，混了個『土地公』的名號，老年退休，吃的是粗茶淡飯，住的是四十年的破公寓，穿的鞋子不值仟元，太可惜了！」文公對我的抱怨，從未置辯過，但從他「唉」而未「嘆」的表情看來，想必是有些後悔和遺憾吧！

文公和我為同鄉、好友和牌搭子，因他在桌子上背詩頌詞唸文章，才激發我提筆畫葫蘆，若有些微可觀之處，請歸功於他，若有令人訕笑之處，也請歸罪於他，誰要他不把我教會呢？

以下幾首，即先從文公開始：

一、文公七十二壽辰祝辭：民國九十二年四月十七日，余得悉該日為文公七十二華誕，特奉蛋糕一方，並附祝辭一首，聊表慶賀。

人生七十古來稀，今公已過七十一。

倘或勤於方城戰，管教嵩壽一百七。

文公收余祝賀詩文蛋糕之第三日，即限時寄來謝詩一首，音韻協調，用字典雅，余自愧不及也：

小樓忽然傳情誼，直諒多聞世間稀。[1]

賤辰何勞賜嘉頌，晚晴滿天共相期。[2]

　　余與文公閒聊時，常以我在美留學時，未能一鼓作氣修個博士學位為憾，余則告以最大原由，是當時正是「美中建交」，全美熱愛台灣的華人，無不對台灣的安全憂心如焚，余自幼即享受國家公費受教，直到國內碩士畢業，真可謂「吃國家奶水長大之人」。如中共趁勢攻台，余決心回到預官時之陸戰隊，與其他戰友併肩殺敵，誓將共軍殲滅於海峽之中！文公聞言，嘉余報國之志，乃賜下他的第二首詩：

國士群幸指南峰[3]，博學鴻儒耀黌宮[4]。

傳道蘊育治平策，移風易俗塑太平。

中有大賢張舞陽[5]，布衣起自放牛郎[6]。

幼熟墳典懷經濟[7]，名成海外異采揚。

聞警星夜赴國難，義行毗美文天祥。

萬里晴空林園樂，青山碧波任倘徉。

（九十三年新春）

　　文公對家庭十分珍惜，牌局中再緊張，亦不忘時時打電話回家，詢問妻、兒狀況。局中聞病中妻子有事而中途散場者，似不只一次，牌友嘉其情義，從無怨言。故而：

---

1 此為對余溢美之詞，余實不敢當也。

2 此句表示願與余做個晚年好友之意。

3 一日，吾等數位朋友，赴政大餐廳用餐，中有校長者、教授者、將軍者。文公退休前為捷運局之秘書長，有黑頭轎車，故謂「國士」。

4 黌宮者，大學也。

5 余為河南舞陽人，以縣為余名之代詞，實對余抬舉也。

6 余幼時确為放牛郎，其實農村生活，不止放牛一端，挑水、割草、拾糞等等，無所不為也。

7 墳典者，上古帝王之書也。

　　韓兄愛子戀嬌妻，清廉慧能世間稀。[8]

　　溪畔垂釣酬閒情，「方城」略地戰無敵。

（九十二年十一月）

　　文公既為名門之後，書又讀得好，加以個性爽朗幽默，一不小心便被他抓住話尾巴，幽你一默，弄得你哭笑不得。所以說：

　　大唐文聖嫡後裔，經綸滿腹富五車。

　　萬篇詩文背如流，出口成章談笑裏。

（九二、十二、二八）

　　我對文公家世文采多有介紹，其相貌行誼如何？大家定感興趣，茲謹描述如下：

　　目如關聖瞇，身似玉環肥。

　　一頭大如斗，天頂數星稀。[9]

　　寶蓋寬而亮，下襯蒜頭鼻。[10],[11]

　　紅唇三寸厚，兩耳垂肩低。[12]

　　手掌軟綿綿，雙背長過膝。[13]

　　行路邁方步，開口字珠璣。[14],[15]

　　處世重誠信，交友講義氣。

　　生活自奉儉，不挑食和衣。　　（九十二年十二月三十日）

8　文公為官清廉，頭腦聰敏，又非常幹練。
9　比喻頭髮稀少也。
10　寶蓋者，頭額也。
11　蒜頭鼻，表示有福之相。
12　文公嘴唇之紅而厚，為其最突出之表徵。
13　人云劉備雙臂過膝，有帝王之相。文公臂也長，但未過膝，故未當上皇帝。
14　文公走路非常緩慢，真如古代官宦之方步也。
15　文公對人多所恭維，幽默而動聽。珠璣，珍貴也。

禮讚吾妻何華

　　吾妻何華，湖南長沙人，民國二十七年出生於重慶。抗戰勝利，隨父母赴上海定居五年，三十九年隨母親及幼弟四人來台，投靠於先一年來台之父親。

　　先岳父何伊仁先生，出身於長沙富貴之家，田連阡陌，並經營綢緞、茶葉等莊，生意興隆，家道殷實，故能受良好之教育。武漢大學經濟系畢業，即被中央銀行網羅，受訓實習後，旋派赴北京分行服務，遂結識清末曾姓福建道台六房妻妾之獨生女婉蓉小姐，遂結為蓮理，即先岳母也。

　　先岳父伊仁公，亦湖南眾多美男子之一，尤憶公於九十歲之時，全家晚輩在餐館祝嘏為賀。放眼看去，百餘食客男女，竟無一人有岳翁如此之俊雅亮秀者！

　　抗戰勝利先岳翁在上海獨資經營「金融導報」，極為成功，並在中央銀行任專門委員。可謂集「地主」、「官僚」、「資本家」於　身。共黨得勢，雖其胞弟為第四方面軍領袖李先念之股肱，亦難倖免於鬥爭，故先隻身來台，在法商學院任教，曾先後任該院經濟系主任及院長，達二十年之久，生徒之為部長者，不知凡幾。所創「中國經濟」月刊，實為台灣民營財經刊物之先驅，係受命結拜兄長趙聚玉先生之付託而為之。所著「貨幣銀行學」，至今尚不隱「經典」之名，而享譽海峽兩岸者也。

　　余生不逢時，與妻連襟時，先岳母婉蓉女士已仙逝有年。據謂伊生前不只美秀絕倫，畢業於北京女子師範學院，經綸滿腹，書法亦佳，打毛衣、爲針繡、做烹調，樣樣專精，惜因家人眾多，積勞成疾，僅享年五十七歲而仙逝，惜哉！

　　先岳父爲俊男，先岳母爲美女，余妻何華，自不遑多讓。余初識之，驚爲天人。因善穿著，教授高中及大專英文，每至一校，在不施脂粉僅塗口紅之情況下，即成該校之「一景」。

　　余於民國七十年，結識何華於世界新聞專校，伊對余雖家貧而知上進，並出身於英賢輩出之山東流亡學校，且任國立大學教授，備加傾心。嗣經先岳父調查余之品學後，同意余與何華之婚姻。

　　吾妻何華與余均爲凡人而非聖賢。余爲北方「垮子」，有正直個性，明辨善惡，不善逢迎。余妻爲「湖南騾子」，脾氣大、嗓門高，擇善而固之，甚而擇不善亦固之。惟其秉性善良，對余至愛，兩次重病住院，皆不辭勞苦，悉心照護；余犯重錯，亦設計化解，不加深究。余深夜靜思，牧牛童子，得此美嬌賢妻，此生亦可足矣。

　　何華在校任教，認真嚴格，極爲出名。中國科技大學英文課程，同年級各系，教本統一、考試統一、密封閱卷，何華所教各班，必爲前幾名，絕無例外！任何博碩士之教師，考試成績，皆瞠乎其後；遇有文字疑難，亦必躬身就教。此蓋吾妻早先自認不足，受余之鼓勵與支持，以五十餘歲之高齡，勇赴師大英語研究所，接受嚴格之語文訓練，並養成閱讀「英文中國郵報」之習慣所致也。退休之後，仍孜孜不倦，每日都在圖書館閱讀不綴，余則「隨侍在側」，讀書、閱報、寫文章，「婦唱夫隨」其樂無比！今讚吾妻曰：

何幸娶得三湘妻，華姿丰采世間稀。
風雷雨電多艱忍[1]，晚晴滿天共相惜[2]。

　余數次出門，未顧及嬌妻在家，將伊鎖在家裡，出門不
得，無奈，伊只好在陽台向鄰居呼救，從鐵門縫隙遞出鑰匙
開門。余回家少不得挨罵，甚至挨揍。大約八月（九十二年）
間，又搞了一次飛機，自然挨罵如儀，覺糗之餘，遂聯詩以
自解嘲也。

聰明小張郎，佯裝把事忘。
出外門反鎖，急煞美嬌娘。
心中有機巧，挨罵不心傷。
為防登徒子，伺機來偷香。

---

1 指不避風雷雨電，到處棄課也。
2 此句借用文公贈余之詩，並經首肯。

舞陽小同鄉陳仙芝女士

　　河南舞陽小同鄉陳仙芝女士，囑余以其名寫詩一首相
贈，余應之：

　　　　陳年佳釀郁芬芬，
　　　　仙山靈嶽久庾存。
　　　　芝蘭雅舍群賢會，
　　　　共邀明月酒一樽。

（九十二年七月）

店 之 歌

　　景美菜市場燒餅油條店老闆娘林春貴女士，與余夫妻相
識二十餘年，甚爲友好。遂以其食品之特色爲內容，寫歌乙
闋，名曰「店之歌」：

　　　　燒餅脆，油條香，糯米飯糰鹹豆漿。

　　　　菜肉包，紅米淋，油煎蛋餅豆奶湯。

　　　　一應俱全，任君來品嚐。

　　　　美譽燦，名遠揚，男女老幼來排隊，店員團團忙！

　　　　能幹的，老闆娘，百斤大桶熱豆漿，

　　　　壯漢使勁提不動，她却一舉鍋臺上！

　　　　夫婿發展到異國[1]，兒女遊學渡重洋。

　　　　經濟不景氣，企業多關廠，她家無閒人，個個來幫忙，

　　　　營生服務兩相宜，愛家又愛鄉。

　　　　　　　　　　　　　　　　　　　　（九十二年二月）

1　林女士夫婿曾赴美國開店十餘年，兒女均美國受教。

林恩顯兄尊萱輓辭

　　九十二年三月九日，接政大訓導長恩顯兄尊萱仙逝訃聞，言明不收奠儀、花圈、花籃之類，一切從儉。但在屏東鄉下設奠，余又不知路徑，不克前奉祭，乃作輓詞一首，聊表禱念：

　　　相夫教子，勞苦終身。
　　　子女純孝，頤養天年。
　　　德成業就，乘鶴歸天。
　　　遺愛子孫，非神即仙！

禮讚張慶雲夫婦

　　余隨韓清溪先生赴其友人張慶雲先生家作客。「慶雲」為余之號，今主人翁姓張，亦名慶雲，真乃巧合。其夫人名曾粉妹，在客家族群中異常活躍。慶雲先生，山東黃縣人，該縣人善於經營生意，與上海、杭州、徽州及山西並稱中國五大商團。慶雲先生經營貿易亦甚成功，並有一手好廚藝，且為人豪爽，頗有人緣。茲禮讚其夫婦曰：

　　　　曾家有女適張郎，粉面桃花世無雙。
　　　　妹腰纖細掌中輕，哥似鐵牛壯如鋼。
　　　　伊人謙和善酬酢，客族社交八面光。
　　　　他本魯東黃縣客，堪與滬揚戰商場。
　　　　珠聯璧合美佳偶，共有一雙好兒郎。
　　　　闔家融融樂無邊，不羨神仙羨鴛鴦。

禮敬李永壁夫婦

　　永壁，江蘇豐縣人，爲余省立馬中初一同班同學，彼此
投契，允爲友好。初二下學期，余轉往澎防部子弟學校，惟
仍時相往還。伊在馬中高三畢業，投考陸軍官校，甚爲適當。
蓋因他長相俊拔英武，爲人爽朗正直，如能在軍中按步就班，
不難升遷將帥。據他親口告訴余謂：經國先生見軍校畢業生，
多因當時軍人待遇不佳，爭相要求退伍，乃在公館設宴，將
永壁此一軍校甫改制爲四年之第二十八期畢業學員（蔣孝文
即在該期，惟功課不佳遭退學）召來，諄諄勸慰曰：「你們是
國家培養的寶貝，將來一定有大好的前程，千萬不要輕言退
下去。……」但部份人，包括永壁在內，仍然退下去了。因
軍校改制爲四年制後，畢業生具有理學士學位，永壁退下去
後輾轉到南南投國中任教。余抽空赴南投探視，言談中十分
後悔自軍中退下來。他說不久之前，幾位未退伍的同學，已
升了上校旅長，各開著「三星」吉普車連袂來看他，好不神
氣噢！而自己却淪落爲一窮教員，頗感寒酸云云。余作爲至
交朋友，確曾做到勸慰之責任：即事前勸他別退，事後又勸
他別爲過去的事懊惱不已，好好養育子女長大成人最爲要
緊。所幸他在這方面做得很好，女兒長大做了護士，兒子自
政大企管系畢業，做了電腦新貴。伊本人於十年前罹患膀胱
癌開刀，發揮軍人戰鬥精神，與病魔奮戰不息，至今仍活得

好好的，可喜！嫂夫人彩碧女士，十分賢淑，對永壁照顧無微不至，對永壁戰勝病魔，增加許多助力，令人敬佩。

余試以永壁、彩碧之名為首，作聯如下：

永年松柏青，壁翠閃光耀。

彩虹懸天河，碧波魚兒鬧。

（九十二年十二月五日）

民國九十五年一月十九日，余隻身南下探望永壁，伊於五年前攝護腺癌開刀後失禁，行動不便。近聞舊疾復發，頗為辛苦，電話中口氣悲觀，余聞之，頗感心神不寧，乃乘上午九時五十分自強號火車南下，下午一時半抵達高雄。安排旅店後，先赴高雄林森二路，向莊謙一兄行禮並探望莊大嫂。謙一兄係余五十五年在官校任教時之文史系同事，謙謙君子，與余甚為投緣。往年皆收到伊率先寄來新年賀卡，去年余心臟手術，未曾注意及此，故今年先奉寄一卡，以為祝賀。詎三天後接莊大嫂電話，謝余之賀節，惟要我聞訊勿悲，因謙一已過世矣。余感老友之逝去，嫂夫人定甚悲傷。此次南下，萬該向老友行禮並慰問嫂夫人。二時許向謙一兄行禮畢，即偕嫂夫人共赴鳳山謝秀文兄處晚餐。餐後在謝寓聊至深夜十時許，始搭計程車送莊大嫂回家後赴旅店休息。二十日晨九時許，赴春陽街一〇九號探視永壁。往時，去看他，定在他府上用餐，並長談半天始肯離開。此次念他身體虛弱，精神欠旺，故聊至十一時，即堅辭在府上用餐，免傷其身體也。辭出後，乃隻身乘計程車赴距此不遠之澄清湖一遊。至則參觀過海上「珍奇館」後，遂漫步至湖邊，見整區空無一人，可謂「萬徑人蹤滅」矣！乃獨臥於碧波千頃之湖邊樹下，頗

感悠然自得，遂賦詩一首，以寄感懷：

> 千頃碧波起微浪，百鳥競喉車馬響。[1]
> 孤蔭醉臥白頭翁，萬般世事任思量。[2]
> 孟津漂渺晉陽遠，荒紂肆虐淫煬狂。[3]
> 碧血乾涸黃花瘦，遍地哀鴻唷豺狼。[4]
> 睡獅沉睡終有醒，陰霾消散見驕陽。[5]

1　湖之北岸有公路一條，車聲陣陣傳來。
2　此句中之「孤」字，指余隻身臥於此地。安排「孤」字於別處皆不妥，
　　故安排於句首也。
3　孟津，地名，在今河南洛陽以東，為周武王起兵伐紂之地；晉陽，即
　　今之山西太原，為唐高祖起兵伐隋之地。此句，諷今之軍人皆怯懦之
　　輩，任由扁賊禍國殃民，而不發一聲！
4　此句諷今之青年，皆缺乏革命烈士之正氣也。
5　余對國家遭逢腐敗與獨裁統治之災難，終對由剝而復，抱持無限之希
　　望也。

禮敬呂劍青夫婦

呂劍青先生，政大多年同事，原配夫人臥病有年，呂兄不辭勞苦，照護多年後仙逝，繼娶川女盧文卓女士爲繼室，甚爲美滿。爰以賢伉儷之名爲首，聯曰：

劍光閃閃斬群妖，青蛇白虎一應消。

文雅俚俗齊頂膜，卓然功成自入鞘。

（九十二年十二月五日）

九十六年，呂先生賢伉儷喬遷於桃園市，余聯詩賀曰：

五柳柴扉樂陶然，孔明茅廬自雅閒[1]。

龍磐虎踞何處是，呂邸最宜在桃園。

---

1 爲音韻較爲協調起見，故將五柳與孔明兩大賢人前後加以顛倒。五柳，陶淵明也；孔明，諸葛亮也。

禮敬李正清小姐

　　李小姐，湖北漢口人，人長得很漂亮，又善妝扮穿著，氣質甚佳，早年與先生分開，未再嫁人，專心在國泰保險公司上班，養育一雙兒女長大成人。詎天不睜眼，竟將其獨生子車禍喪生，惜哉！李小姐絕不屈於舛命，仍堅強的不改初志，將像媽媽一樣漂亮的女兒撫養成人。余屢讚佩李小姐堅強之樂觀奮鬥精神，遂於民國八十八年應其請，投其一保，以十年為期，每期繳保費約萬元。十年屆滿，即不再繳費，並可領每年兩萬元之紅利。十年不死，每年可領四萬元，領到九十九歲為止。死後百萬元保費由法定繼承人領回享用。此保尚有兩種優惠，一曰一般重病住院補助，如余於九十三年心臟手術住院，即領國泰公司補助費八萬元；一為癌症住院補助。此病補助再多，余亦不願生此病也。余之保費已於九十八年屆滿，已領四萬元矣。

　　感謝李小姐之好心，乃以芳名為首，聯句曰：

　　李蕊綻放百鳥喧，**正**是人間四月天。

　　清流溪畔黃花地，群童嬉戲樂陶然！

奉勸林玉珠女士節哀

　　林玉珠女士，台南縣關廟鄉人，母林太夫人在關廟擁有大量房產，是故家道殷實。玉珠幼時，台灣經濟尚未起飛，一般國民尚極貧窮，每以地瓜乾稀飯為食，佐以小魚乾充饑。玉珠謂她上學帶便當，內有鹵肉、魚及各式蔬菜，異常闊綽。惟當時政府尚未實施九年國教制度，小學畢業生尚需通過艱難之考試，始能就讀國中，玉珠不擅讀書，故未繼續升學。一日赴男髮師之姨母家作客，接受勸說，學習男性理容技術，學成，在台南市豪華理髮店任師傅。遇英俊之北京青年軍官侯紀峪先生，雙方情投意合，結為蓮理。玉珠個兒雖不高，惟身材纖濃中度，皮膚白皙如脂，髮金黃而自捲，姣好面形，大而亮之雙眼，厚薄有致的唇形，配上纖纖尖尖之十指玉筍，真可謂木柵之「一景」，如今雖已年逾耳順，仍被男人譽為木柵「水婆」（意為「漂亮婆娘」）。因其母林太夫人教子有方，如嚴禁子女口出惡言穢語，說話必需輕聲細語，不道己之長，不揭人之短，他人之事少管，一己之事亦不輕洩於人等等。是以其兩男兩女皆秉此處世為人，且亦據此原則，為子女嫁娶婚配。全家和樂，令人稱羨。夫翁紀峪先生，實為抗日名將之後（因涉及敏感話題，不便秉筆直書，甚憾），為人忠厚正直，以上校官階自軍中退伍，轉任銓敘部安全室主任，在此他輔佐長官、和睦同仁、愛護部屬，獲得極佳的聲譽與口

碑而榮退。

　　余自民國五十九年底，即在玉珠女士所開之家庭理髮店
理髮至今已屆四十年，其間除她因出國不在店中，不得已找
別店洗頭外，皆請她料理頂上事務，此蓋因她技術精湛，懂
余頭型故也。九十二年十一月初，玉珠女士央余其名為首，
聯詩相贈，遂應之曰：

　　　　林裏鳥競喉，玉振金聲喧。
　　　　珠簾倚倩女，凝目望青山。
　　　　我非風雅士，愛慕簾中仙。
　　　　夢見三聖母，馨香一縷烟。

　　林太夫人生前，常自台南來台北探視玉珠女兒一家，余
去伊店中理髮，輒以半調子閩南語，與不擅國語之林太夫人
閒話家常。老人家生前以純行善事、不收任何費用，為遠近
產婦接生無數，故能享壽一百零二歲，無疾而終。余從未見
玉珠女士有過憂戚，此次喪親，當係首次落淚，是以奉詩慰
曰：

　　　　人生七十古來稀，尊萱已逾百零一。
　　　　世間俚雅頌人瑞，滿堂子孫日繞膝。
　　　　教子有方重禮儀，終身行善益鄉里。
　　　　聖賢路盡乘鶴去，勸君莫要過哀悽。

　　　　　　　　　　　　　　　　　（九十二年十一月十七日）

惡疾感傷

　　民國九十二年五月始，Sars 惡疾在台漫延，一時風聲鶴唳，萬分恐怖，學校停課、機關停工、產業關廠者，不計其數。全國死亡人數達數百人，及至中秋節，竟有醫生護士多人染毒死亡，可怕極矣。余感懷此事，逐聯句以禱之曰：

　　　西望遙祭汨羅江，含悲奉點一柱香[1]。

　　　惡煞肆虐寶福地，天使扁鵲成國殤[2]。

---

1 這一柱香之點燒，一則遙祭先賢，二則近祭因惡疾獻身之醫護人員及民眾。
2 天使，護士也；扁鵲，戰國時之名醫。

讚頌郭媽媽

　　郭媽媽，本姓徐，上海人，年輕時嬌小玲瓏，異常俊美。據自稱嘗赴附近部隊勞軍，年輕阿兵哥蜂擁追求者眾，抗戰之初，因曾掩護戴雨農手下大將郭將軍，時郭公元配新喪，兩人遂墮入情網而結為夫婦。當時郭媽雖為年僅十六歲之貴夫人，惟即捲起袖子，親自撫育郭前夫人所遺四個兒女，加上自己所生一女，共五個幼兒長大成人。其中一男孩，早年留美未歸，在紐約聯合國秘書處任高級職，亦曾為大陸鄧小平先生網羅，擔任英語翻譯有年；郭媽所生女兒郭竹平亦甚傑出，大學畢業即考進調查局工作，累升為處長級高幹，先後任職各大銀行監察人有年。郭媽，一生撫育眾多兒女，鮮有側身社會之機會，故至今八十餘歲仍不諳普通語，操一口唔噥上海話，並擅燒一桌美味可口的上海菜餚，其中湖州粽子及茶葉蛋，尤堪稱一絕。去（九十九）年春，罹患骨刺病，致快一年不能上桌玩牌，惜哉！除骨刺外，郭媽其他方面均極健康。尤其腦力無任何退化現象，打碰吃胡，絕無差錯。祈望老人家骨刺速癒為禱。玩牌之餘，胡謅一聯以為頌：

　　　　滬江一美人，是為郭媽媽。
　　　　博奕牌技高，烹調味絕佳。

近九罹骨刺[1]，匝年未開打。

中正堂前燕，繞枝難逢家[2]。

---

1 郭媽亦屬狗，長余一輪，今（一〇〇年）已八十九歲矣，故曰「近九」。

2 此句意謂：眾多晚輩牌友，均因住在中正紀念堂附近的郭媽生病，而不能前去陪老人家玩牌，備感落寞，有孤燕無巢可棲之感。祈祝上蒼讓老人家趕快好起來！

李教授緒武兄頌詞

　　李教授緒武兄，山東萊陽人。人稱潘安爲美男之最，果爾，則緒哥爲今之潘安矣。

　　緒哥不僅英俊出名，且更幹練清廉，以故受知於政大李校長元簇公，爰被任命爲總務長，以防職員貪瀆之風。李校長入閣任教育部長，陳治世教授繼任校長，緒哥續任總務長。約在民國六十五年某日，余在果夫樓下巧遇時任總務長之緒哥，遂臨時起意，薦劉經永兄於政大總務處任職。經永兄，乃余實中同窗大姐曲春英之夫也。彼亦爲一山東之俊男，與緒哥旗鼓相當，曾在澎湖被迫從軍，退伍後，經老國大代表舅父之眷顧，先進稅捐機關任職，因他爲人正直不苟，於稅務人員貪瀆之風，極端厭惡，遂轉任木柵國小任教，後以小學教師前途有限，又轉赴山東紡織企業華盛公司任人事部主任。以正直清廉故，雖爲董事長所器重，惟多擋人財路，每爲頂上司所忌恨，因而久久不能升職。據云：其所招幕之工人早已升爲副理矣，但自己却仍爲「主任」如故。是以懷才不遇之餘，常在大姐與余面前牢騷滿腹，吵著退休。吾等力勸其於勞基法草案通過之前，切勿輕言告退，不然，十餘年之辛勞，形同白幹矣。約忍兩年，勞基法通過榮退，拿到一份可購三十餘坪公寓之退休金。惟退下之後，人不過五十來歲，賦閒在家，頗感無聊。且多年公餘之暇，苦啃書本，通

過退伍軍人特考，名列前茅之資格，豈不浪費？然求職無門，徒喚奈何？余身為知己朋友，自當竭盡所能，為之張羅，然余僅為政大一陽春副教授，為人謀職，不亦難乎？今既遇緒哥，何不一試？乃趨前言問曰：「緒哥，貴處可有缺嗎？」彼含笑曰：「怎麼？想介紹人？」余答曰：「然也。」彼問：「多大年紀，什麼出身？」答曰：「五十來歲，山東人，軍事特考優等及格。」彼曰：「條件不錯，年紀太大了……。」余正色曰：「咱們倆年紀大不大？」彼曰：「不算太大！」余乃曰：「這不就結啦！既然我倆不算大，他也就不算大啦！」他說：「好吧！把資料拿來吧！」我把資料送給他，並請苑覺非老師向校長陳治世博士從旁促成。一朝天子一朝臣，陳校長即將卸任，緒哥跟著卸任總務長，自不待言，因而在錄用劉大哥一案上，緒哥看在我的份上，校長看在苑老師的份上，兩人便快馬加鞭，玉成好事。苑老師和我，都是陽春教師，會有什麼「份」量呢？在此略加表述，苑老師國學底子深厚，並精於書法，自國學大師熊公哲（北大中文系出身）老師去世後，政大校長一切應酬文字，皆由校長敦請苑老師任其勞，所以苑老師在校長面前說話很夠份量；我呢，則是因在東亞所服務，學生難免有疏忽的地方，例如選課不適當需要更改啦，未注意提報碩士論文日期，需要補提報啦等等，凡此，都需要我去課務組斡旋補救，那時課務組主任，正是教育專業出身的緒哥，以為學生在校犯點兒疏忽，都是難免的，所以對於我請求為學生補救的事，向來二話不說，一律照辦。若干年下來，我倆也成莫逆之交，這便是我的份量。於是劉大哥的任用案，就在短短兩三天之內塵埃落定，進到政大總務處事務組擔任重頭戲的採購工作。他也真給緒哥和我爭了許多

面子，一是他特考及格，在總務處甚至全校職員中，有此資格的並不多見，因為過去的職員，並無具備高普考及格的規定，連當時事務組主任也沒這個資格；二是他閱歷豐富進退有矩，很受人尊敬；三是他文筆好，寫字尤其工整漂亮；四是他清廉自持，替學校省很多錢，校長特別高興。我打算找總務長或校長，給他爭取個組主任幹，他誠懇的說：「煥卿，不必了，我只要本份的在現有崗位上幹幾年，和過去公務機關資歷加起來，拿到個終身俸，就心滿意足了。」我尊重他，沒有再事張羅。

　　從這裡看，緒哥是個標準的正人君子，一個工友的缺都很值錢呢，何況是一個採購職員的胖缺？因此，我用最高的規格來讚頌緒哥：

　　　　李唐隆盛記憶新，緒績偉業鉅無垠。

　　　　武威文治皆燦耀，功在奠基一世民。

讚頌徐載華教授

　　徐載華，政大企管系資深教授，個子不高，壯得像尊鋼炮，一輩子留著個平頭，總是背著個學生背包，穿一身學生式的便裝，退休前後，沒見他穿過西裝。浙江東陽人，爲報業鉅子王惕吾先生的表弟。因爲他年齡比我們玩在一起的這伙人，包括馬邊野、王俊，都大一點，故我們都尊稱他爲「載公」。

　　載公能言善道，講話嗓門兒很高，口才便給，邏輯謹嚴，析理透徹。故在會議場合，多爲主要的發言者，不自動發言，也被主席指定發言，有他在，不會有冷場。

　　載公也是桌上游泳健將，曾捨得花三萬多元，買一套游泳設備。嫂夫人怕他亂跑，特從華華世界的北市安和路，搬到新北市安坑的最高山頂上，那豪華的游泳設備，形同閒置不用，好可惜喲！反正我逢人便是瞎掰，現亦爲載公掰幾句吧！此亦載公賢伉儷當年之情形也。

　　　徐府迎親大吉祥，載歌載舞喜洋洋。
　　　華幔麗帷香欲醉，含羞帶笑入洞房。

政大後山行

　　政大後山，是台北市有名的健步休閒區，有一座百來公尺高的山頭，從這山頭周圍往下緩緩傾斜，底部一圈兒，便是健行步道，兩旁皆是蒼松翠柏，風光幽美，爽適迷人。走一圈兒，剛好一小時，令你香汗淋漓，爽娛無比，余有感而記之曰：

　　　曲徑起伏宛如龍，蒼松翠柏夾道行。
　　　雞鳴絡繹健步走，氣吁揮汗總不停。
　　　北坡山下名黌府，南向遙聞車馬聲。[1]
　　　西邊俯視萬家樓，東向仰望指南宮。
　　　點點白鷺繞枝飛，潺潺流水夢溪清。[2]
　　　莘莘學子當自勵，莫負弦歌好環境。

---

1 名黌府，指政大也。因政大後山的南邊不遠處，即為北二高，故可聞「車馬」聲也。
2 政大後山西、北兩面山下有溪流繞過，該溪流為景美溪之支流，政大人稱之為醉夢溪。我們在校時（四十五至四十九年），醉夢溪畔有好多同學早晨起來在這裡讀國文、背英文，我也是其中之一，此種景況，今已不復見矣。

張岳軒將軍頌

　　張岳軒將軍，名「張琦」，岳軒，其號也，山東濟南人。據將軍謂：先總統蔣公西安蒙難時，所帶衛隊一個憲兵排，那個排長便是他本人。將軍並自謂：他一生斷斷續續在先總統身旁約五十年之久。他說他是黃埔軍校第六期畢業，曾在邱清泉將軍兵團當過裝甲兵團團長，爲蔣緯國將軍之直屬長官，二人並結爲拜把兄弟。自己及夫人皆不善理財，一點積蓄做生意賠光了，緯國將軍在世時，對他多賙濟。緯國先生去世，而張將軍元配夫人亦作古，與繼配夫人拿回中將官階的終身俸，始得清貧過活，目前近百歲矣。余亦禮敬曰：

　　　張氏代代出英賢，岳武失在宮庭遠。[1]
　　　軒昂赤膽贊中樞，功高不震主猶儂。[2]

1　岳飛之遭害，就是他距離宮庭太遠之故。這「距離」不只是空間上的距離，更指人事關係上的距離。假如與宮庭關係搞好一點，也許不致有以後的發展。
2　岳軒將軍在先總統面前有大功，但從不被疑忌，反而受先總統疼惜有加。所謂「功高不震主」，此之謂也。

農曆除夕有感

　　民國九十三年農曆除夕，似在西元二〇〇四年一月二十二日，距總統副總統改選，不過兩個月，時泛藍所提名之正副總統候選人，分別為連戰先生與宋楚瑜先生；而泛綠的正副總統候選人，分別為陳水扁與呂秀蓮。據本詩寫作時之民調，連宋遙遙領先，當選希望甚濃，國人受夠了李登輝十二年「鎖國」政策及「兩國論」，經濟窒息及惡化兩岸關係之威脅，故多支持連宋一組人馬，余亦持樂觀態度，故聯曰：

　　雲開風雨後，幾度向陽紅。
　　藍天現紫氣，綠葉亂飄零。[1]
　　俊秀惜黔首，棟材顧蒼生。[2]
　　三月飛如箭，一掃鬼魅空。[3]
　　永絕跳樓恨，四海慶昇平。[4]

---

1 紫氣，瑞氣也，表示連宋民調高，當選有望。綠葉飄零，意指泛綠形勢不佳。
2 黔首、蒼生，皆百姓也。泛藍優秀人才濟濟，不只愛國更愛民也。
3 三月二十日為正副總統選舉日，很快到來也。
4 泛綠執政多年，跳樓自殺民眾多達數千餘人。

禮讚孝芳賢妹

　　民國九十三年端午節，張嬸王文英女士，偕長女張孝芳妹，來台北汐止看媽媽。余夫婦乘此難得機會，請大家一同赴新店滿福樓餐廳聚餐過節。

　　孝芳父張成才叔，河南大名府人。係家父生前至交好友之一，年輕時英俊挺拔，十分帥氣，故民國三十八年，澎湖防衛司令李振清將軍，特選張叔為司令部警衛隊隊長。那時一般官兵皆著陳舊爛縷軍裝，穿薄底膠鞋。而張叔卻身穿呢絨軍裝，頭戴發亮鋼盔，腳蹬長筒馬靴，手持指揮棒，腰別荷子槍，率領一連披掛整齊、精神抖擻的隊伍，早晨在馬公大街上，齊步哼哼的走過，一路高唱軍歌，好不神氣。媽媽和我住在大街「聯昌裁縫店」三樓，每天早上打開窗子，觀賞張叔帶隊經過，好生欽羨！張嬸文英女士，在軍眷中以賢淑明理聞名，時家父與張叔均為上尉官階，惟張叔為司令部警衛隊長，必有優厚的勤務加給，生活水平較余家強多矣！余家吃不起麵條，張嬸每煮麵條，念余瘦得像隻螳螂，便叫其女孝芳妹（時約兩歲），叫我去她家飽餐一頓，此恩至今難忘！

　　民國九十八年，張叔以八十六高齡過世，媽媽收到訃告，特叫余開車前赴中壢靈堂奉祭，余生怕去錯地方，誤了公祭時間，特於公祭前一天，開車赴中壢找到靈堂正確位置。次

日前赴公祭，見孝芳及兩位弟弟忠濤、忠良將儀式辦得盡善盡美，深以為慰。

張嬸目前身體健康，思慮敏銳，可謂健康老人。所有麵食，一概精湛，去年未經告知前赴中壢探望，享受一頓美味可口的素餃大餐，至今餘味未息。

孝芳妹畢業於銘傳商業大學，英文超棒，是以畢業後即考進外商企業工作。一九七七年，余赴美進修，孝芳亦奉派至該外商駐費城分部工作。一日，伊所訂傢俱店老闆，未依時將傢俱送至住所，孝芳乃偕余赴店興師問罪，這姑娘居然用流利英語，同老闆吵架，真把我這個老哥哥既愧又羨了！就在前述端午聚餐後，為孝芳妹謅了一首如下：

　　張燈結綵喜洋洋，孝子賢孫聚一堂。

　　芳草天涯處處有，隨風飄來十里香。

讚頌豫劇皇后王海玲女士

　　九十三年六月十六日，余夫妻前赴木柵國光劇場觀賞京劇，中場休息間，與豫劇皇后王海玲女士相遇，交談甚歡。此前曾觀賞過王女士許多演出，並拜讀過她的傳記，對她所知良多。回來特聯數句，作為個人對她的讚頌：

　　　　王家有女豫劇魂，海峽兩岸第一人。
　　　　玲琳嗓音天上有，人間那得幾回聞。
　　　　花轎紅娘樂無邊，樓台祭椿淚如泉[1]。
　　　　牽魂攝魄隨風轉，一代皇后不虛傳[2]。

---

1 花轎者，劇目也，名曰「抬花轎」；紅娘者，亦劇目也，即「西廂記」中張生與崔鶯鶯之戀愛故事。紅娘一劇，又名「拷紅」。花轎、紅娘二劇，為豫劇中之有名喜劇，叫人快樂無比；樓台者，樓台會也，即電影中梁山伯與祝英台之訣別也。祭椿者，即豫劇中之「大祭椿」，二者皆豫劇中有名的悲劇。海玲演來，叫人肝腸寸斷，淚如泉湧。
2 隨風轉之「風」，指「戲劇」中之舞蹈動作，俗稱「作工」也。

賢妹張慧枝讚語

　　張天相、張擇文叔叔胞兄弟，皆家父生前同袍及好友，亦河南舞陽小同鄉。擇文叔與家父感情之篤，不異於親兄弟！而余則與天相叔最為投緣，故在他生前，常赴他府上作客，叔嬸待余至親，故叔仙逝時，余夫妻特赴靈堂行跪拜禮。

　　天相叔長女慧枝，係一溫婉的女強人，嬌小玲瓏的身材，一雙瞇離的眼睛，長捲的美髮，薄而紅潤的雙唇，十分美麗可愛，追求雅仕，定如過江之鯽，惟為孝順父母，一生不嫁人。猶憶剛開放大陸探親時，慧枝曾偕同父母，搭上第一班列車回鄉探親，除撒錢賙濟並大宴親友外，在鄭州包下整個劇院，以專車接送舞陽鄉親赴鄭州觀賞豫劇（河南梆子）。後來又在台北市給父母兄弟各買豪華公寓一棟，並在大直購置百餘坪大的公司辦公室，可算一個外柔內剛的女強人。余感佩而讚之曰：

　　張家有女嫻生理，慧敏純孝世間稀。
　　枝頭玄鳥展鴻翅，一飛沖天九萬里。

禮敬陳亦仁大夫

　　民國八十三年（二〇〇四）三月，陳水扁以「奧步」之法，獵獲總統大位，兩百萬國民黨員及數百萬熱愛公平正義人士，無不義憤填膺，遂在委曲落選人連戰、宋楚瑜及其他政治菁英領導之下，展開一系列之抗議示威活動。

　　余雖係升斗小民，惟於連宋所受不公待遇感同身受，故上述示威遊行活動，多半參加。最初數月，搖旗吶喊，甚為起勁，並寫「討扁史詩」乙首，複印兩千份，分送參與大眾。及至九月中旬以後，此類政治活動，已漸稀少，余遂恢復早晨散步習慣，往常，多沿景美溪畔健行步道，往公館方向行進，最遠可達師大路。後感過遠太累，遂改行溝子口沿景美溪河堤人行道，向南至寶橋，略事休息折回。後漸感疲勞乏力，行至寶橋一半路程，即需折回，及至九月底，連三分之一，即不能行矣。十月初，馴至一百公尺，即需休息三次，此時，余尚未警覺此係心臟問題。一日乘公車赴木柵「天美理髮店」理容，將余行走無力情形，告知為余理容三十餘年之林玉珠女士，伊有因心臟病住院經驗，謂余之情形，必為心臟病無疑，洗完頭不容分辯，拉余上計程車，疾馳萬芳醫院，將余交給伊先前住院主治醫師陳亦仁大夫。

　　陳大夫時年不過三十餘歲，出身台北醫學大學，獲陽明醫學大學心臟內科博士學位，門診經歷雖不甚久，惟聰敏認

真，更具愛心與耐心。對余病況，經過系列診斷，認為非開
刀不可，遂將檢驗結果，移送心臟外科主任陳復銓大夫。開
刀後至今，六年餘期間，無不悉心照護，使余近八旬年齡之
健康，不異五十歲壯年之人！余感恩之不遑，遂賦詩禮敬曰：

　　陳君醫術精湛深，亦是扁鵲再世人。
　　仁心仁術痌瘝抱，救命猶似菩薩心。
　　猶憶我行難移步，幸逢名醫細心診。
　　驗血掃描心電圖，履帶行走少三分。[1]
　　導管察觀血流狀，四支血管堵三根。
　　慰我勿懼動手術，遂移病歷外科陳。
　　開刀房中九時半，夜半推出命猶存。
　　加護房中十日臥，時刻存問倍溫馨。
　　出院七載善照護，健康猶似年輕人。
　　中山陵上禮先賢，天門洞頂觀白雲。
　　晝夜疾書無眠休，六千文章終付印。[2]

---

1 走履帶為檢驗心臟功能之一項目，走越快越久表示心臟功能佳，余僅
　中等速度不及三分鐘，功能奇差，昭然若揭。
2 今陰曆年前，余應劉鵬佛學弟之邀，以廿四小時不眠不休之撰寫，終
　成恩師吳俊才叔心公之紀念文六千餘言，証明身心健康尤勝往昔。

禮敬陳復銓大夫

　　心臟內科陳亦仁大夫，將余全部檢查案卷送至外科主任陳復銓大夫後，又經心導管以外之系列檢查，結論是要動手術。我問說，要不動手術會怎樣，他說：坐著還會喘息，走路連喘息都困難，喘息不繼人倒下去就走了。所謂「心臟衰竭而亡」此之謂也。問我願在此開刀嗎？我說與內人商量再作決定。

　　事為許多朋友所悉，皆勸余多請幾位名醫診斷，或許有不開刀亦能醫好之情形。韓清溪兄力薦某大醫院一心臟權威，心臟病如不經他診斷醫治，豈不妄害一場？內人聞之有理，遂帶我去該大醫院，掛該名醫的號，該醫生替我聽診、照片子後，即說要動手術，並很客氣的說，他很樂意為我動手術，並囑我到萬芳醫院某樓找某小姐，她會把東西交給您攜來云云。

　　我為資深教授，豈不知有卓包教師，升等論文不是花錢請人捉刀，就是乾脆盜抄。學術界有此等莠草，醫界亦當有此等貨色。此一所謂名醫，不替我花成本詳細檢查，倒要我協助盜取現成的檢查資料，此與學界「捉刀」、「抄襲」何異？故在醫德品格上即為我所鄙視，遑論尚有其價碼呢？

　　陳復銓大夫初診時，我對他就有不錯的印象，瘦高的個兒，白皙的皮膚、雙眼皮，寬窄厚薄適度的嘴形，挺直的鼻

樑，寬高的額頭，如果頭髮多一點兒，我必稱他為「十足美男子」！現頭髮實在太少了，只好將他升格為「十分美教授」！

年齡五十餘歲，是醫術刀工最好的階段。自回家路上，我就對內人說，我決定在萬芳動手術，因為一則距家近，妳照顧我大為方便；二則陳外科主任慎重仔細，內科作過的檢查，他幾乎再做一遍；三是他說話誠懇，不誇張也不隱瞞，在醫德上已經是站得很穩。當日就掛了號，次晨在候診室門口，赫然發現公告欄上，貼有陳主任的學經歷，他是北醫大畢業，做過國內短暫心臟外科醫師，後赴美國賓州醫學大學進修，畢業後並在該大附設醫院主治心臟外科多年。我看完不禁內心暗叫起來，我雖少去教堂，但我始終篤信天主，今天主竟賜我良醫，我焉能錯失良機?蓋因我在美國德立華大學（Delaware University）進修，德大母校距賓大不遠，同學載我去賓州（Pennsylvania）的費城（Philadelphia），參觀美國獨立紀念館及自由鐘，途經賓州醫大，同學們都豎起大姆指頭說：該醫大頂呱呱！在全美排名第四，余自信身體健，除小感冒以外，不曾生過別的病，對同學當時的誇讚，僅留下這點記憶而已。不料事過三四十年之後，這記憶却給我無比的力量與信心！所以我見到陳大夫，未等他開口，我就說：請陳主任替我動手術，可以嗎?當然可以！不過這手術有百分之三十五的失敗機率，您要做好萬全的心理準備，最好至親家屬都能守候在手術室外，以防萬一！我請內人連絡家人至親不得要領，倒是順利連絡到非血親的至親：劉秉義、潘元民和鞏培超三位好友。

陳主任當即同護士小姐商議手術日子，查閱日程表後，逐決定在十一月四日下午動手術，三日攜帶應用物品住進病

房候刀。四日是美國獨立紀念日，大好兆頭！下午三時被推進手術室。在這之前，我叫內人準備了一個幾萬元的紅包，交待她在沒有第三人的場合奉送。她照辦了，但被陳主任狠狠訓斥一頓，然後安慰內人說：「我們醫師的職責是治病救人，自認是高尚的工作，妳的作爲叫我們自覺失去高尚！妳不這樣做，我們對妳先生的努力，決不會少一分！」內人說：「我們只是求得安心嘛！」「不安心?找別家醫院還來得及！」這是陳主任的結論，叫我夫妻既羞愧又窩心！

我在施打麻藥之前，內心毫無恐懼，倒對手術室頗感好奇，東張西望，看看都也些什麼玩藝兒。結果除幾架照明設備以外，也和普通診療室沒有什麼差別。比較特殊的，是我所躺的手術檯，那是一張用厚實木頭所製成的床檯，四角都有綁縛手腳的鐵環洞穴。給人手術固可，我看用之屠豬宰羊亦無不可！

最先來手術室的是助理醫師和麻醉師，陳主任來的時候，我還有些意識，之後就什麼也不知道了。

夜裡七時許，我被活著推到加護病房，夜裡二時甦醒過來，內人見到我喜極又泣！人家在加護病房超過五天的就不很多，我却待了十天，這十天的情節，我都寫在下面的「非詩」句裡：

　　陳醫華佗再世身，復施刀術救我心。

　　銓記宏恩無以報，誓作來生救世人。

　　加護十日細觀察，時刻關懷送溫馨。

　　血壓脈膊量無數，抽血驗尿量體溫。

最苦抽痰日多次，至爽磅盤涼如沁。[1]
五孔遍插有管線，有口難張啞無音。
若有藉助不喞聲，手指輕敲床欄根。
護姐聞覺速存問，五指比劃勝聽聞。
此起彼落滿室嚎，獨我忍疼不呻吟。
住院所求無不應，大夫視我如故人。
七年悉心賜照護，健康較前強十分。
一氣登上中山陵[2]，千梯踽爬洞天門[3]。
坎坷溶洞費體力，十里山徑不省心。
健行不遜壯年漢，終生難忘照撫恩！

---

1 每天磅量體重，赤身臥於沁涼秤盤，最感涼爽舒適。
2 前年江南八日遊，余一馬當先，登上中山陵向國父行禮。
3 去年遊湘西張家界，又一梯一梯的慢慢爬上九九九梯之「天門洞」，勝
　過許多年輕遊人。

讚頌同窗孫廣德

　　政大第 20 屆政治研究所碩士班共有孫廣德、朱增郁、曹伯一、楊江俊、林燦木、遲景德、楊日青及余等八條狼（郎）。其中朱增郁官做得最大（中信局長），孫廣德書讀的最好，公認為是本班的老夫子，大學不過法商學院出身，畢業後能到台大任教，並為優良老師，其學識實力之強，可想而知。且為人正直，絕不向任何權勢低頭，是一個標準的知識份子。明年（93 年）正月四日（星期日）邀全體同學（林燦木已過世）到府，不知為何事？我猜可能 75 歲生日居多。無論如何，總是初到人家，總不能空手，昨晨，又頌詩一首，以宣紙寫下，裱為軸，攜去以為見面之禮，此為平生第一次為人寫字，送禮對象為同學，見笑難免，但不至被恥笑得太厲害也。

> 孫子陰陽學理新[1]，
> 廣譽傳頌天下聞，
> 德如白璧了無瑕，
> 行似明鏡不染塵。

---

[1] 廣德碩博士論文，皆中國古代陰陽之術，艱深難懂，非有講深學術實力，何敢為此？

懷念廖風德教授

　　東亞所在校外，我認識政大年輕一輩的教職員，除我教過畢業留校服務者外，認識者不多，而有交情者，更是少之又少，廖風德教授應屬僅有的一位。我們的相識，應有三因：一我在新聞系教授政治學有年，用系統方法教學，以英文書為課本，學生反應不錯。其實，風德在新聞系修博士，風聞我以新法教學，對我產生好感。後來他自博士班畢業，在歷史系任副教授兼課外活動組主任，我又在歷史系擔任中國現代史課程，歷史系開全體老師會議，我倆在會中見面談話，頗為投緣。他比我起碼小二十歲，其二，後來他的博士班指導教授祝基瀅先生，做了國民黨中央文工會主任，調風德去文工會擔任主任秘書，而我則在民國七十四年被派赴陽明山革命實踐研究院受訓，被選為學員第一組組長，那時第一組輔導老師正是祝基瀅教授，我在受訓期間表現優良。風德與我可謂同門師兄弟，感情上自然感到親近些，我們相遇，他總是謙恭有禮的張老師長張老師短，完全沒有年輕人的傲氣。第三、我倆同在杏馨家庭理髮店理髮，經由老闆娘玉珠女士的單向溝通，使我和風德相同的為人風格，又多一層認識，有時在理髮店相遇，談話更是投機。民國八十一年，我在東亞研究所擔任所長的第二年，召開專任老師所務會議，決議召開空前的「國際海峽兩岸關係研討會」。我所專任老師

六名，分工結果，我擔任經費籌措及大陸、海外學人邀請兩項重頭工作。經費籌措方面，我從文工會申請十萬元的補助，只以公文形式提出申請，並未給祝基瀅老師和風德學弟寫私函，也未前去謁訪，但十天後的一天，風德却笑嘻嘻地光臨東亞所，說：「張老師，恭禧您！您的申請案已經通過了，不久支票會寄來！」我倆高興得互相擁抱，中午我要請他到小館吃飯，他說事忙改天吧。他上車時，我望著他優雅的背影，十分心儀和感激！心想有這麼優秀的望年朋友，真是「吾道不孤」了。

李登輝叛黨之後，風德又回到學校任教，証明他是個有不隨流俗、有為有守的青年學者，學校肯定他的德行能力，故要他擔任非常複雜吃力的課外活動組主任，把他的熱情散發給上萬名的學生，可以說是「得其所哉」！

馬英九先當選黨主席之後，深知風德是個不可多得好幹部，乃調他到中央黨部先擔任秘書處主任有年，後馬主席決定競選總統時，深知風德吃苦能幹，遂擢升他為組工會主任，負責輔選的重頭工作。馬主席於二〇〇八年以七六二萬超額選票大勝對手！此固馬氏個人魅力，而風德擔綱輔選之功不可沒！於是又請他入閣，轉任內閣第一部的內政部長。經過學校、黨部的多年辛勞，心臟逐漸出現問題。本是計劃在內政部長上任後，先穩住陣腳，再行住院治療，不意就上任前數日，與夫人出門散步（那山上坡度極緩，算不得是登山，我個人經歷過這種情況，心血管已經嚴重堵塞，即使走平路一百公尺，也要休息三次，如不立刻作繞道手術──即將腿部血液暢通血管換下堵塞的血管，即使走平路倒下去，也是死亡，這就是所謂「心臟衰竭」是也。）倒了下去，心臟衰

竭的離開人世。我在公車上接到玉珠打來的電話，驚聞惡耗，萬分痛惜！他自到黨部工作後，也從木柵搬家到國家山莊。也未再到玉珠女士店裡理髮了，有心臟病經驗的玉珠女士和我，也不知道他有心臟病，如果我們仍有碰面的機會，我一定像當年玉珠女士拉我立刻到萬芳醫院檢查一樣，拉他去萬芳醫院做檢查，一刻都不能耽誤，這是生命存亡的攸關呀！可惜！痛哉！

　　風德走了，我見報上說，在慈恩園設立靈堂，我立刻驅車去給他行禮拜祭，回來用白布寫了一幅輓聯寄到他府上，並給廖夫人寫了一封短函，輓詞是：

　　　　風骨嶙峋，學富五車，正待為國獻鴻猷，
　　　　德配大賢，才高八斗，奈何蒼天不假年！

黃彩珠女士聯詞

　　木柵中華電信局旁，有一便當店，店主黃彩珠女士善烹飪，其所烹各色菜品皆甚可口，余嘉其藝，乃以名為字首，聯曰：

　　　黃鶯枝頭歌婉轉，
　　　彩霞晚晴浮滿天。
　　　珠簾撫動現倩女，
　　　儀態萬千倚欄杆。

禮讚許大夫

　　某日晚，余驅車經木柵木新路，見有治「跌打損傷」招牌之中醫診所，因左臂疼痛，久治未癒，乃思一試，故而進門，詎知郎中竟一貌美女士，年不過而立，談吐不俗。問其出身，乃台中中醫學院畢業者也。索其名片，知其名爲許慧珍，遂爲之聯曰：

　　　許仙西子遇素貞，
　　　慧質贏得七世情[1]。
　　　珍惜稀世天人愛，
　　　不畏金山法海翁。

九十三年三月十六日

---

1 西子，西湖也。素貞，即白蛇女白素貞也。

爲楊秀華女士聯句

　　余隨韓青溪及魏懋健二兄，赴南京東路魏家空屋作客，在座有楊秀華女士，隨和有禮，樂爲之聯曰：

　　楊府一門皆忠藎，

　　秀男才女滿庭芬。

　　華夏江山擎天柱，

　　龍殿不搖鍾鼎尊[1]。

　　　　　　　（九十三年一月二十四日）

---

1 古時金鑾殿鍾鼎聳立，表示國祚昌盛，朝廷穩固之象徵也。

李芳菲大夫頌

　　木柵「揚昇中醫診所」大夫李芳菲女士，爲余診背痛及五十肩痛，十分有效。特別是她的針灸術特佳，此兩種病痛，經過三次針灸及熱敷，立可痊癒。感念之餘，特以她芳名爲字首，頌曰：

　　　李林叢中蝶戀飛，
　　　芳草綠蔭盡翠薇。
　　　菲菲細雨蘇大地，
　　　碧空明月閃星稀。

　　　　　　　　　　　（九十四年六月十日）

韓 府 頌

　　鄉兄韓清溪先生之友韓將軍，家居淡水高樓之上，淡水風光一覽無遺。九十三年一月十三日，清溪兄偕余赴淡水韓府作客，余感景物佳甚，乃聯而頌之曰：

　　　　萬丈高樓聳入雲，蟠龍柱國大將軍。
　　　　浩浩淡江天際流，渺渺汪洋遼無垠。
　　　　遠眺翠峰名黌府，近瞰風馳便捷運[1]。
　　　　巍巍長橋懸碧波，點點白鷺棲紅林[2]。
　　　　似鯽魚舟不揚帆，如織遊客靜無音[3]。
　　　　天上仙境此處有，人間那得幾回聞。

---

1 名黌府，指淡江大學也。
2 長橋，指關渡大橋；紅林，紅樹林也。
3 很多魚船皆以馬達為動力，故不揚帆。吾人身在高樓之上，遊客雖多，
　對吾等來說，可謂寂靜無音也。

孝 女 願

　　閱報副刊，一女其父病危，憂其未嫁。女爲慰父而嫁，
詎婚後百事皆違己願。後遇如意郎君，唯不克朝夕相處，日
夜相思，備極纏綿。余感其事，據以成「詩」，以紀之。

　　　百善孝爲先，依違難兩全。
　　　嬌鳳棲枯枝，爲親心自安。
　　　今遇多情郎，諒係天所憐。
　　　聞君訴情衷，展轉夜難眠。
　　　見君渡重洋，躍身追客船。
　　　非是黃梁夢，應爲情所牽。
　　　妾本賢淑女，君爲爾雅男。
　　　君言決無爽，妾心金石堅。
　　　願憑月下老，綴成並蒂蓮。

悼羅曼菲教授

　　報載，年僅五十一歲之舞蹈大師羅曼菲教授，因肺癌逝世，惋惜之餘，聯詩乙首，以資悼念。余與羅大師素昧平生，對舞藝亦乏修養，之所以備感悼惜者，實以年來政治窳敗，致一切文化領域頓成沙漠，羅大師之中天殞落，益使文化園地，增添幾許荒涼！

　　羅姝藝譽滿天涯
　　曼妙舞影勝彩霞
　　菲菲細雨泣如訴
　　青春恨似夕陽斜[1]

　　　　　　（九十五年三月二十五日）

---

1 夕陽斜，喻人之殞落也，斜，音ㄙㄧㄚ。

廣安樓粵菜館祝語

　　余在光復南路做苦工時，常在附近巷內廣安樓餐廳用餐，遂以店之字首為始，作祝詞曰：

　　廣哉我中華，安如金鋼塔。

　　粵冀萬里遙，菜色各有差。

　　鴻鵠驚一鳴，圖撼泰山斜[1]。

　　大地一聲搖，展翅飛天涯。

（九十六年夏）

---

1 斜，音ㄙㄧㄚ。

禮讚娟妹

　　杜惠娟小姐，榮總護理長退休，在民生東路楊府作客所識。後又相偕至木柵楊昌年教授府上作客，頗受大家歡迎。遂作詩相贈：

　　　　杜妹天使白衣身，惠施百萬病中人。
　　　　娟秀玲瓏皙凝脂，不飾俗粉益清新。
　　　　輕聲細語多溫婉，花落人家有福音。
　　　　幸伴楊府座上客，滿堂雅仕倍溫馨。
　　　　阿黃昔暱慶雲叔[1]，琵琶別抱惠姨琴。
　　　　舉止動靜咸爾雅，眾叟喜見玉手伸。
　　　　途中坎坷扶我行，恰似天佑杖一根。
　　　　人生聚散本無常，芝蘭蕙質留我心。

---

1 阿黃，楊教授府上所飼黃金靈犬也，原暱余甚，惟自杜小姐去府，又對杜小姐特別親熱，余頗有醋意，乃有此句之嘆，不意次日再去，竟暱余遠過往日，真靈犬也。

禮敬王立強將軍

郭媽媽女婿王立強將軍，山東濟南人，少將退伍。為人風趣隨和，牌技不錯，惟手氣總是欠佳，和我一樣，輸光版是常事。但贏的時候，卻是十分大方，只留象徵性籌碼，將大部份所贏籌碼，均分給輸家，形同光輸而不贏，故被譽為最佳牌搭子。他出牌較慢，但你不能嫌他，否則即成拒絕往來戶矣。因我敬佩王將軍之為人，故樂為頌曰：

王者自有王者風，立言功德三相逢[1]。
強國強種興大漢，聲威廣被萬世雄。

---

1 立言功德三相逢，謂立言、立功、立德三者具備也。

讚頌孫景鎮學長

　　景鎮爲余員林實中學長，亦爲政大學長。政大新聞系畢業，立爲民族晚報所延攬，先爲採訪記者，不旋踵即被擢升爲採訪組主任。其間，國民黨文工會及中央日報社，皆曾爭聘爲方面大員，卒以民族晚報不肯放人，致不克擇喬木而棲之，惜哉！惟在此間曾爲實中同學解決許多難以克服之困難。嗣因電視台之設立，頗似雨後之春筍，晚報之經營，漸感困難。學長見事之不可爲，遂轉而經營名震遐邇之水上樂園，不數年，樂園土地改爲住宅區，價格飛漲，所賺價款除購豪宅外，所餘養老，綽綽有餘，惟與友人投資傳播事業不利，略有損失。學長樂天知命，從此收手，但以著述繪畫，安度餘年，此亦智者之所爲也。余感佩學長人生規劃之得當，爰聯句頌曰：

孫子兵法湛精深，

景文二帝暫封存[1]。

鎮國臏龐異取捨[2]，

魏齊盛衰各自分。

（九十九年春）

---

1 漢文帝本在前，景帝在後，此處則加以顛倒，以適應藏頭詩之需要，乞讀者見諒。

2 臏者，孫臏也。龐者，龐涓也。二人皆鬼谷子之門生，畢業考試時，鬼谷子出題曰：余端坐屋中，誰能將余請出屋外，便為第一名，眾生七嘴八舌，不得要領。龐涓曰：余可請老師出屋，師曰：何法？涓曰：余放火燒屋，師如懼死自出也。師曰：汝心術不正，將有大禍臨身，汝好自為之。此時，孫臏曰，吾等既不克請師出屋，惟絕對將師請進屋。師曰：汝等既不能請余出屋，何能請余進屋？臏曰：吾師可試之。鬼谷子遂出屋端坐院中，曰：爾等可來請余進屋吧。臏曰：恭謝吾師，余已贏了！師曰：吾未進屋，汝何贏之有？臏曰：剛才吾師言，誰可請吾師出屋便是贏，今吾師已出屋，非贏而何？鬼谷子為之語塞。知臏智謀過人，後必成大器。後龐涓先為齊將，臏後至，位在涓之下。涓知有臏在齊，終必越己。嫉之甚，遂設計入臏於罪而殘其腿。臏者，即削去腿也。臏為魏國出馬救出，拜為大將，卒將龐涓戰死。

寶　姐　頌

　　寶姐，蘇州人。幼隨姑媽移居西德，大學畢業，嫁與在德名甲骨文專家爲妻，生三子，盡力撫幼子之餘，並在大學進修博士學位。該學位業經學校考試通過，於呈教育部應考前夕，詎遭天妬而喪夫！寶姐哀痛之餘，爰攜三幼子回台灣謀生，不果。又攜子再赴香港，尋覓機會，初時亦極艱困，母子四人，以煮黃豆果腹者，幾達一年之久。時港人青年之留美者，多如過江之鯽，而赴德及西歐留學者幾稀。且其時越戰方酣，美國陷入泥淖，頗難自拔，何去何從，恍如歧路亡羊。寶姐在德，主修國際關係，故運用德文之優勢爲緯，而以國際關係爲經，遂撰成鞭闢入裏、見解獨到之鴻文，發表於星島日報。該文一經刊出，立獲全港專家喝采，其他各報競相轉載。各報社繼星島日報之後，爭聘寶姐爲主筆。一時擔任港都七家報社之主筆，可謂紅極經年，所撰論文，集篇成冊，贈余拜讀者即有兩冊。篇篇字字珠璣，堪稱鉅椽之筆，大家之作。寶姐幼時曾爲台灣聯合報之基層人員，其在港都成名之後，遂爲聯合報創辦人王惕吾先生所注意，遂聘其爲該報駐港特派員。余於一九九四年追隨國內各大學多位重量級教授同仁之後，前赴香港珠海大學所主辦之「中國過去、現在與將來」之國際學術研討會，時寶姐任該校專任教授並兼新聞系主任，見余論文撰寫認真，發言中肯，頗作謬

讚，遂願結識為友。其後每年暑期率新聞系學子來台實習，亦多所往還，謂為莫逆之交，亦不為過。

　　余出身北方農村寒微之家，性頗內向，且在台中學生時代，在與社會幾近隔絕之員林實中畢業，所交摯友皆為山東、河南兩省之北方男性同學，南方相知朋友，僅有國際關係研究中心之已故葉伯棠兄，寶姐可謂唯二之南方相知朋友，且為女性，更為傑出才女，為人誠懇幽默，豪爽大方，雖較余年輕數歲，惟閱歷廣、見識多，故余尊之為姐，伊亦待余為弟。子曰：「三人行，必有我師焉，見其善者而從之，其不善者而改之。」寶姐為善者，余不從之，豈不違聖人之言？既從之，不為之頌，不可得也。故敬而頌之曰：

> 經綸滿腹賽文妃，筆鋒落葉掃千里。
> 港台陸饗爭禮聘，七大名報委主筆。
> 授業弟子有棟材，執掌媒壇遠聲蜚。
> 功成業就非俯仰，艱苦卓絕唯我知。
> 德邦原可獲博士，天妒喪親頓失依。
> 凡草逢旱必枯槁，勁松遇寒愈挺立。
> 落葉飄零止何處，舉目無親難生理。
> 釜中泣豆充三餐，幼兒腹空不號饑。
> 德邦芳華無虛度，日曼語文成珠璣。
> 負笈美加似潮湧，遊歐麟角鳳毛稀。
> 滿城碩彥逢歐事，因果混沌難解析。
> 合縱連橫胸有竹，錯綜西事立順理。
> 萬言鴻文倚馬就，語驚八方透天機。

昔日一門如莫稽，一夕成名女皇羲[1]。

牛旦一芥閒遊客，有緣仰觀天鵝飛[2]。

何幸院中有喬木，鳳凰翔倦暫棲息。

喜偎暖巢四五冬，春來展翅雲霧裏。

（九十九年十一月十九日）

---

1 莫稽，劇中之窮生也。

2 牛旦為寶姐為余所起之暱名。

弔古寧頭戰場

　　民國九十五年四月初，政大退休同仁委託救國團舉辦金門觀光團，赴金門參觀舊時戰壕，對大陸廣播電台，古寧頭戰場及登太武山等活動。四月十日，赴古寧頭戰場參觀，有感而發，乃寫下「弔古寧頭戰場」一首，藉舒胸中感懷：

　　　　金門前線固金湯，

　　　　古寧灘頭弔國殤。

　　　　若非英雄勇捐軀，

　　　　何來寶島富安康？

　　　　　　　　　　　　（九十五年四月十日）

太武山祝願

　　余一生與救國團關係極深，受惠良多，此次我政大退休，教職員組團暢遊金門，亦委託救國團代辦食宿，行程皆甚滿意，余以小詩爲之祈福，略盡報答之心意也。

　　煙雨濛濛太武山，路濕臺滑踽踽攀。
　　忠烈祠裏祭國殤，烈士塚前禱英賢。
　　海音寺中參玉佛，安心石畔圓心願。
　　左手捫胸右撫石，內中默祈口無言。
　　天長地久無時盡，大神常佑救國團。

（九十五年四月十二日）

登山樂

慶祝台北市登山會成立六十周年

領隊德仁	號令一聲	四面八方	山腳集中
男女老幼	青壯孩童	精神抖擻	一展雄風
飯盒水壺	背包毛毯	拐鉤雨衣	一應俱全
清點人數	出發向前	羊腸小道	曲折蜿蜒
隊友迤邐	緩步向前	山歌小調	嘻笑連連
無分男女	各展笑談	渾素不拘	拊掌叫讚
密林叢竹	烟雨濃霧	遍懸絲帶	導引路途
緩步多時	日正近午	兩腿微酸	腸飢臚臚
展蓆山腳	便當果腹		
山友飯盒	菜色千種	交換而食	其樂融融
烹技交換	各展廚經	妻得烹技	喜熬老公
夫得廚藝	妻夜炙擁		
午休小憩	精神飽滿	摩拳擦掌	誓登高山
陽關大道	此地免談	兩山夾徑	中間深澗

沿壁石階　踽踽上攀　勿瞄幽底　只望山顛
聚精會神　閉氣止喘　塹道夾縫　十里路遠
坎坷艱苦　險峻萬端　豁然開朗　終履山顛

嗚呼我等　歷盡艱險　腳踩峰頂　頭接青天
四下瞭望　平疇炊烟　心包宇宙　胸裹藍天
榮華虛空　富貴恬淡

男女朋友　聽我一言　登山之樂　何止萬端
廣擴人生　增強體健　延年益壽　快樂無邊

田園悠閒樂無邊

　　田家洪學長在員林實中跟我同屆不同班,但為人正直,古道熱腸,因與本書賜序的秀文學長良好的關係,和我也靈犀相通起來。本書出版之前,家洪兄很熱心的要為拙著開新書發表會,我以人非名人、書非名著為由予以婉拒。雖未納其雅意,但感激之情;無時或已,因以其名為字首,以俗詩頌之為下。

田園悠閒樂無邊
家中貴有妻女賢
洪濤巨浪何足畏
花好常開月常圓

江南遊記略[1]

九十八年三月十六日，余隨團參與「八日江南遊」之旅遊團，團員水準均高，食宿咸五星級之享受。所遊之地，為大陸人文經貿鑽石之地，景物之美不在話下，那人文經建之進步，遠勝台灣。所到之處，美不盡述，謹略而記之。

> 山富江南八日遊[2]，黃金三角繞一周。
> 五星飯店大閘蟹，甲魚燉雞東坡肉。
> 城市天廈拔地起，鄉間駢立小洋樓。
> 環肥燕瘦誰嬌媚[3]，濃妝淡抹皆靈秀。
> 中山陵上敬先賢，無錫城外禮大佛。
> 東方明珠覽滬景，黃埔江上享夜遊。
> 珍珠店裡賞翠玉，錦緞舖子選絲綢。
> 姑蘇城中林苑勝，垂柳戲水畫舫舟。
> 千年古剎寒山寺，鐘聲稀少詩詞稠[4]。
> 按摩院裡舒筋骨，數日疲勞立時休。

---

1 本文既不合音律，亦欠缺典雅，故不敢稱之為詩，僅為記事述事之作而已。

2 山富：旅行社名，此次江南遊，即該社所舉辦。

3 「環肥」係指杭州西湖，「燕瘦」係指揚州瘦西湖。

4 寒山寺之大鐘，遊客每敲一下，要化人民幣五元，故敲者不多。但宮牆內外書寫或雕刻著一時數不盡的詩詞。

秦淮風物依舊在，如緹小宛何處有[5]？
烏鎮畫宅水連棟，昔日風華似尚留[6]。
西子湖面觀夜劇，天王導演張藝謀。
金童玉女水上舞，璀璨電光目難收。
相機倉卒無充電，如畫風景過眼溜[7]。
尤田二妹心腸好，為我見證江南遊。

---

5 柳如緹、董小宛皆明末秦淮河畔之名妓。

6 烏鎮在杭州東北方，大約汽車在高速公路行駛一個半小時之距離。有
　一很大之古老社區，雕花門窗之數百戶古老房屋，均建築在蜿蜒的人
　工運河之傍。約四、五公尺之巷弄，皆舖著當地絕不出產的大形石版。
　足見該大社區是從前富貴人家所居，即所謂「豪宅群」是也。現改建
　為「民居」觀光據點，住房即由畫宅改建而成。

7 余決定參加該團係在十月十四日，十六日即出發，臨時所購 數位相
　機，根本不會使用，故連充電設備也沒帶。幸好團中有尤愛華、田玉
　琴二位小姐，好心替我拍了幾張照片作為紀念，在此特致謝意。

紅衫軍倒扁記

非神經亦非發瘋，雙十國慶雲淡風清，全家本可出遊，盡情享受人生。無奈政府貪腐無能，齷齪第一家庭、傷透國人感情！施明德、張富忠結合幾許精英，發起倒扁運動。

九月百萬群眾遊行，十月遍地開花紅，阿扁厚顏無恥，皆所無動於衷。初則謊話連篇，繼而狡辯始終。抹黑倒扁領袖掛鈎中共，圖將台灣吞併，卒致藍綠互鬥族群對抗，釀成焦點模糊不清，落得扁賊逍遙輕鬆。

倒扁總部擴大倒扁強度，組織天下圍攻。值此雙十國慶，地無分東西南北，人無分男女老幼，紛向台北集中。馬路、公車、捷運，盡是紅衫大軍，無不對扁賊罵聲連連，怒氣沖沖！

看哪！城中方圓數十里，真個人潮滾滾水洩不通，好像海浪受潮湧，恰似楓秋一片紅！「阿扁下台」聲震蒼穹！「向下手指」數不清！

倒扁運動，意義非凡深重，找回立國靈魂，禮義廉恥再

現，強調政府清廉萬能、父母對子女教孝教忠，萬勿効阿扁貪腐厚顏無能，雖然位高權重，然而掏空國庫銀錢，屠毒天下蒼生，留下萬世罵名！這運動既具偉大功能，可比美文藝復興、五四運動、抗戰勝利、北伐成功！參與者都在創造歷史，絕對不會虛度此生！

雪　蘭　詠

　　數年前，去一餐館用餐，見壁上有盆花畫照乙副。花莖細長成叢，綠葉似柳葉狀，惟較柳葉為長。花邊呈淺紫色，蕊紅如蓮，美而不豔。據云，此花產於黃山梯平水洼之中。識者謂，此即雪蘭花也。蓋有黃山瑞土之涵養，雲海靈氣之潤澤，始有此足以意會不可言傳之美。自忖今生惟見其畫難見其真，仰而慕之，姑擬之為人，爰作「雪蘭詠」，聊抒仰慕之情。

　　黃山冬景引人醉，雪花飄成堆。

　　蘭香彌漫雲海谷，疑是春風吹。

　　麗人未言先綻笑，美似蓮花蕊。（麗人，指花也。）

　　思芳容，難入睡。

　　欲親總無緣，惆悵滿羅帷。

雪蘭花畫框攝影

著者所栽盆景、左上圖蘆薈開花